权威·前沿·原创

皮书系列为

“十二五”“十三五”“十四五”时期国家重点出版物出版专项规划项目

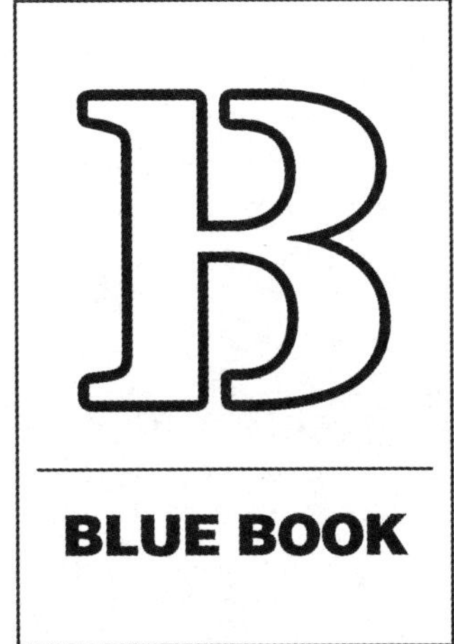

智库成果出版与传播平台

全球绿色金融发展报告

（2024）

ANNUAL REPORT ON THE DEVELOPMENT OF GLOBAL GREEN FINANCE (2024)

王　遥　石　琳　刘思辰 等 / 著

社会科学文献出版社
SOCIAL SCIENCES ACADEMIC PRESS (CHINA)

图书在版编目（CIP）数据

全球绿色金融发展报告．2024／王遥等著．--北京：社会科学文献出版社，2025. 5. --（绿色金融蓝皮书）．
ISBN 978-7-5228-5150-1

Ⅰ．F831

中国国家版本馆 CIP 数据核字第 2025ZF6418 号

绿色金融蓝皮书

全球绿色金融发展报告（2024）

著　　者／王　遥　石　琳　刘思辰 等

出 版 人／冀祥德
组稿编辑／恽　薇
责任编辑／颜林柯
文稿编辑／白　银　王　娇　张　爽
责任印制／岳　阳

出　　版／社会科学文献出版社・经济与管理分社（010）59367226
地址：北京市北三环中路甲 29 号院华龙大厦　邮编：100029
网址：www. ssap. com. cn
发　　行／社会科学文献出版社（010）59367028
印　　装／天津千鹤文化传播有限公司

规　　格／开 本：787mm × 1092mm　1/16
印 张：16　字 数：237 千字
版　　次／2025 年 5 月第 1 版　2025 年 5 月第 1 次印刷
书　　号／ISBN 978-7-5228-5150-1
定　　价／158.00 元

读者服务电话：4008918866

本书获国家自然科学基金资助项目“碳中和目标下能源企业的资产搁浅风险及对内地与香港资本市场的影响”（72361167635）支持

本书获中央财经大学双碳与金融研究中心和北京财经研究基地支持

本书获儿童投资基金会支持

编　委　会

感谢王雅琦、祁悦提供专业指导与技术支持

主要著者简介

王　遥　教授，博士生导师。中央财经大学绿色金融国际研究院院长、财经研究院研究员，中央财经大学—北京银行双碳与金融研究中心主任，北京财经研究基地研究员，中国金融学会绿色金融专业委员会副秘书长，中国证券业协会绿色发展委员会顾问，新加坡金管局可持续金融全球咨询委员会委员。曾任剑桥大学可持续领导力研究院研究员，卢森堡证券交易所咨询顾问。2021年担任联合国开发计划署中国生物多样性金融“BIOFIN”项目首席技术顾问。2013年获教育部新世纪优秀人才支持计划资助，2010~2011年美国哈佛大学经济系博士后及哈佛环境经济项目、哈佛中国项目的访问学者，2008~2010年北京银行博士后。研究领域为气候金融、可持续金融、绿色金融和绿色经济。2006年以来，在高水平期刊上发表论文120余篇，主持承担国家社科基金重点项目等国内外课题100余项，发布研究成果40余份，获得中央、省级及地方政府的重要批示与指导；出版专著36部，其中《碳金融：全球视野与中国布局》和《气候金融》为该领域前沿著作。合著《支撑中国低碳经济发展的碳金融机制研究》获得第七届中华优秀出版物（图书）提名奖。担任 *Energy Policy*、*Mitigation and Adaptation Strategies for Global Change* 和《金融研究》等期刊的匿名审稿人。有近7年投资银行从业经验。2019年获《亚洲货币》年度中国卓越绿色金融大奖“杰出贡献奖”，连续多年获中国侨联特聘专家建言献策奖项，获《南方周末》颁发的2021年度“责任先锋”奖及上海报业集团评选的“ESG先锋60——年度ESG探索人物奖”。

石　琳　中央财经大学绿色金融国际研究院国际合作与发展研究中心副主任、高级研究员。英国格拉斯哥大学博士，英国圣安德鲁斯大学金融与管理学硕士，主要研究方向为经济史、可持续发展、能源转型。曾在商业银行金融机构部工作多年，现负责并参与联合国妇女署、儿童基金会、世界自然基金会、国际金融公司等国际组织与金融机构关于金融支持低碳转型创新、债务换自然、大宗商品绿色供应链金融、性别金融、蓝色金融等项目执行与课题研究。

刘思辰　中央财经大学绿色金融国际研究院国际合作与发展研究中心助理研究员。主要研究方向为可持续金融。目前参与的工作主要包括全球绿色金融指数数据库建设、气候风险课题研究及国际项目管理。

摘　要

全球范围内，气候变化与可持续发展已成为国际社会普遍关注的核心议题。鉴于气候危机的严峻性，各国纷纷将绿色低碳确立为推动经济转型升级和高质量发展的新动力。然而，在追求可持续发展目标和应对气候变化的过程中，资金缺口问题依旧严峻，这更加凸显了发展绿色金融、有效引导资本投入可持续领域的关键作用。在此背景下，无论是发达国家还是新兴经济体，都在加快绿色金融体系的建设步伐并不断加以完善。尽管已有研究机构针对部分国家和城市的绿色金融实践展开了初步探索，并提炼出了宝贵的成功经验，但全球范围内尚缺乏一个系统、持续且具备可比性的绿色金融研究框架。因此，深化全球绿色金融研究的广度和深度，实时跟踪其发展态势，对于帮助各国制定更加贴合新形势的气候应对策略，以及推动绿色金融领域的国际合作，具有不可或缺的重要意义。

中央财经大学绿色金融国际研究院“全球绿色金融发展研究”课题组在2020年国际金融论坛的支持下开始研究全球主要国家的绿色金融发展情况。课题组建立了覆盖全球经济体量最大的50个国家的绿色金融数据库，编制全球绿色金融发展指数（Global Green Finance Development Index，GGFDI），客观评价上述国家的绿色金融发展水平。全球绿色金融发展指数的指标体系从政策与战略、市场与产品、国际合作三个维度综合评价各国的绿色金融发展情况。当前指标体系设有3个一级指标、6个二级指标、28个三级指标、52个四级指标。四级指标中定性指标36个、定量指标12个、定性与定量指标2个、半定性指标2个。

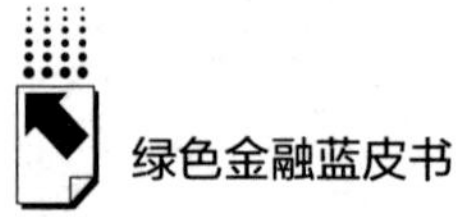

本报告以2023年1月1日至12月31日为评价周期，聚焦2023年度全球绿色金融发展状况。整体来看，发达国家凭借成熟的经济体系和健全的金融市场，在绿色金融领域表现突出。发展中国家中，中国通过政府强有力的政策推动，绿色金融市场规模已跃居全球前列，非洲、中东和中亚地区受限于经济发展与环境保护的双重压力，绿色金融进展相对滞后，急需国际社会在技术与资金层面的支持。

《全球绿色金融发展报告（2024）》分为总报告、国别与地区篇、国际合作篇、专题篇和评价篇五部分。总报告围绕2023年全球绿色金融发展指数进行解读，回顾2023年全球绿色金融发展态势。国别与地区篇对欧洲、美洲、亚洲、非洲和大洋洲代表国家的绿色金融发展情况进行分析，展现不同国家和地区的绿色金融发展特征。国际合作篇重点讨论了绿色金融国际合作的机制这一重要议题，总结了全球性绿色金融合作平台、区域性绿色金融网络以及绿色金融学术研究网络的最新进展。专题篇就金融机构在气候风险压力测试方面的实践及国际发展动态、金融机构气候相关信息披露的国际进展状况，以及性别金融这一重要议题进行了全面介绍。评价篇展示了全球绿色金融发展指数的构建方法和统计过程，探究经济发展和财政基础、金融市场发展程度和对外开放水平与全球绿色金融发展指数的相关性。

总体来看，2023年绿色金融工具在全球金融市场上已呈现多样化和普遍发展趋势，涵盖了绿色债券、绿色信贷、绿色保险、绿色投资基金以及碳金融等各类产品。然而，绿色金融工具在各国金融市场上的普及程度及进展表现出显著的差异性和不均衡性。此外，当前全球绿色金融领域在风险管理、信息披露等方面尚存在不统一性。随着绿色金融的持续演进，一些国家和地区已经将ESG信息或环境信息披露纳入监管体系。在此基础上，有些国家和地区更是已经着手推行强制性的环境信息披露制度。这种监管层面的重视，也进一步促使各类机构越来越重视绿色金融的发展与实践。

回顾2023年绿色金融发展进程，全球绿色金融市场规模稳步增长，绿色债券和绿色贷款市场表现强劲，数字技术对绿色金融的推动作用更加显著，但仍然面临资金分配不平衡的问题。绿色金融信息披露取得重要进展，为企业和金融机构的气候信息披露提供了更为全面的框架。多边和区域层面的绿色金融合作持续深化，进一步推动了全球金融资源的协调与效率提升。

关键词： 绿色金融　可持续发展　气候变化　信息披露

目　录

Ⅰ　总报告

Ⅱ　国别与地区篇

Ⅲ　国际合作篇

Ⅳ 专题篇

Ⅴ 评价篇

皮书数据库阅读**使用指南**

总 报 告

B.1

2023年全球绿色金融发展指数报告

王 遥　石 琳　刘思辰*

摘　要： 本报告基于全球绿色金融发展指数指标体系，对全球50个主要国家的绿色金融发展水平进行量化评价并得出国别指数。全球绿色金融发展指数从政策与战略、市场与产品、国际合作三个维度衡量全球主要国家绿色金融的发展情况。总体来看，中国、德国、法国、荷兰、英国、加拿大、意大利、澳大利亚、新加坡和美国等绿色金融发展状况较好。发达国家普遍绿色金融发展程度较高，这体现了拥有成熟经济体系和健全金融市场的国家，在绿色金融上表现更为突出。发展中国家中，中国在绿色金融的发展上独树一帜。近年来，中国政府在推动绿色金融发展方面采取了多项有力措施，使得中国成为全球最大的绿色金融市场之一。非洲、中东和中亚地区国家在绿色金融方面仍存在进一步的发展空间，这些地区的国家

* 王遥，中央财经大学财经研究院研究员、博士生导师，中央财经大学绿色金融国际研究院院长，研究方向为绿色经济、可持续金融等；石琳，中央财经大学绿色金融国际研究院国际合作与发展研究中心副主任、高级研究员，研究方向为可持续金融、能源转型；刘思辰，中央财经大学绿色金融国际研究院助理研究员，研究方向为可持续金融。

普遍面临经济发展与环境保护的双重压力，绿色金融发展相对滞后，需要国际社会提供更多的技术援助和资金支持。展望2024年，全球绿色金融将在市场规模扩大、信息披露完善、议题拓展以及国际合作加强等方面不断取得新的进展。

关键词： 绿色金融　可持续发展　绿色金融发展指数

一　全球绿色金融发展指数

基于全球绿色金融发展指数（Global Green Finance Development Index，GGFDI）2023年度评估数据，各国表现如图1所示。需要指出的是，在编制指数时，本报告并未区分发达国家与发展中国家，所得指数结果仅展现各国绿色金融的发展状况。

总体来看，中国、德国、法国、荷兰、英国、加拿大、意大利、澳大利亚、新加坡和美国等国在绿色金融领域的表现较为突出。同时，挪威、巴西、日本、西班牙、新西兰等国的绿色金融发展也颇具亮点，值得密切关注。整体来看，发达国家在绿色金融方面的发展程度较高，这充分展现了拥有成熟经济体系和完善金融市场的国家在推动绿色金融发展上的显著优势。在发展中国家中，中国在绿色金融领域的发展独树一帜，表现尤为出色。近年来，中国政府在推动绿色金融发展方面采取了多项有力措施，如发布《绿色信贷指引》《绿色债券发行指引》《绿色保险分类指引》等，取得了显著成效。中国已成为全球最大的绿色金融市场之一，为全球绿色金融的发展做出了重要贡献。非洲、中东和中亚地区国家在绿色金融方面仍存在进一步的发展空间。这些地区国家普遍面临经济发展与环境保护的双重压力，绿色金融发展相对滞后，需要国际社会提供更多的技术援助和资金支持。

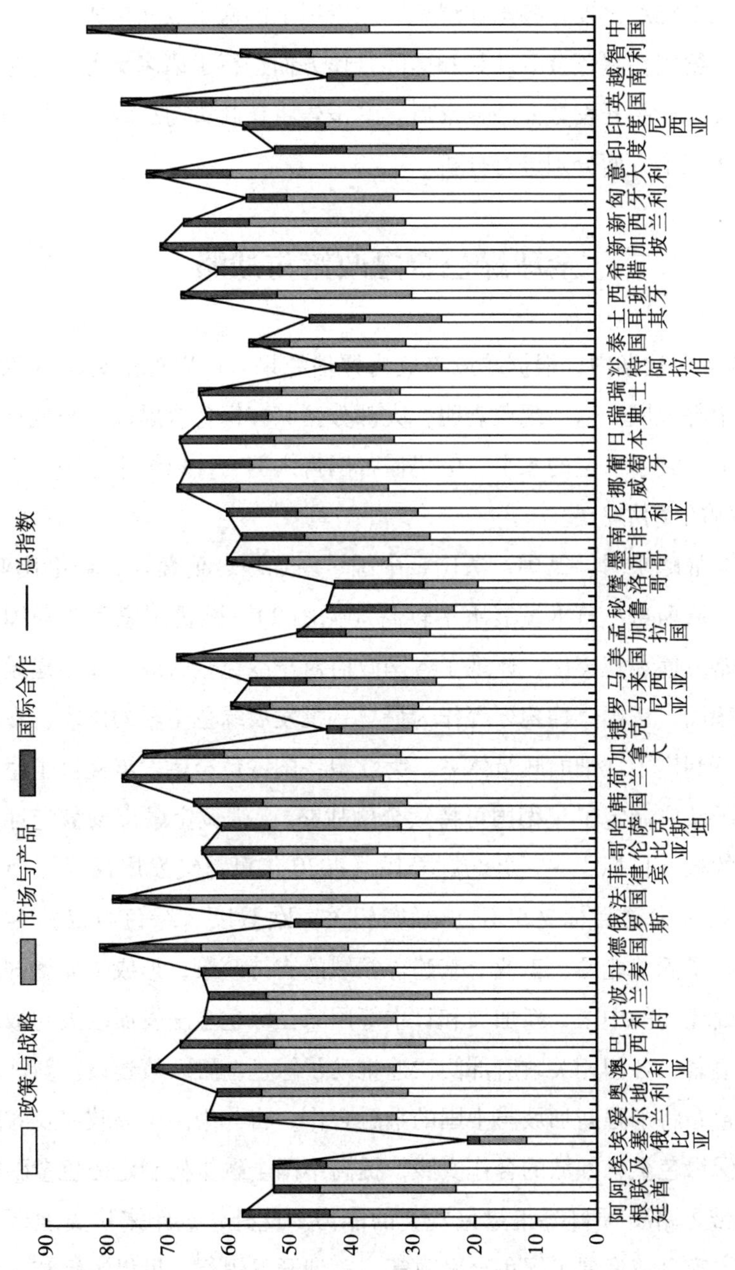

图 1　2023 年全球 50 个主要国家绿色金融发展指数

资料来源：根据指数评价结果编制。

全球绿色金融发展指数由政策与战略、市场与产品、国际合作三个维度组成。从这三个维度出发，各国在绿色金融发展上的侧重点和模式存在一定差异。例如，德国在绿色金融政策和国际合作方面进行了诸多努力，但绿色金融市场建设与产品开发方面稍显落后。本报告将从政策与战略、市场与产品、国际合作三个方面分别进行分析。

二　全球绿色金融政策与战略

在 2023 年评估期内，根据政策与战略评估结果，可以观察到超过 70%的国家处于中等范围。这一现象表明，大部分国家在绿色金融政策与战略的制定和实施上达到了一定的水平，但仍需各国持续努力，以缩小差距，推动全球绿色金融的蓬勃发展。

从政策与战略来看，德国、法国、中国、新加坡、葡萄牙、哥伦比亚、荷兰、挪威、墨西哥、日本发展水平较高（见图 2）。欧盟国家和亚洲国家在政策与战略方面表现突出，体现了各国政府对于绿色金融政策体系建设的重视。其中德国、法国、葡萄牙等作为最早一批发展绿色金融的国家，在欧盟统一带领下制定了详细的政策体系，为欧盟各国绿色金融发展提供了坚实的基础。德国政府制定了《德国可持续金融战略》，强调金融市场稳定性是可持续金融的核心目标之一，并与联合国《2030 年可持续发展议程》及其 17 个全球可持续发展目标（SDGs）紧密相关。欧盟以《绿色协议》为核心，配套制定了涵盖能源、工业、基建等领域的支持政策，形成了完整的政策生态。地处亚洲的中国、新加坡和日本等国家在绿色金融发展政策与战略建设上成效显著，各国相关政府部门快速推动了绿色金融政策建设。新加坡金融管理局宣布将加强新加坡与中国的金融合作，将与中国中央政府及省级对口单位加深绿色金融领域的合作实践，提高中国金融机构制定绿色金融标准、为“一带一路”项目筹集绿色资金的能力。此外，近年来拉美地区国家和东南亚国家迅速发展了绿色金融政策。美洲开发银行、世界银行和拉丁美洲开发银行是拉美地区绿色金融发展的领导者。东盟在整体层面制定了

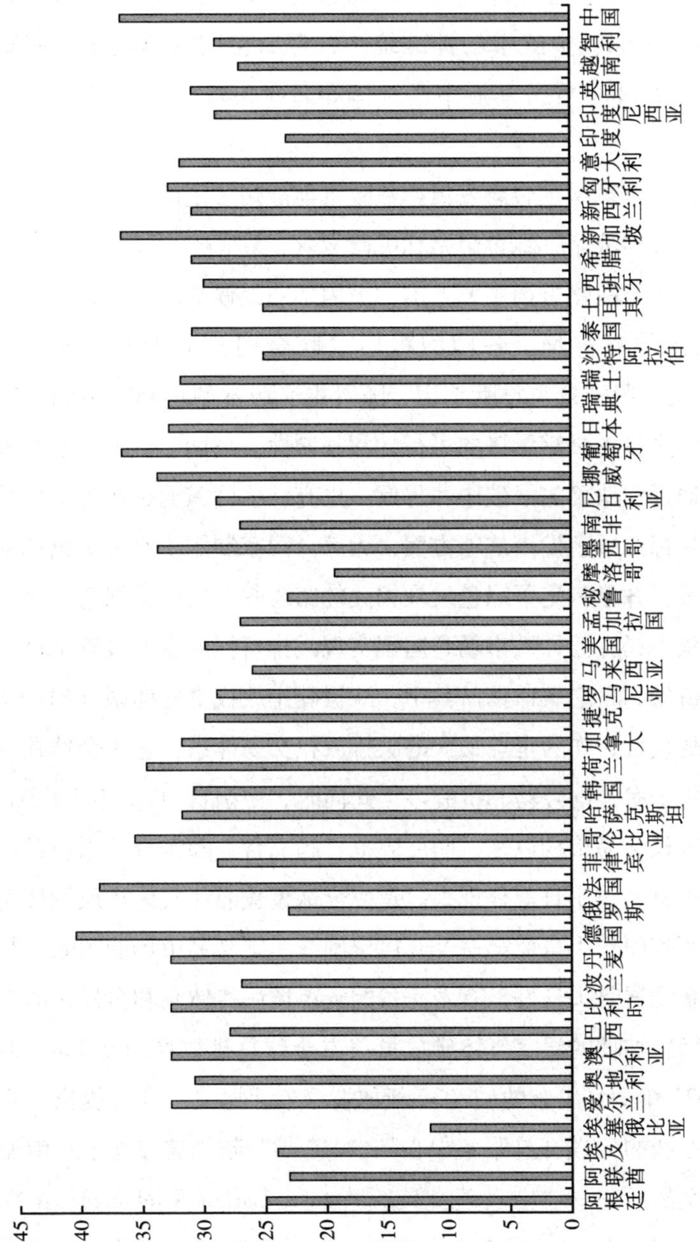

图2 2023年全球50个主要国家绿色金融发展指数政策与战略维度评估结果

资料来源：根据指数评价结果编制。

《东盟绿色债券标准》、《可持续金融分类方案（第一版）》、《东盟可持续发展债券标准》、《东盟可持续资本市场路线图》及《东盟可持续银行原则》等政策，为绿色金融市场标准统一、帮助各国绿色金融更好更快发展提供助力。总体来看，发展中经济体和新兴市场存在绿色金融政策空缺。

更深入地看，全球绿色金融发展指数政策与战略维度的评估参考两个方面：绿色发展政策与战略、绿色金融相关政策。

绿色发展政策与战略方面主要考虑三个因素：气候战略、绿色发展战略和碳市场。气候战略方面，各国积极向《联合国气候变化框架公约》（UNFCCC）提交了国家自主贡献承诺，随着提交版本的更新，不同程度地完善和增强了国家自主贡献承诺的可行性和强制性。英国、日本、加拿大和部分欧盟国家通过立法确定了碳中和目标，也有一些国家通过政策文件等方式确立碳中和目标。绿色发展战略方面，大部分国家制定了经济绿色低碳发展的战略和政策，并且制定了绿色发展相关的路线图，出台了绿色产业、循环经济政策。碳市场方面，碳市场是国家实现减排目标的重要政策工具，主要分为强制碳市场和自愿碳市场。其中，欧盟碳排放权交易体系（EU ETS）是碳市场建设的代表，作为全球最大的碳排放权交易体系，它为全球碳中和目标的实现提供了有益的经验和机制。与此同时，中国自 2021 年 7 月 16 日正式启动碳排放权交易市场以来，制度规范日趋完善，碳排放数据质量全面改善，价格发现机制作用日益显现，已建成全球覆盖温室气体排放量最大的碳市场之一。而韩国作为东亚第一个开启全国统一碳交易市场的国家，其碳排放权交易体系发展势头良好，有着完备的碳市场法律体系和多样化的市场稳定机制。尽管新加坡的温室气体排放量仅占全球总排放量的 0.1%，但新加坡政府在 2021 年 2 月发布的“2030 新加坡绿色计划”中明确提出，要将新加坡打造为亚洲的“碳交易服务中心”。2019 年，新加坡设立了东南亚首个国际碳信用交易所——“空气碳交易所”（Air Carbon Exchange，ACX）。ACX 的设立标志着新加坡正式进入全球碳市场，新加坡提供了一个专注于碳信用的数字交易平台。2021 年 5 月，新加坡交易所、星展银行、渣打银行和淡马锡控股联合宣布设立“气候影响交易所”（Climate Impact X，CIX）。CIX 旨在创建一个涵盖多种交易模式的碳信用平台，以满足不同类型客户的需求。这些亚洲国家的努力不仅有助于推动本国碳减排行动，也为全球碳市场的建设和发展做出了积极贡献。

绿色金融相关政策则涵盖绿色金融战略性政策、绿色财政政策、绿色货币与监管政策、透明度以及绿色金融产品专项政策等多个维度，这些政策在各国的实施情况具有显著的差异性和区分度。具体而言，超过 2/3 的国家发布了国家层面的绿色金融政策或战略，但在覆盖绿色金融产品的多样性上存在显著差异，主要表现为绿色债券政策较为普遍，而绿色保险和绿色基金政策则相对匮乏。数据表明，绿色债券的相关规章制度或指南成为发展绿色金融工具的优先选项，凸显了当前以债券为主导的金融工具在推动绿色金融发展中的核心地位。此外，绿色财政政策涉及环境税、碳税的征收以及主权绿色债券的发行；绿色货币与监管政策则涵盖绿色信贷优惠政策和气候压力测试等方面。发达经济体普遍已完成相关政策的出台及落地，发展中国家则仍存在政策空白。从透明度要求来看，多数国家已出台环境或 ESG 信息披露政策，且披露要求正逐步由自愿性向强制性过渡，体现了全球绿色金融政策体系在提升透明度方面的积极进展。

三　全球绿色金融市场与产品

在 2023 年评价周期内，50 个主要国家的绿色金融市场与产品发展状况差异明显，60%左右的国家处于中等范围，说明绿色金融工具在金融市场上已呈现普遍发展趋势。然而，绿色金融工具在各国金融市场上的普及程度及进展表现出显著的差异性和不均衡性。

市场与产品维度的评估主要基于绿色金融市场数据，以准确衡量市场端绿色金融的交易与实践状况。在这一维度，荷兰、中国、英国、加拿大、法国、意大利、澳大利亚和波兰等国家表现突出（见图 3）。整体来看，金融

基础的坚实程度与绿色金融的规模是决定该维度发展水平的关键因素。市场与产品维度包括绿色金融产品以及市场机构建设相关指标。

绿色金融产品相关指标旨在评估绿色金融产品的多样化程度及规模，涵盖了绿色债券、绿色贷款、绿色保险、绿色 ESG 基金以及碳金融等方面。在统计绿色金融产品数据时，除绿色债券外，其他如绿色贷款、绿色保险、绿色 ESG 基金的数据普遍难以获取。聚焦这些定性指标的目的在于展现各国绿色金融产品的多样性。绿色债券方面，由于绿色债券方面的数据可获取性高，因此通过累计发行规模、当年发行规模、累计发行笔数以及当年发行笔数等多个指标反映国家的绿色债券发行状况。为了消除经济体量差异的影响，绿色债券的发行规模指标还会进一步除以 GDP 进行标准化处理。结果显示，中国和美国在发行规模上具有优势，而将经济指标纳入之后优势不再明显，而瑞典、荷兰、法国、新加坡、德国等国在绿色债券发行上的优势得以凸显。关于绿色贷款，由于尚未建立统一的绿色信贷统计标准和规范的工作流程，尽管多数国家已实施绿色信贷项目，但未能对绿色贷款余额或新增绿色贷款的数量进行系统性统计，仅有少数国家进行了绿色信贷数量的记录与统计。至于碳金融产品，其评价维度涵盖了碳金融现货产品及衍生品，主要围绕碳排放权的开发利用发展相关金融产品，碳金融产品发展水平深受国家碳市场建设政策和规模的影响。从指标评估结果来看，碳排放权作为一种具有经济价值的资产，已具备开发金融产品的条件，但目前主要集中在现货市场。尽管碳金融衍生品交易在场外已有实践，但场内的碳金融衍生品交易尚未广泛开展，其中欧洲碳期货市场是具有代表性的特例。绿色保险方面，发达国家绿色保险相关政策体系相对完善，绿色保险产品种类及数量持续增长。指标体系着重收集了各国保险行业发行的绿色保险产品数据，涵盖了可持续保险、气候保险、环境污染责任保险、巨灾保险等多个方面，并不断细化。绿色基金方面，各国发展情况不一，但 ESG 投资理念在全球范围内兴起并带动全球可持续基金资产规模逐年扩大。近年来，绿色私募基金、绿色产业基金等不断涌现，为绿色产业的发展提供了有力的资金支持。

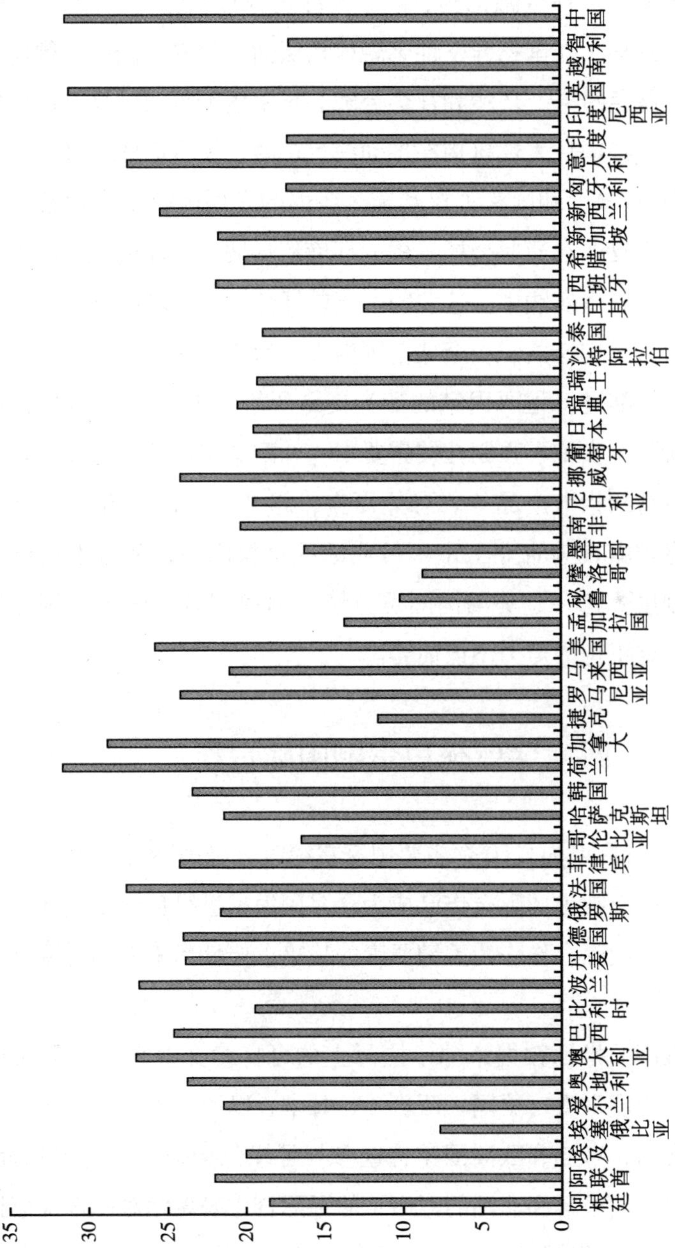

图3　2023年全球50个主要国家绿色金融发展指数市场与产品维度评估结果

资料来源：根据指数评价结果编制。

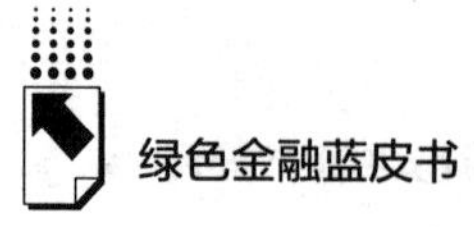

市场机构建设方面，指标体系主要从机构设置角度衡量绿色金融发展情况，主要包括国家开发性金融机构、国家级绿色银行/基金、国家主权基金和证券交易所等指标。在国家开发性金融机构层面，丹麦、法国、德国以及美国、加拿大在绿色投资、环境和社会保障、技术援助等领域具有成熟的建设成果，这凸显了各国代表性机构在推动绿色金融发展方面的积极努力。至于国家级绿色银行/基金和国家主权基金，各国的发展现状则呈现较大的差异性，类似情况也反映在商业金融机构的环境信息披露、环境风险压力测试及环境和社会风险管理实践中。这表明，当前绿色金融领域的全套工作流程尚未全面确立或形成广泛共识，全球范围内尚未形成主流化的统一趋势。随着绿色金融的持续演进，主要国家的证券交易所纷纷出台 ESG 信息披露指南，部分交易所甚至实施了强制性披露要求，并配套提供培训与能力建设支持，以及推出可持续指数产品等。总体而言，越来越多的证券交易所已将 ESG 或环境信息披露视为企业上市不可或缺的材料之一，并着手推行强制性的信息披露制度。这一趋势与国际可持续准则理事会（ISSB）等可持续信息披露准则制定机构的努力不谋而合。

四　全球绿色金融国际合作

在 2023 年评价周期内，50 个主要国家在绿色金融国际合作方面的发展状况较为相似，这反映出国际合作已成为众多国家推进绿色金融发展的重要途径。尽管如此，国际合作作为关键要素的战略重要性尚未得到普遍且充分的认知。

国际合作维度的指标数据来源于国际上的可持续金融平台和倡议或组织。从国际合作维度来看，德国、西班牙、日本、巴西、英国、中国等国家国际合作表现突出，东亚和欧洲国家普遍参与了绿色金融方面的国际合作，拉丁美洲的巴西、阿根廷和非洲的摩洛哥的国际合作表现相对而言也值得关注（见图 4）。国际合作维度包含可持续金融平台和网络以及可持续金融倡议等相关指标。

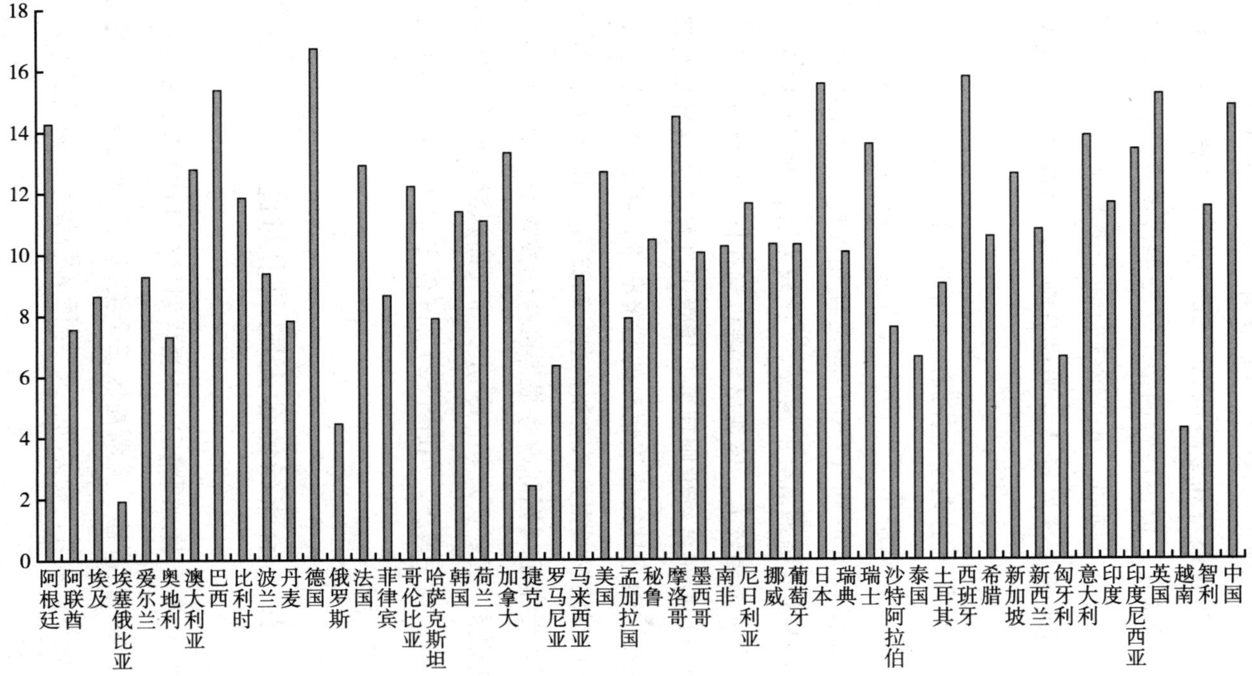

图 4　2023 年全球 50 个主要国家绿色金融发展指数国际合作维度评估结果

资料来源：根据指数评价结果编制。

可持续金融平台和网络方面主要考量有关当局或机构参与央行与监管机构绿色金融网络（NGFS）、可持续金融国际平台（IPSF）、可持续保险平台（SIF）、可持续银行和金融网络（SBFN）、财政部长气候行动联盟（CFMCA）等的情况。值得注意的是，这些平台各自具有一定的专业倾向性和成员构成特点。例如，可持续银行和金融网络的成员主要来自发展中国家，而财政部长气候行动联盟成员则主要来自发达国家及部分新兴经济体。

可持续金融倡议方面主要考量各国加入可持续证券交易所倡议（SSE Intiative）、国际开发金融俱乐部（IDFC）、联合国环境规划署金融倡议（UNEP FI）、负责任投资原则（PRI）和气候相关财务信息披露工作组（TCFD）、国际可持续准则理事会的情况。[①] 比较来看，近年来加入负责任投资原则的机构数量增幅较大，体现出金融机构在国际合作方面的动态变化。此外，2023 年国际可持续准则理事会接管了气候相关财务信息披露工作组对公司气候相关信息披露进展情况的监督职责，帮助全球金融市场准确、一致地评估可持续发展相关风险和机遇。2023 年 6 月 26 日，国际可持续准则理事会正式发布了《国际财务报告可持续披露准则第 1 号——可持续相关财务信息披露一般要求》（IFRS S1）和《国际财务报告可持续披露准则第 2 号——气候相关披露》（IFRS S2），开创了全球资本市场可持续发展相关信息披露的新时代。

五　全球绿色金融国别组对比

为了反映地区绿色金融发展情况，本报告划分 G50 和 G20、发达经济体与新兴市场和发展中经济体、大洲地区三个类别的国别组进行对比分析（见图 5）。从区域角度来看，北美洲、大洋洲和欧洲绿色金融发展成熟度较

① 赤道原则作为早期银行业可持续运营和管理的倡议活跃度逐年下降，新增机构有限，因此 2023 年的指标体系中删除了这一指标。

高。需要强调的是，由于样本范围的局限性，这一结论存在一定的偏差。具体而言，在本报告中，大洋洲的考察范围仅限于澳大利亚和新西兰，众多太平洋岛国并未纳入考察范围。这些岛国面临巨大的应对气候变化资金缺口和能力建设挑战，在发展绿色金融方面亟待国际社会的援助与支持。

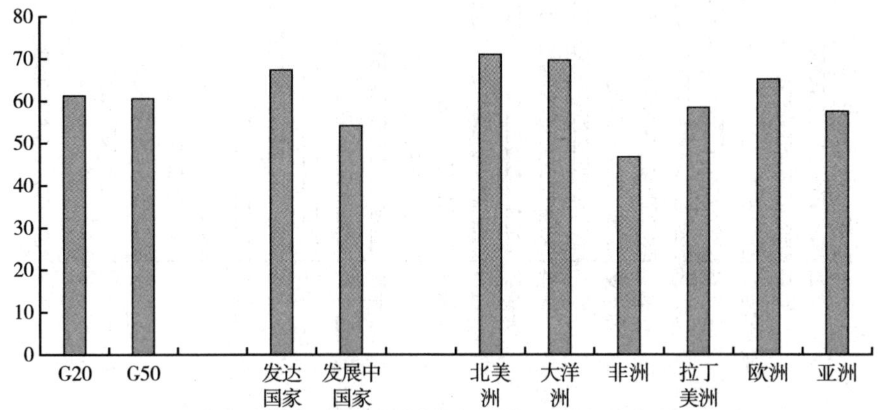

图 5　2023 年全球绿色金融发展指数国别组对比

资料来源：根据指数评价结果编制。

（一）G50与G20

G50 为全球绿色金融发展指数样本范围内的 50 个国家。G20 则为二十国集团成员国。G20 的绿色金融发展指数略高于 G50。2023 年 9 月，非盟成为 G20 的正式成员，2023 年样本范围内的非盟成员包括埃塞俄比亚、埃及、南非、尼日利亚和摩洛哥。

基于指数评价情况，可以将 G20 成员国划分为三个梯队。第一梯队为绿色金融发展水平较高的国家，包括中国、德国、法国、英国、加拿大、意大利和澳大利亚，这些国家在绿色金融领域具有显著的代表性。第二梯队绿色金融发展水平一般，如美国、巴西、日本、韩国、欧盟（作为一个整体计算）、尼日利亚、墨西哥、阿根廷、南非、印度尼西亚、埃及和印度，这些国家（地区）的绿色金融发展水平与模式存在较大差异，各自在政策导向或市场侧重点上有所不同。第三梯队为绿色金融建设整体较为薄弱的国家，包括俄罗斯、土耳其、摩洛哥、沙特阿拉伯和埃塞俄比亚，这些国家在政策与战略、市场与产品和国际合作方面均需进一步发展（见图 6）。

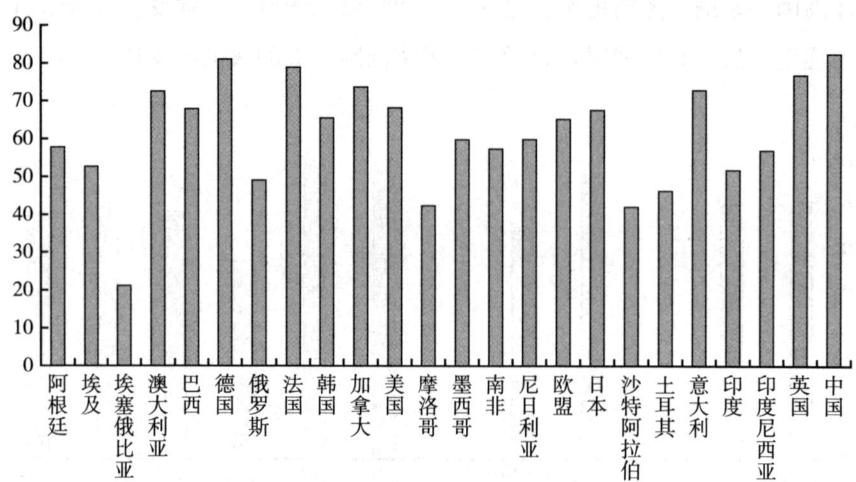

图 6　2023 年 G20 与 G50 主要国家全球绿色金融发展指数

说明：此处仅列出样本涵盖的非盟国家。

资料来源：根据指数评价结果编制。

（二）发达经济体与新兴市场和发展中经济体

根据国际货币基金组织全球经济展望数据库，目前全球有 41 个发达经济体以及 155 个新兴市场和发展中经济体。[①] 本报告的样本包括其中 24 个发达经济体。在发达经济体中，部分欧盟国家、英国、加拿大、澳大利亚的绿色金融发展指数总体水平较高（见图 7）。欧盟及其成员国通过政策性银行为绿色投资项目提供担保、低息贷款等支持措施，同时将气候与环境风险纳入金融监管体系，并为绿色债券和其他可持续资产建立欧洲统一标准。捷克早在 2004 年就公布了可持续发展战略，匈牙利央行于 2019 年启动“绿色计划”，但关于绿色金融的顶层设计仍未形成体系。

① “World Economic Outlook Database”，IMF，https：//www. imf. org/en/Publications/WEO/weo-database/2023/October/select-aggr-data.

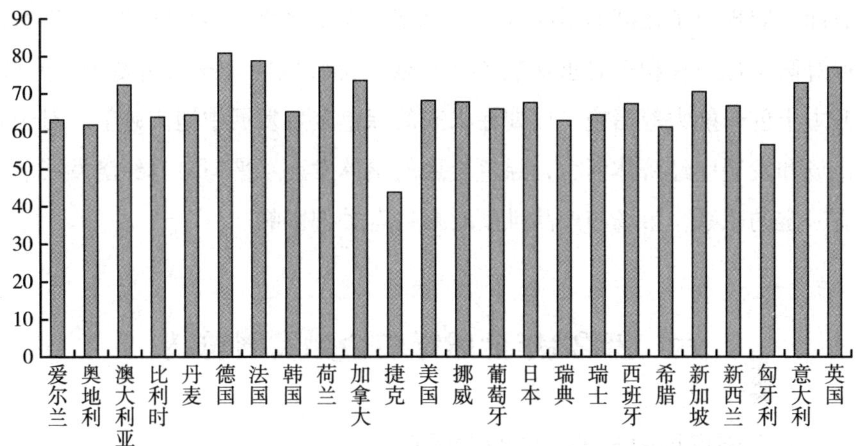

图7　2023年样本范围内发达经济体绿色金融发展指数

资料来源：根据指数评价结果编制。

本报告的样本包括26个新兴市场和发展中经济体，其中中国、巴西、哥伦比亚、波兰、菲律宾等国的绿色金融发展水平较高（见图8），在绿色金融政策制定、绿色金融产品创新、绿色项目融资以及绿色金融市场的构建

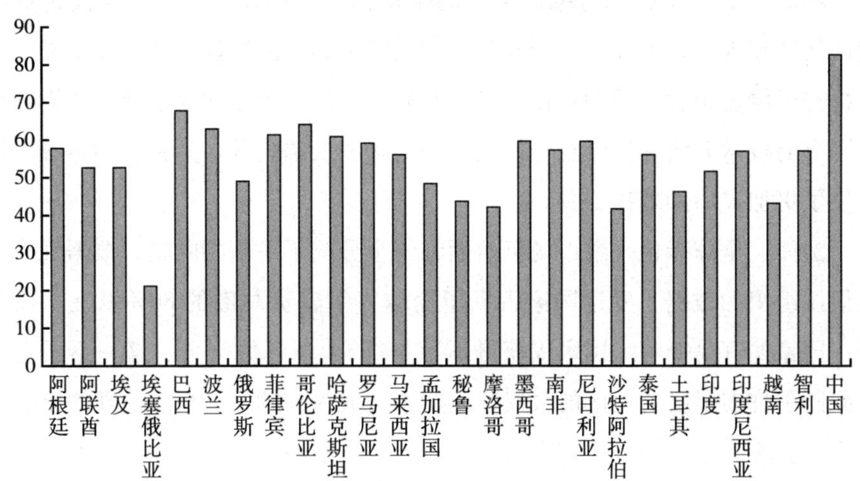

图8　2023年样本范围内新兴市场和发展中经济体绿色金融发展指数

资料来源：根据指数评价结果编制。

等方面，展现出了较高的活跃度与成熟度。而摩洛哥、沙特阿拉伯、埃塞俄比亚等国家也正在积极寻求解决方案，通过加强国际合作、借鉴先进经验、提升本土创新能力等措施，以期在未来的绿色金融发展中迎头赶上。对于新兴市场和发展中经济体而言，绿色金融的整体发展水平与自身经济发展水平具有一定的联系，市场与产品维度对指数有关键影响。

六　2023年全球绿色金融发展总结

（一）市场规模与创新的双轮驱动

2023 年，全球绿色金融市场规模稳步增长，绿色债券和绿色贷款市场表现强劲，年度发行量均创历史新高。其中，绿色债券的发行金额超过 7000 亿美元，以欧洲、北美洲和亚洲为主导市场。同时，创新型绿色金融产品层出不穷，转型债券、可持续发展挂钩债券及自然资本挂钩债券的发行量大幅上升，为低碳经济转型提供了更多融资选择。

2023 年，数字技术对绿色金融的推动作用更加显著。金融科技企业利用区块链和人工智能技术，开发了更加透明和高效的绿色资产管理工具，显著提升了绿色金融市场的运作效率。此外，碳信用市场加速发展，各类碳交易平台的技术升级和国际合作使碳市场流动性大幅提升，为企业和金融机构提供了更加灵活的减排工具。

然而，全球绿色金融市场仍然面临资金分配不平衡的问题。根据气候政策倡议组织的数据，发达国家占据了全球气候融资总额的 80%以上，而发展中国家尤其是低收入国家仅获得不足 3%的全球气候资金。这一不平衡现象限制了许多最脆弱地区的气候适应能力，成为国际气候金融治理的核心挑战之一。

（二）信息披露标准化稳步推进

2023 年是绿色金融信息披露取得重要进展的一年。气候相关财务信息披露工作组和自然相关财务信息披露工作组（TNFD）发布了多项新指南，为企业和金融机构的气候信息披露提供了更为全面的框架，特别是TNFD的最终报告，明确了自然相关风险的披露路径，将生态系统保护纳入企业风险管理实践。

2023年，多个国家和地区将气候信息披露要求纳入政策框架。例如，欧盟发布了《企业可持续发展报告指令》（CSRD），对企业的ESG信息披露提出更高要求。美国证券交易委员会（SEC）也提出了气候披露新规则草案，计划在未来几年逐步实施。在亚太地区，中国和日本加强了绿色金融信息披露指引，例如中国绿色债券标准委员会的《绿色债券存续期信息披露指南》和中国人民银行的《金融机构环境信息披露指南》，日本的《气候转型融资基本指南》等，为两国企业和金融机构提供了更加明确的政策导向。

信息披露的标准化在提高市场透明度和增强投资者信心方面发挥了积极作用，也为金融机构优化绿色资产配置提供了重要依据。虽然各国在信息披露要求和实施进度上存在差异，但全球范围内的协同效应逐步显现，为绿色金融的深化发展奠定了基础。

（三）多边合作与区域实践的深化

2023年，多边和区域层面的绿色金融合作持续深化，进一步推动全球气候投融资的协调与效率提升。

中欧绿色金融合作迈出重要步伐。中欧双方在绿色金融分类标准的对接方面取得了实质性进展，扩大了“共同分类目录”的范围，涵盖了更多可持续经济活动。这一举措不仅推动了中欧之间的绿色投资，也为全球气候投融资的标准化提供了重要参考。

“一带一路”绿色发展北京倡议继续深化。2023年，共建“一带一路”国家和地区在绿色金融能力建设、项目融资和技术支持方面取得了显著进展。中国主导设立的“一带一路”绿色发展专项基金成功吸引多边开发银行和私人资本参与，为共建“一带一路”国家和地区的绿色基础设施项目提供了资金支持。

同时，G20 可持续金融工作组进一步强化了绿色金融政策协调。在印度主办的 G20 峰会上，各成员国就转型金融的框架和路径达成共识，为高碳行业的低碳转型提供了明确指引。此外，2023 年多边开发银行继续加大对绿色项目的支持力度，推动气候资金向发展中国家流动。

（四）焦点议题与未来展望

2023 年的绿色金融发展呈现多元化和综合化的特点，多个新兴领域受到关注。

转型金融：2023 年转型金融逐渐成为焦点，高碳行业的低碳化路径愈发清晰，转型债券和贷款为钢铁、化工等高排放行业提供了新的融资工具。

自然资本与生物多样性金融：随着昆明—蒙特利尔全球生物多样性框架的实施，自然资本保护融资工具崭露头角。生态修复债券和生物多样性挂钩贷款等产品受到市场欢迎。

气候风险压力测试：越来越多国家的中央银行和金融机构采用气候风险压力测试工具，以评估气候变化对金融稳定的潜在影响，推动更科学的风险管理。

展望未来，全球绿色金融将在市场规模、政策框架和技术创新的推动下，进一步为可持续发展提供有力支持。然而，要解决资金分配不平衡和年度资金缺口等挑战，仍需国际社会共同努力，通过政策激励、技术合作和多边协调，构建更加公平、高效和可持续的全球绿色金融体系。

国别与地区篇

B.2
绿色金融国别与地区进展报告

刘思辰　夏　硕　王昱舒　白睿宁*

摘　要： 2023年，绿色金融与可持续发展意识在全球范围内得到广泛认同并付诸实践。欧洲在政策设计与体系完善方面引领全球，欧盟通过《可持续金融披露条例》（SFDR）和《企业可持续发展报告指令》（CSRD），为成员国提供了标准化的政策框架。法国、德国和英国结合国情完善绿色金融体系，北欧国家则在绿色金融科技和可持续投资领域持续创新，南欧国家聚焦绿色能源与气候适应融资。美洲的绿色金融市场保持活跃，北美洲的美国通过《通胀削减法案》推动绿色金融多样化，加拿大强调自然资本保护与生物多样性融资；南美洲以巴西为代表，通过绿色债券和自然资本基金实现生态保护与经济增长平衡。亚洲绿色金融发展呈现多样化趋势，中国通过政策性金融和"一带一路"项目强化绿色融资，日本和韩国重点推进转型金

---

* 刘思辰，中央财经大学绿色金融国际研究院助理研究员，研究方向为可持续金融；夏硕，中央财经大学金融学院在读博士生，研究方向为绿色金融、公司金融；王昱舒，中央财经大学绿色金融国际研究院科研助理，研究方向为绿色金融、能源金融；白睿宁，中央财经大学绿色金融国际研究院科研助理，研究方向为绿色金融和国民经济学。

融与碳交易，新加坡则在区域性绿色金融科技领域保持领先。非洲国家尤其是埃及，通过绿色债券支持可再生能源与气候适应项目，国际组织也提供重要支持。大洋洲的澳大利亚注重碳市场和基于自然的解决方案融资，推动清洁能源发展与生态保护。整体上，全球绿色金融实践呈现区域特色发展与协同发展并存的趋势，为实现全球可持续发展目标提供了有力支持。

关键词： 绿色金融　区域发展　可持续发展

一　欧洲及其代表国家绿色金融发展进程

（一）欧盟

2018~2023年，欧盟委员会先后通过了一系列提案，其中具有代表性的《可持续发展融资行动计划》（Action Plan：Financing Sustainable Development）《欧洲绿色协议》（European Green Deal，EGD）和《向可持续经济转型的融资战略》（Strategy for Financing the Transition to a Sustainable Economy）在欧盟内部确立了以三大政策支柱、一个投资计划和一个转型战略为主的绿色金融框架。

组织结构方面，欧盟现已在官方机构外建立可持续金融国际平台（IPSF）、成员国可持续金融专家组（Member States Expert Group on Sustainable Finance）、可持续金融技术专家组（Technical Expert Group on Sustainable Finance，TEG）和可持续金融高级别专家组（High-level Expert Group on Sustainable Finance）四大支持性组织，汇集企业、学界等不同领域关注可持续发展、绿色金融等议题的专家，不断发挥促进成员间高效合作、提供技术支持等功能。而在实践探索方面，欧盟致力于确保可持续金融框架持续支持公司和金融部门，同时激励私人资金流向转型项目和技术。

2023年，欧盟委员会出台了可持续金融一揽子计划，覆盖欧盟分类标准、ESG 评级监管标准、转型融资等绿色金融政策的不同方面。在分类标准制定方面，欧盟在分类目录基础上设立了一套新的分类标准并通过了对《欧盟分类法气候授权法案》的针对性修正案，不仅纳入多项非气候环境目标（水和海洋资源的可持续利用与保护、向循环经济过渡、污染防治、保护和恢复生物多样性与生态系统等），还在披露主体方面纳入了更多的经济部门和公司。《欧盟分类法气候授权法案》将全面提高欧盟分类法在扩大欧盟可持续投资方面的可用性和潜力。为增强制度实践性，欧盟委员会发布了《欧盟分类法用户指南》，为分类法适用主体提供了细致指导。《欧盟分类法气候授权法案》于 2024 年 1 月生效。在 ESG 评级监管标准方面，欧盟委员会计划通过制定关于 ESG 评级活动透明度和完整性的法规提案，提高 ESG 评级活动的可靠性和透明度，该法规将要求向欧盟投资者和公司提供服务的 ESG 评级提供商获得欧洲证券和市场管理局（ESMA）的授权并接受监督，以进一步提升 ESG 评级市场的透明度与完整性。在转型融资方面，欧盟明确了企业应在合理范围内利用欧盟可持续金融框架的各种工具，将投资引导到转型发展领域，并积极管理因气候变化和环境退化而产生的风险。

欧盟立足企业非财务信息披露、基准标签和基准 ESG 披露、金融服务部门的可持续发展相关披露、工业计划、绿色债券标准和可持续金融国际平台等不同角度，逐步完善绿色金融制度框架。

1. 企业非财务信息披露指南

为进一步规范披露标准，2019 年，基于《巴黎协定》和可持续发展目标（SDGs）等国际标准性文件，欧盟进一步完善了 2014 年的非财务信息披露指南（NFRD）。[①] 2021 年，基于 NFRD 实践中收集的诸多问题，欧洲议会研究服务处计划开展修订与完善工作，《企业可持续发展报告指令》（CSRD）逐步形成。

2023 年，CSRD 正式生效并全面实施。在投资者关系方面，CSRD 充

---

① “Non-financial Reporting Directive”, https://eur-lex.europa.eu/legal-content/EN/TXT/?uri=CELEX%3A32014L0095.

分考虑投资者和其他利益相关方在减少信息不对称方面的需求，要求企业强制披露与之相关的 ESG 各方面议题，同时，CSRD 将帮助投资者评估来自气候变化和其他可持续发展议题的财务风险和机遇。在适用主体方面，CSRD 适用于欧盟上市企业、符合条件的欧盟非上市企业以及非欧盟母公司的欧盟子公司。随后，由欧洲财务报告咨询委员会（EFRAG）制定的《欧洲可持续发展报告准则》（ESRS）正式通过。作为 CSRD 的配套标准，ESRS 在 CSRD 提出的强制要求和适用范围内，更为详细地描述了撰写 ESG 报告的要求、框架、指标等披露事项，为 CSRD 要求所覆盖的企业提供了更为翔实的 ESG 报告框架标准。此外，ESRS 要求企业在设定报告披露议题过程中采用“双重重要性”鉴别方法，即从“影响重要性”和“财务重要性”两方面进行考量。

2. 基准标签和基准 ESG 披露

在 2018 年发布的《可持续发展融资行动计划》指导下，欧盟委员会计划通过制定标准等方式提高基准 ESG 透明度，TEG 应运而生。该组织旨在协助欧盟委员会开展行动计划和气候基准法规拟议。同年 5 月，欧盟委员会提出一系列可持续发展融资计划后续行动，欧盟进一步细化绿色金融建议为以下三点：建立统一的欧盟可持续经济活动分类体系，改进流程中的 ESG 因素披露要求，创建比较投资者投资碳足迹的新基准类别。

2023 年 1 月，欧盟《可持续金融披露条例》（SFDR）第二阶段监管标准生效。SFDR 适用范围包括欧盟所有金融市场参与者。SFDR 将欧盟市场上的金融产品按照金融产品的可持续特征分为三类，分别对应了不同的披露要求。其中，第七条（Article 7）为一般金融产品，即没有在投资中积极考虑可持续因素的金融产品；第八条（Article 8）为具有 ESG 属性的产品；第九条（Article 9）则是以可持续投资为目标的产品。同时，SFDR 要求金融市场参与者对外披露金融产品的主观分类及相应的可持续信息。这一分类进一步规范了金融领域产品的 ESG 信息披露要求，提高了市场的透明度和规范性。

TEG 在基准标签制定和基准 ESG 披露方面发挥重要作用。TEG 基于技术专家小组的专业背景，就气候基准的最低技术要求和 ESG 信息披露的技术建议提出相应策略，其策略将成为后续欧盟委员会起草授权法案的基础。

3. 金融服务部门的可持续发展相关披露

2022年4月，欧盟委员会发布（EU）2022/1288条例，对金融市场参与者披露可持续发展相关信息时应使用的技术标准及相关使用细节做出明确规定，包括披露信息的确切内容、方法和表述方式①，进一步提升了披露信息的质量及可比性。

在此基础上，为识别金融产品是否投资于符合欧盟分类标准的化石燃料、天然气或核能相关活动，2022年，欧盟邀请欧洲监管机构联合提议对（EU）2022/1288条例进行修订，具体规定了披露与可持续性指标和对可持续性的不利影响有关的内容、方法和呈现方式，以及披露合同文件、网站和定期报告中与促进可持续投资有关信息的内容及呈现方式。② 2022年10月31日，（EU）2023/363修订和纠正（EU）2022/1288条例中规定的监管技术标准。③ 此外，为了方便金融市场参与者根据SFDR准备金融产品披露相关材料，欧洲银行管理局（EBA）、欧洲证券与市场管理局及欧洲养老保险和职业养老金管理局（EIOPA）在各自的网站上提供了相应报告模板。

4. 工业计划

在《欧洲绿色协议》基础上，欧盟委员会于2023年2月1日宣布通过了《绿色协议工业计划》。《绿色协议工业计划》是欧盟委员会对工业领域绿色转型的指导方案，旨在支持欧盟净零工业在2050年实现碳中和并使欧洲净零产业处于国际领先地位。《绿色协议工业计划》基于四大支柱：可预测和简化的监管环境、加快融资速度、提高技能水平以及促进开放和公平贸易。

监管环境方面，欧盟委员会出台了《净零工业法案》《关键原材料法案》，并在此基础上有序开展电力市场改革。在加快融资速度方面，为简化

① "Corrigendum to Commission Delegated Regulation", European Union, https://eur-lex.europa.eu/legal-content/EN/TXT/?uri=CELEX:32022R1288R(01).

② "Commission Delegated Regulation (EU) 2022/1288", https://eur-lex.europa.eu/eli/reg_del/2022/1288/oj/eng.

③ Commission Delegated Regulation (EU) 2023/363, https://eur-lex.europa.eu/eli/reg_del/2023/363/oj/eng.

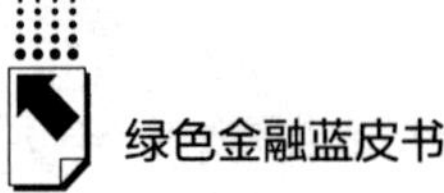

援助发放流程，欧盟与成员国协商修改了《临时性危机和过渡框架》，并根据《欧洲绿色协议》修订了《一般集体豁免条例》。此外，作为满足投资需求的中期结构性措施，欧盟委员会考虑设立欧洲主权基金。在提高技能水平方面，欧盟委员会计划设立净零排放行业学院并开展技术工人技能提升和再培训计划。在促进开放和公平贸易方面，欧盟委员会将继续发展欧盟自由贸易协定网络和其他形式的合作伙伴，以支持欧盟成员国重要产业实现绿色转型。

5. 绿色债券标准

欧盟计划通过制定自愿性的《欧盟绿色债券标准》（EU-GBS），鼓励市场参与者发行和投资欧盟绿色债券，并提高绿色债券市场的活跃度、有效性、透明度、可比性和可信度。

2023 年，欧盟就《欧盟绿色债券标准》达成协议。2023 年 10 月 5 日，欧洲理事会通过绿色债券法规，创建《欧盟绿色债券标准》，并于 2023 年 11 月底在欧盟官方公报上公布。法规为“欧盟绿色债券”或“EU-GBS”设定了一致标准。发行人需要定义符合条件的绿色项目并制定绿色债券框架，解释其战略如何与欧盟的环境目标相一致，并提供有关收益使用和绿色债券报告的详细信息。此外，法规规定绿色债券的发行人必须至少将债券收益的 85%用于符合欧盟分类法的经济活动。制定绿色债券法规是欧盟实施可持续发展融资行动的重要一步，旨在提高绿色债券市场的一致性和可比性，为发行人和投资者带来更多实际收益。

6. 可持续金融国际平台

2019 年，为动员更多社会资本投资绿色金融领域，欧盟创建了 IPSF，为负责可持续金融监管、政策制定等流程的相关方提供了一个多边对话论坛。① 该平台创始成员包括阿根廷、加拿大、中国、印度等国家的相关机构。目前，IPSF 成员所属国家（组织）合计占全球温室气体排放量的 58%，

① “International Platform on Sustainable Finance”, The European Commission, https://finance.ec.europa.eu/sustainable-finance/international-platform-sustainable-finance_en.

占世界人口的51%，占全球GDP的54%。IPSF工作内容聚焦社会金融、转型金融和分类法三个重要的政策领域。

2023年，IPSF通过发布的三份报告（《IPSF 2023年年度报告》、《IPSF关于社会债券的报告》及《IPSF关于实施转型财务原则的中期报告》）详细介绍了其重要活动和关注领域。为探究辖区内外绿色金融发展趋势，IPSF成立了一个新的工作组，新工作组主要研究不同国家的债券框架，旨在比较推广优秀案例，实现扩大可持续投资的最终目标。

除了以上关于政策工具建设的工作，在碳市场方面，欧盟碳排放权交易体系以“限额与交易”原则为基础，交易上限根据欧盟气候目标的设置而逐年减少。欧盟碳排放权交易市场起步早、发展快，是当前国际上具有代表性的碳市场之一。与2005年的水平相比，2023年欧盟碳排放权交易体系帮助欧洲发电厂和工厂减少碳排放约47%。[①]

2023年10月1日起，欧盟碳边境调整机制（CBAM）开始生效，过渡阶段将持续到2025年底。在此期间，欧盟境内从非欧盟国家进口受CBAM覆盖商品的进口商有义务报告进口商品的隐含排放量。而购买和交出CBAM证书的义务将从2026年开始履行，该调整机制的价格须反映欧盟碳排放权交易体系中的配额价格水平。

（二）西欧

1. 法国

作为欧洲的老牌工业强国，法国高度重视绿色金融发展与可持续治理框架的构建。作为绿色金融领域的先行者，法国于1998年成立了“经济、环境和计划委员会”，旨在通过评估环境措施对经济的影响，鼓励经济主体减少污染。较早的《环境法典》是法国历史上第一部环境法典。作为环境保护法律法规的集大成者，该法典涵盖了大气、水体等几乎所有环保领域。

---

① “EU Emissions Trading System（EU ETS）”，https：//climate.ec.europa.eu/eu-action/eu-emissions-trading-system-eu-ets/what-eu-ets_en.

作为欧盟成员国，法国不仅遵守欧盟制定的绿色金融政策框架，更在本国国情基础上进一步出台了各式国家政策。

行动计划方面，2022 年，法国公布了《法国绿色国家》（France Nation Verte）计划。作为法国全体国民的绿色行动计划，该计划针对法国生态转型做出了具体指导，总共围绕 6 个主题部署 22 个业务项目，旨在减少温室气体排放、适应气候转型变化、恢复生物多样性和以可持续的方式减少对自然资源的开采。[①] 2023 年，该绿色行动计划生效并稳步开展。

可持续信息披露方面，法国是世界上较早通过立法形式推进企业进行环境和社会责任信息披露的国家之一。2001 年，法国政府颁布的新经济规制法案（NRE 法案）要求上市公司披露其活动对环境和社会的影响。2012 年，法国通过了关于公司在社会和环境事务中的透明度义务的法令（第 2012—557 号），该法令进一步规定了披露信息的要求。2017 年，法国议会颁布《企业警戒责任法》，对达到一定规模的大型企业在人权和环境方面的义务提出了更为详细的要求。[②] 2023 年，CSRD 在欧盟层面生效后，法国企业作为欧盟企业群体的一部分也将受到影响。对于法国金融机构而言，2023 年 SFDR 第二阶段监管标准生效对其影响重大。条例生效后，法国金融机构在提供金融产品时，需要按照 SFDR 的分类对产品的可持续属性进行明确披露。

绿色金融产品专项政策方面，法国制定了规范性的指导文件并进行了丰富的绿色金融实践。在各项政策指引下，法国绿色金融市场发展迅速。

绿色债券方面，法国于 2017 年初首次发行了一只 22 年期、利率 1.75%、总额达 70 亿欧元的绿色国债（OAT 绿色债券）[③]，法国由此成为率先发行绿色国债的主要发达国家。2023 年，自 1 月公布 110 亿欧元符合条

---

① “France Nation Verte”, Gouvernement de France, https://www.gouvernement.fr/dossier-de-presse/france-nation-verte.

②《IIGF 观点 | 法国绿色金融发展现状与中法绿色金融合作展望》，中央财经大学绿色金融国际研究院网站，2021 年 11 月 20 日，https://iigf.cufe.edu.cn/info/1012/4359.htm。

③ “GREEN OATs”, Agence France Trésor, https://www.aft.gouv.fr/zh-hans/oatlusezhaiquan.

件的绿色支出后，法国发行 2.5%OAT、15 年期 OATi、2.75%OAT 等债券产品，并披露 2022 年一级交易商、2024 年融资计划、一级交易商客户调查结果、OATs 影响报告等绿色债券信息。[①]

绿色信贷方面，绿色信贷的发展与法国绿色产业的支持密不可分。法国议会于 2023 年 10 月通过《绿色产业法案》。为加快实现法国的生态转型与再工业化战略，该法案确定了特定“绿色产业”贷款，推出“未来储蓄计划”。在此基础上，法国国家投资银行将发放 23 亿欧元的特定“绿色产业”贷款，用于支持企业转型，助力现有行业脱碳，具体包括贷款担保、针对各种规模企业的 5 万~1000 万欧元“绿色产业”贷款，以及针对中小企业和中型企业的脱碳补贴。此外，法案计划于 2023~2027 年投资 10 亿欧元用于开发工业用地，并通过绿色产业税收抵免政策为法国带来 230 亿欧元绿色产业投资。[②]

绿色基金方面，法国以社会责任投资（SRI）和 Greenfin 标签为标准，将 ESG 标准纳入财务决策。SRI 标签旨在助力轻松识别将 ESG 标准纳入投资决策的投资基金。获得标签需要经过独立机构的严格评估，审核标准包括：定义明确的 ESG 目标、建立稳健的 ESG 分析方法、积极管理考虑 ESG 因素的投资组合等。而 Greenfin 标签则在投资可再生能源、能源效率、循环经济等方面设置了较高标准。随着时间推移，不仅标签的覆盖范围逐步扩展，标签与欧盟分类法在投资环境可持续评估方面的一致性、连贯性也在逐步提升。

碳定价机制方面，法国目前是欧盟碳排放权交易体系的重要成员。欧盟的碳边境调整机制计划在 2023 年进入过渡阶段。法国作为欧盟的重要成员国，积极参与和推动这一机制的落实。2023 年，法国政府对于碳价格波动情况的关注度有所提升，积极采取一系列措施稳定碳价格。例如，通过调整碳排放配额的供应数量等方式，避免碳价格出现大幅波动，以保证企业有足

① “Debt Assimilables Du Tresor-Oat”, https://www.aft.gouv.fr/en/titre/fr001400hi98.

② “DRAFT LAW（Accelerated Procedure）on Green Industry”, https://www.senat.fr/leg/pjl22-607.pdf.

够的动力进行碳减排。

绿色金融国际合作方面，法国积极投身绿色金融国际合作，除了参加多个国际主流可持续金融平台外，法国还积极与发展中国家达成合作协议，为发展中国家筹措气候行动资金。2023 年，法国向发展中国家提供了 72 亿欧元的气候行动资金，其中 28 亿欧元用于应对气候变化。同年发布的中法联合声明强调，中法两国支持促进和发展有助于生态转型的融资，鼓励各自金融部门统筹业务和减缓与适应气候变化，实现保护生物多样性、发展循环经济、管控和减少污染或发展蓝色金融等方面的目标。① 此外，法国举办新全球融资契约峰会并在会上强调将把金融与气候环保等挂钩，为法国绿色金融发展营造了良好的国际氛围。

2. 德国

德国绿色金融政策起步较早，在全球绿色金融领域占据极为重要的先驱地位。实践中，德国既是绿色金融标准的积极践行者，有力地推动国内绿色金融体系的持续完善与发展水平的稳步提升，又凭借在国际社会的影响力，深度参与国际绿色金融标准的制定，为全球经济可持续转型发挥极为关键的引领与推动作用。

能源政策方面，2023 年 12 月，德国政府对绿色氢气和电子燃料的生产提出了统一的要求。德国在对外发布的《联邦排放控制法实施条例》第 37 条的修正案中首次明确定义了电子燃料和其他合成燃料电力完全可再生生产的定义。此外，德国政府在温室气体配额框架内推广绿色氢气，为加速绿色氢能经济的发展创造条件。②

转型基金投资方面，德国通过财政政策提供公共资金，为全球落实《巴黎协定》做出重大贡献。德国政府对减缓和适应气候变化承诺的 2023 年预算资金总额为 56.6 亿欧元，其中 78%为来自德国联邦经济合作与发

① 《中华人民共和国和法兰西共和国联合声明（全文）》，中国政府网，2023 年 4 月 7 日，https：//www.gov.cn/yaowen/2023-04/07/content_ 5750444.htm。

② “Communication from the Commission-TRIS/（2023）”，https：//europa.eu/webtools/rest/html2m/output/html2m-1731419098-xlxuy.pdf.

展部（BMZ）的预算（见图 1）。德国政府对外宣布财政政策目标为取得适应性措施和缓解性措施的平衡。2023 年，欧洲投资银行积极支持德国绿色转型，将承诺的总融资额从 2022 年的 66 亿欧元上调至 86 亿欧元。此外，德国政府于 2023 年 8 月批准对气候与转型基金（CTF）增资；2024~2027 年该基金将增资超过 300 亿欧元，总计达约 2120 亿欧元。该基金旨在加速德国向无排放经济转型，资金将用于支付气候保护措施，如为用热泵替换化石燃料锅炉提供财政援助，以及投资半导体生产和铁路基础设施扩建等。①

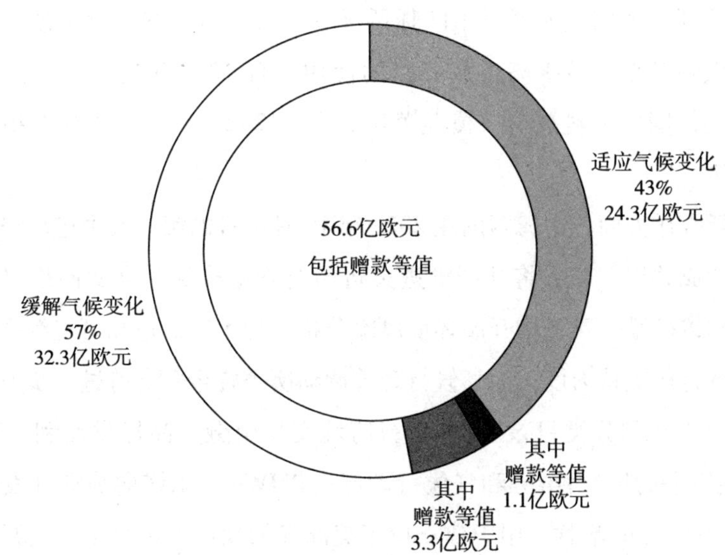

图 1　2023 年德国国际气候融资预算

说明：赠款等值是一个计算值，代表与市场条件相比贴息贷款的优惠程度。

资料来源："Climate Finance: Germany Remains a Reliable Partner", https://www.bmz.de/en/issues/climate-change-and-development/climate-financing。

私人气候融资方面，德国利用公共资金撬动私人气候融资，具体形式为地方（开发）银行的循环信贷额度、结构化基金投资及政府和社会

① "Climate Finance: Germany Remains a Reliable Partner", https://www.bmz.de/en/issues/climate-change-and-development/climate-financing.

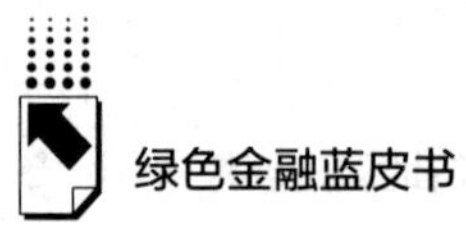

资本合作（PPP）。2023 年，德国募集来自各方的气候融资资金共 99.4 亿欧元。

可持续金融战略方面，2023 年 7 月，德国银行监管机构发布了可持续金融战略，将防范“漂绿”风险作为重点工作任务之一。可持续金融战略旨在支持德国的金融部门以及实体经济实现净零转型，其中防范“漂绿”风险的主要措施包括要求德国境内金融机构与企业遵循 SFDR 及 CSRD。①

碳市场建设方面，德国碳市场的运行机制与欧盟类似，遵循总量控制与交易原则，德国政府通过不断降低排放上限，给予碳配额稀缺性，以激励企业低碳转型，减少高排放燃料的使用。自 2023 年起，免征能源税的煤炭等其他固体燃料被纳入覆盖范围，预计 2024 年废弃物等也将被纳入覆盖范围。

国际合作方面，中德两国在 2023 年 10 月 1 日的第三次中德高级别财金对话中达成共识，双方将共同推进央行与监管机构绿色金融网络（NGFS）相关工作，鼓励金融机构开展环境风险分析；加大对绿色和可持续金融的双边及全球合作支持力度，为气候行动等调动所需资金；支持进一步发展和更广泛应用“共同分类目录”，为发行跨境交易金融产品提供便利。2023 年 12 月，德国联邦经济事务和气候行动部（BMWK）承诺向美洲开发银行提供 2000 万欧元的赠款，用于建立拉丁美洲和加勒比地区绿化公共开发银行及金融部门基金。

3. 英国

目前，英国已将 2050 年全国实现净零排放目标写入法律。作为绿色金融的领跑者，英国在全球绿色金融发展方面处于领先地位，设有绿色金融政策制定、监督的各类机构，构成较为完整的绿色金融体系。

披露标准制定方面，2023 年 6 月，国际可持续准则理事会（ISSB）正式

① “BaFin’s Sustainable Finance Strategy”, https://www.bafin.de/SharedDocs/Downloads/EN/dl_Sustainable_Finance_Strategie_2023.html.

发布《国际财务报告可持续披露准则第 1 号——可持续相关财务信息披露一般要求》(IFRS S1)、《国际财务报告可持续披露准则第 2 号——气候相关披露》(IFRS S2)。2023 年 8 月,英国商业贸易部宣布将于 2024 年 7 月前制定完成英国可持续发展披露标准(SDS),并且英国 SDS 将采纳 ISSB 的可持续信息披露准则作为标准。

2023 年 10 月 20 日,英国转型计划工作组(TPT)发布了最终版披露框架,为未来计划出台的强制性转型计划披露要求奠定基础。在 ISSB 准则的基础上,该披露框架规定了稳健、可信的转型计划披露的良好做法,旨在作为国际通用的"黄金标准"供各机构参考与对比。该披露框架包含 4 个披露要素,分别是基础(战略目标及其影响)、实施策略(商业运行、产品、服务和政策中为实现目标而采取的行动)、参与战略(为实现目标而与价值链、同业、政府、公共部门、社区和公民一起采取的协同行动)、治理(治理、组织、激励和监督架构中如何实施转型计划)。

反"漂绿"标准制定方面,在向利益相关者征求意见之后,英国金融行为监管局(FCA)于 2023 年 11 月 28 日正式发布一系列反"漂绿"规则,旨在帮助消费者减少信息不对称、做出正确投资决策以及提升可持续投资市场的可信度。为了解决标签不一致等监管问题,FCA 制定了一系列反"漂绿"规则,包括金融产品标签规则、命名和营销规则。其中 FCA 规定,如果要使用可持续相关标签,基金管理资产总价值的至少 70%要与其可持续发展目标一致。在规定基础上,FCA 提供了四类可持续金融产品标签,包括可持续聚焦(投资标的资产具有高标准的可持续性)、可持续提升(投资标的资产具有提升可持续性的潜力)、可持续影响力(投资标的资产旨在提供社会和环境解决方案)、可持续混合目标(可持续投资策略与其他投资策略混合)。[①]

气候转型计划方面,2023 年 7 月 6 日,英格兰央行发布气候转型计划。作为全球首批发布气候转型计划的国家央行之一,英格兰央行首次设定了

---

① "Anti-Greenwashing", https://www.fca.org.uk/consumers/sustainable - investment - labels - greenwashing.

“物理温室气体排放目标”，即 2040 年之前实现物理运营层面的净零排放。[①]英格兰央行气候转型计划结构和内容遵循英国转型计划工作组框架，参考科学碳目标倡议轨迹和目标以及 ISO《净零指南》等。

分类标准制定方面，2021 年 6 月，英国政府宣布成立“绿色技术顾问小组”（GTAG），向政府提供制定和实施《绿色分类法》（环境可持续投资标准）的各类建议。在 GTAG 意见基础上制定的英国《绿色分类法》是一个以科学为基础的分类系统，旨在解决“漂绿”问题，支持英国向净零经济过渡。此外，英国《绿色分类法》将提供一个通用框架，用于确定哪些活动可以定义为“环境可持续”，从而帮助公司和投资者提高对活动与投资可能对环境产生影响的理解，进而做出更明智的选择以支持全社会向可持续经济过渡。该分类法涵盖了多个领域和行业，对不同类型的绿色经济活动进行了详细的分类和界定。英国政府曾于 2023 年秋季就《绿色分类标准》进行咨询，旨在不断完善《绿色分类法》。

绿色金融战略方面，2019 年英国政府发布《绿色金融战略》（Green Finance Strategy），希望通过指导和鼓励相关政府部门及金融领域私人机构注意气候变化带来的金融风险，抓住应对气候变化带来的金融机会，增加绿色金融产品的有效供给。2023 年 4 月，英国政府以“调动绿色投资”为主题，发布了修订后的《绿色金融战略》，[②] 旨在实现净零排放转型。该战略由英国财政部、新成立的能源安全和净零排放部以及环境、食品和农村事务部共同制定，覆盖绿色投资、金融服务、自然目标等方面。战略以五大关键目标为基础，旨在巩固英国在绿色金融和投资领域的世界领先地位，五大关键目标具体包括：英国金融服务业的增长和竞争力、投资绿色经济、财务稳定、融入自然并适应、使全球资金流与气候和自然目标保持一致。

---

① “Climate Transition Plan”，https：//www.bankofengland.co.uk/climate-change/the-bank-of-englands-climate-transition-plan.

② “Mobilising Green Investment 2023 Green Finance Strategy”，https：//assets.publishing.service.gov.uk/government/uploads/system/uploads/attachment_data/file/1149690/mobilising-green-investment-2023-green-finance-strategy.pdf.

（三）北欧

北欧地区在全球绿色金融领域处于领先地位。北欧国家凭借完善的环境政策、强烈的环保意识以及高效的金融市场体系，通过创新投资和金融工具应对气候变化、生物多样性丧失和污染等环境挑战，从而推动可持续经济增长和绿色转型。

1. 气候目标

北欧五国在碳达峰、碳中和方面的目标和进展展示了北欧地区在全球气候行动中的领导地位。2019 年，北欧五国签署了《碳中和联合宣言》，承诺在全球经济绿色转型中发挥主导作用，并携手推动零排放技术的研发，以实现将全球升温控制在 1.5℃以内的目标。为了支持这一承诺，北欧能源研究公司委托开展了北欧清洁能源情景项目（NCES），该项目通过情景建模分析，为实现碳中和提供科学依据，明确到 2030 年所需采取的优先行动，并绘制出一条切实可行的长期低碳发展路径。此举不仅体现了北欧国家在实现碳中和方面的决心，还为其他国家提供了绿色转型的政策范本。北欧五国设定的碳中和目标见表 1。

表 1　北欧五国碳中和目标

国家	碳中和目标
芬兰	2035 年实现碳中和
丹麦	2030 年减排 70%，2050 年实现碳中和
冰岛	2040 年实现碳中和
挪威	2030 年通过国际抵消实现碳中和，2050 年实现碳中和
瑞典	2045 年实现碳中和

资料来源：根据公开资料整理。

在全球碳排放量总体增长的趋势下，北欧地区的碳排放量已总体呈下降趋势（见图 2）。通过明确的气候目标和积极的绿色金融政策，北欧五国成功实现了碳排放量的大幅下降，为全球绿色转型提供了示范。

具体来看，瑞典于 20 世纪 70 年代实现碳达峰，丹麦和芬兰则在 2000

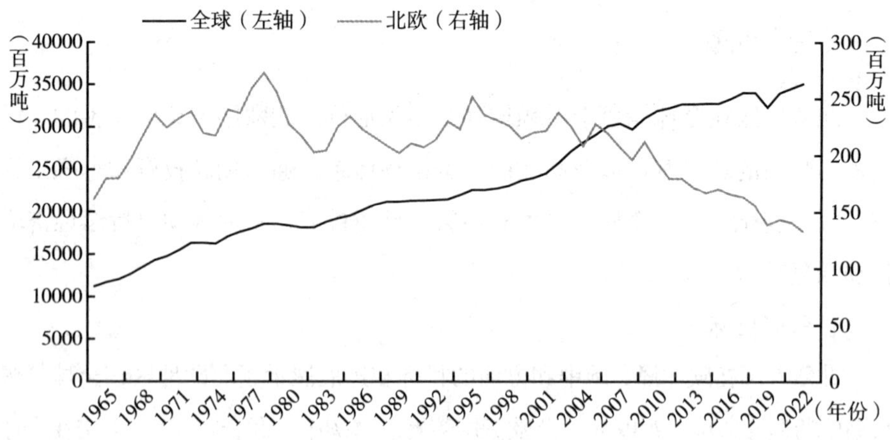

图 2　1965~2022 年全球及北欧地区二氧化碳排放量（能源产生）

资料来源：World Bank。

年前后实现碳达峰，挪威、冰岛碳排放量长期保持平稳。各国也分别设定具体的碳中和目标和能源转型计划，并为实现这些目标采取了切实可行的行动，以实现碳达峰、碳中和的气候目标。

芬兰是全球首批设定碳中和目标的国家之一，其计划到 2035 年实现碳中和，这是全球最早明确设定的碳中和时间之一。2022 年 7 月，芬兰《气候法》正式更新生效，进一步加强了国家在应对气候变化方面的法律框架。除明确提出 2035 年实现碳中和的目标外，该法案还将增强碳汇作为重点任务，并设定了具体的减排目标：与 1990 年相比，芬兰计划到 2030 年将温室气体排放量减少 60%，到 2040 年减少 80%，到 2050 年减少 90%，最终目标为减少 95%。这些目标不仅体现了芬兰在全球气候治理中的领导地位，也为实现碳中和提供了清晰的路径。①

瑞典设定了到 2045 年实现碳中和的目标。近年来，瑞典的碳排放量显著下降，这一变化主要得益于该国能源结构的转型。瑞典自 2020 年起已全面淘汰煤炭，并确保可再生能源在能源消费中的占比不低于 50%。根据瑞

① "Environmental Protection Legislation-climate Legislation", Ministry of the Environment, https://ym.fi/en/climate-change-legislation.

典的能源转型计划，到 2030 年，能源使用效率将较 2005 年提高 50%[①]；到 2050 年，瑞典计划成为“全球第一个零化石能源国家”，在能源生产和消费中完全摆脱化石燃料依赖。

丹麦政府则计划到 2050 年实现碳中和，并已将这一目标纳入国家法律框架。为了实现这一雄心勃勃的目标，丹麦政府已采取一系列能源转型措施，包括设立国家能源危机小组（NEKST）以识别和消除绿色转型的障碍，大幅提高海上风能和太阳能发电能力，投资碳捕获和储存（CCS）、“电力转 X”（Power-to-X）及热解等关键技术的研究，以支持绿色技术的发展。预计到 2030 年，丹麦将逐步淘汰电力中的煤电；[②] 到 2035 年，丹麦的电力和供热系统将完全转向可再生能源；到 2050 年，丹麦计划实现 100%应用可再生能源。

2. 绿色债券市场

近年来，北欧绿色债券市场发展迅速。2023 年，北欧地区的绿色债券发行总额达到了 449.1 亿美元，相较于 2022 年的 382.6 亿美元增长了 17%（见图 3）。截至 2023 年底，北欧五国的绿色债券发行总额已累计达到

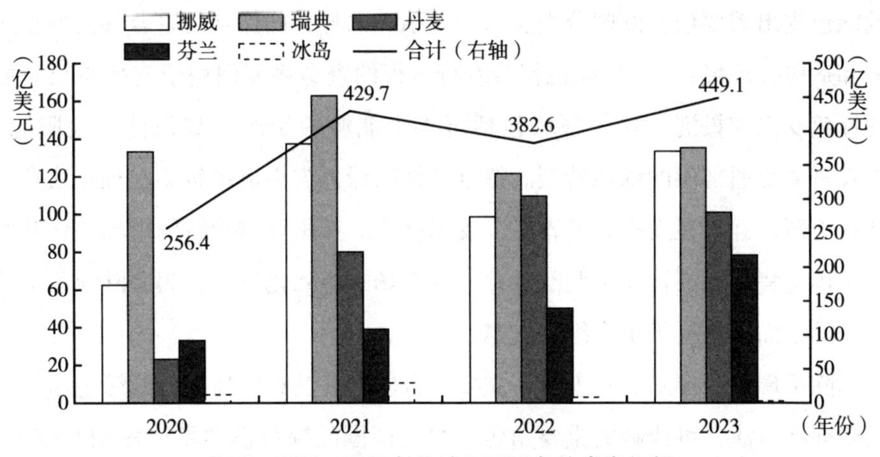

图 3　2020~2023 年北欧五国绿色债券发行额

资料来源：Climate Bonds Initiative。

① Government Offices of Sweden, *Sweden's Draft Integrated National Energy and Climate Plan*, 2018.

② “Denmark to be Coal-free by 2030”, State of Green, https://stateofgreen.com/en/news/denmark-to-be-coal-free-by-2030/.

2052.7亿美元，占欧洲整体绿色债券发行总额的15.72%。[①] 其中，瑞典、挪威和丹麦分别居第七、第八和第九位，成为欧洲重要的绿色债券发行市场。这些数据反映了北欧国家在推动可持续金融发展方面的积极努力，也体现了全球绿色金融需求的持续增长。

瑞典、挪威、丹麦是北欧绿色债券的主要发行国。近年来，三国绿色债券发行额占北欧发行总额的80%以上（见图4）。2014年以来，瑞典绿色债券发行额在北欧国家中占据领先地位，其是欧洲第七大绿色债券发行国。瑞典企业债券市场和地方政府债券市场规模较大，发行主体多样，涵盖金融机构、房地产公司、地方政府等，在低碳建筑领域表现突出。[②] 挪威于2010年率先发行绿色债券，近年来发行额占北欧五国发行总额的24%~32%，其地方债券市场由抵押贷款公司主导。丹麦的绿色债券市场起步相对较晚，但近年来迅速增长，规模从2020年的23.1亿美元增长至2023年的101亿美元。丹麦的绿色债券市场遵循“丹麦王国绿色债券框架”，该框架明确了绿色债券的发行原则，并规定了符合绿色债券融资资格的支出标准。符合条件的绿色支出需要依据欧盟分类法进行评估和选择，确保项目符合气候变化缓解和适应等环境目标。[③] 绿色债券发行所得的资金将专门用于支持中央政府的绿色支出和投资，涵盖领域包括可再生能源的生产（如风能、太阳能）以及丹麦交通部门的绿色转型。符合条件的绿色支出清单每年在预算法案确认后更新，并将在发布时披露实际支出金额。三国凭借独特的市场结构和发行主体优势，共同构建了北欧绿色债券市场的多元化格局，为北欧绿色债券市场的全面发展提供了多维度支撑。

除了瑞典、挪威和丹麦三个主要发行国，芬兰和冰岛在北欧绿色债券市场中同样扮演不可或缺的重要角色。尽管两国的绿色债券发行额相对较少，

---

① “Interactive Data Platform”, Climate Bonds Initiative, https://www.climatebonds.net/market/data/.

② Climate Bonds Initiative, *The Green Bond Market in the Nordics 2018*, 2018.

③ “Green Bonds”, Danmarks Nationalbank, https://www.nationalbanken.dk/en/government-debt/funding-strategy/green-bonds.

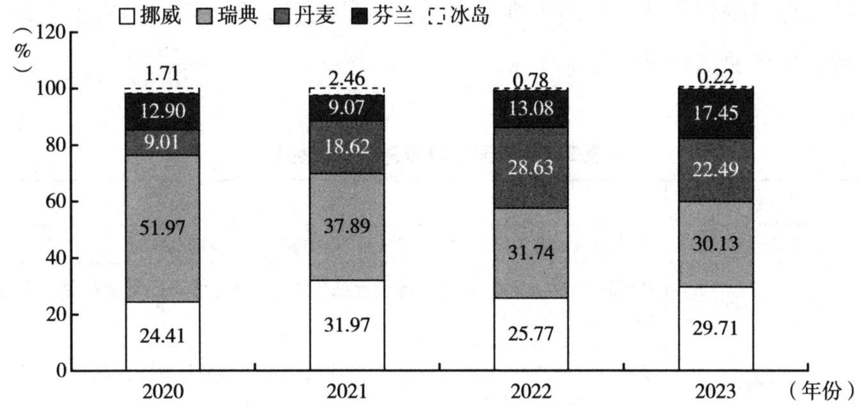

图 4　2020~2023 年北欧五国绿色债券发行额占比

资料来源：Climate Bonds Initiative。

但近年来也保持较为稳定的态势，两国广泛参与北欧绿色债券市场，共同推动北欧绿色债券市场朝着更加成熟、稳定的方向发展。

3. 绿色投资基金

北欧国家通过绿色投资基金等金融工具，为实现碳中和与可持续发展目标提供了强有力的资金支持。绿色投资基金主要投资可再生能源、能源效率、环保技术、低碳交通等领域，在推动绿色经济转型和低碳技术应用方面起到了关键作用。

丹麦政府积极倡导金融机构推动绿色金融发展。2014 年，丹麦绿色投资基金（DGIF）成立，并于 2023 年 1 月成为丹麦出口与投资基金的一部分。该基金是由政府设立的贷款基金，旨在为推动丹麦社会和产业可持续发展的项目提供共同融资支持，特别是在环保节能、可再生能源和资源效率等领域①，主要为能源与供应、食品与农业、建筑与基础设施、材料与资源、交通与流动性 5 个领域的项目提供融资支持（见表 2）。除了绿色投资基金，丹麦气候投资基金、丹麦养老金基金等均投资绿色产业，为绿色新兴市场和

① “Danish Green Investment Fund”，Innovayt，https：//innovayt. eu/funding/danmarks-gronne-investeringsfond/.

新技术提供融资支持，从多个维度为绿色项目提供资金保障，形成了全方位支持绿色产业的金融生态。

表 2　丹麦绿色投资基金支持领域

领域	介绍
能源与供应	支持实施可再生能源供应、储存及“电力转 X”等技术的项目
食品与农业	资助减少食物浪费、推动可持续食品生产和分配，以及探索替代食品来源的项目
建筑与基础设施	支持绿色建筑材料、制冷技术、智能建筑以及建筑翻新等方面的项目，推动城市建设的绿色转型
材料与资源	资助废物资源化、替代聚合物和复合材料的研发、寻找替代燃烧资源的方式以及新型回收技术的项目
交通与流动性	支持航空、微型出行、航运、海上流动性及陆地交通领域的绿色解决方案，推动绿色交通方式的创新

芬兰政府在推动绿色经济转型中鼓励绿色投资基金为可持续项目提供资金支持，并且设立了多个绿色投资基金和平台，以支持低碳技术的研发与可持续项目。芬兰气候基金于 2020 年 12 月开始运营，已做出 25 项投资决定，总额达 1.83 亿欧元。2023 年，该基金已承诺向多家企业提供贷款，用于建造清洁氢气示范工厂、包装替代材料研发、智能储能系统部署等项目。[①] 评估报告表明，该基金通过经济重组、投资、创业和就业为清洁工业转型目标提供了特别有力的支持。

挪威气候投资基金在挪威绿色金融发展战略中占据重要地位，由挪威开发金融机构 Norfund 管理，于 2022 年正式启动。该基金将通过在煤炭和其他化石能源发电等碳排放量较大的新兴市场投资可再生能源、储能和输电项目来推动转型。基金自启动以来，已承诺为多个项目提供超过 20 亿挪威克朗的资金支持，这些项目预计每年将减少 620 万吨二氧化碳排放。[②] 并且，

① “Climate Fund”，https：//www.ilmastorahasto.fi/en/news/.

② “The Climate Investment Fund”，Norfund，https：//www.norfund.no/the-climate-investment-fund/.

该基金将在5年内获得100亿挪威克朗的资金，其中每年将有10亿挪威克朗来自Norfund，另有10亿挪威克朗来自国家预算。该基金的成立展现了挪威政府对绿色转型的长期承诺和投资，将进一步加速挪威及全球向低碳经济的转型。

（四）南欧

尽管相较于北欧和西欧，南欧整体发展仍处于追赶阶段，但南欧国家正在积极推动绿色金融政策与机制的建设，逐步融入全球绿色金融体系，近年来在绿色金融领域取得了显著进展。具体而言，西班牙和意大利在绿色债券市场的发展上走在前列，两国政府通过出台一系列绿色金融政策和法规，为市场提供了有力支持，推动了绿色金融工具的广泛应用。

面对经济下行、气候变化等多重挑战，南欧国家充分发挥自然资源优势，积极推进绿色转型，并加大政策推动力度，特别是在绿色债券发行、能源结构调整、国际合作等领域取得了显著进展。这些国家通过实施绿色金融战略，不仅为可持续发展目标的实现提供资金支持，还为应对全球气候变化提供了有力的金融保障。

1. 西班牙

西班牙积极响应欧盟的气候变化应对战略，承诺相比于1990年，到2030年将温室气体排放量减少至少23%，并到2050年实现碳中和。[①] 为此，西班牙制定了一系列关键的气候政策和行动计划。

在能源转型方面，西班牙在风能、太阳能和生物燃料三个可再生能源领域表现突出。西班牙风能装机容量超过28吉瓦，仅次于德国，位居欧洲第二。[②] 凭借丰富的太阳能资源，西班牙能以低于其他欧洲国家的成本生产绿

① "Spain 2050", National Office of Foresight & Strategy, https：//futuros. gob. es/en/our-work/spain-2050.

② "Net-zero Spain：Europe's Decarbonization Hub", Mckinsey Sustainability, https：//www. mckinsey. com/capabilities/sustainability/our-insights/net-zero-spain-europes-decarbonization-hub#/.

色氢气等可再生能源，并继续保持过去 15 年电力行业迅速脱碳的趋势。生物燃料技术是西班牙脱碳过程中的关键技术，数据显示，2000 年以来，西班牙生物燃料和废弃物及风能、太阳能等清洁能源的生产总体稳步增加，煤炭产量总体降低（见图 5）。到 2023 年，风能、太阳能占西班牙国内能源总量的 30%,[①] 不仅有助于西班牙自身减少碳排放、应对气候变化，还为全球能源转型提供了宝贵经验。

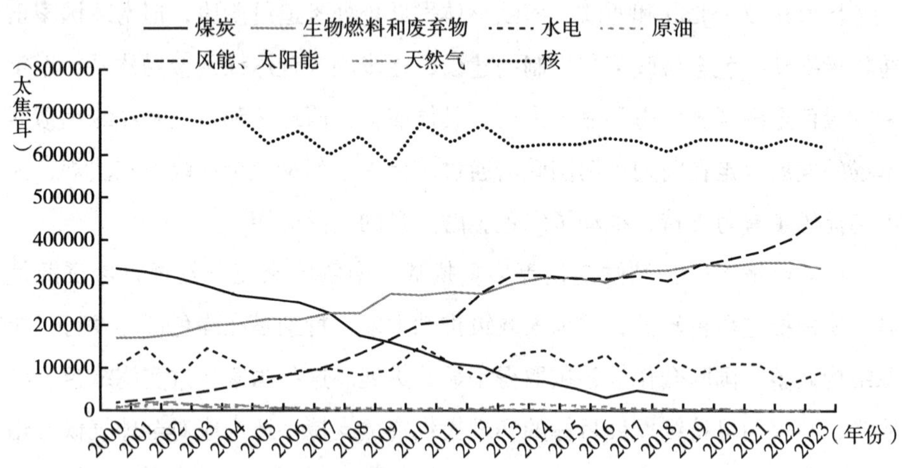

图 5　2000~2023 年西班牙能源生产变化情况

资料来源：IEA。

西班牙在推行 ESG 标准方面也采取了积极措施，紧密配合欧盟的法规和政策，同时制定了一些国内的相关法律，以促进可持续金融和社会责任投资。

环境法规方面，西班牙《国家能源与气候综合研究计划》（PNIEC）于 2020 年生效，为 2021~2030 年设定了国家能源转型和气候行动的目标，包括提升可再生能源占比、提高能源效率和减少温室气体排放等，以实现碳中和的长期目标。《西班牙气候变化与能源转型法》于 2021 年生效，旨在将西班牙的气候目标纳入法律框架，并推动国内经济向低碳转型。该法

① “Spain”, IEA 50, https://www.iea.org/countries/spain/energy-mix.

案主要内容如下。

第一，2050 年碳中和目标。西班牙承诺到 2050 年实现净零排放，并制定了明确的中期减排目标，如到 2030 年减少温室气体排放至少 23%。

第二，绿色金融支持。该法案强调绿色投资的必要性，并鼓励金融机构、投资者和企业在资金配置时考虑环境和气候风险。

第三，加强碳市场参与。西班牙参与欧盟的碳排放权交易体系，并对碳排放权进行拍卖。

社会法规方面，尽管西班牙遵循欧盟的 ESG 框架，但其在社会包容性和治理结构上展现出独特性。西班牙政府高度重视员工福利保障，推行多元化与性别平等政策，积极保护劳工权益，确保社会的公正与平等。1995 年以来，西班牙劳动与社会经济部陆续修订并颁布了《劳动保护法》、《性别平等法》、《反歧视法》、《工作场所健康与安全法》和《最低工资与工时法》等一系列法规，引导企业在履行社会责任时关注劳工权利、社会公益和社区支持等方面的战略。

治理方面，西班牙也在逐步与国际标准接轨，特别是在企业信息披露和透明度方面加强监管。另外，《西班牙 2050 计划》特别提到金融部门的重大转型，金融监管机构正在逐步引入 ESG 相关规定，要求金融市场参与者在其报告中披露 ESG 风险和影响。未来几年，金融机构将成为气候和环境议程的主要推动者之一，促使其客户采纳更负责任和循环的经营方式，创造激励机制以预防风险，并帮助筹集西班牙在未来 10 年内所需的 2000 亿欧元能源转型资金。

绿色债券方面，近年来西班牙的绿色债券市场发展迅速，绿色债券发行额位居南欧第二，从 2017 年的 47 亿美元增长至 2023 年的 217.7 亿美元。西班牙的绿色债券按照《西班牙王国绿色债券框架》发行，该框架遵循国际资本市场协会（ICMA）的《绿色债券原则》（GBP）和《欧盟绿色债券标准》。[①] 2023 年

① "The Kingdom of Spain's Green Bond Framework", Gobierno de Espana, https://www.tesoro.es/en/deuda-publica/el-marco-de-bonos-verdes-del-reino-de-espana.

7月，西班牙更新了绿色债券框架，该框架获得了 Vigeo Eiris 评定的最高评级，也是欧洲主权债券发行人获得的最高评级。根据该框架，西班牙确定了136亿欧元的合格绿色投资额度，用于支持气候变化缓解与适应、水资源保护、循环经济转型、污染防控及生物多样性保护等项目。①

2. 意大利

意大利人均二氧化碳排放量于2004年达峰，整体已于2005年实现碳达峰目标。目前，意大利致力于到2050年实现碳中和。为此，其计划到2030年一次能源消费量较2007年减少43%，温室气体排放量较2005年减少33%；同时，可再生能源在能源消费结构中的比例将提升至30%。根据计划，意大利将于2025年完全退出煤电，并鼓励电动汽车的普及。此外，意大利还将通过光伏加热、热电联产等技术大幅提升建筑能效，以进一步推动低碳经济转型。

2005年生效的"白色证书"机制（Certificati Bianchi）是意大利节能减排、提高能源效率的主要工具。② 该机制鼓励企业通过实施节能项目，如提升设备效率或优化能源管理以减少能源消耗。成功完成节能措施的企业可以获得"白色证书"，作为成功节能的证明。自2018年起，这些证书可以在能源服务管理公司的管理平台上进行交易，为企业提供了灵活的市场机制。通过交易，企业不仅可以实现节能目标，还能够获得经济回报，进一步激励可持续发展。该机制对于促进意大利能源效率提升和实现环境目标发挥了重要作用。

意大利绿色债券发行额总体呈现增长态势，募集的资金主要用于发展可再生能源和能效提升项目。2021年之前，意大利的绿色债券发行主要集中于私人部门和企业层面。2021年以来，意大利绿色债券的发行规模显著增长，2021年发行额达到259.4亿美元，较2020年的45.3亿美元大幅提升472.6%。这一增长主要得益于意大利政府于2021年3月首次发行的主权绿

① "Spain Launches First Sovereign Green Bond Issuance Programme", ICEX, https://www.investinspain.org/en/news/2021/spain-green-bond.

② "Certificati Bianchi", Governo Italiano, https://www.mase.gov.it/energia/certificati-bianchi.

色债券，该主权绿色债券旨在支持国家绿色转型战略，并为可再生能源发电、能效提升、交通基础设施、循环经济、污染防治、环境保护及生物多样性等领域提供融资支持。

意大利在绿色金融国际合作中扮演至关重要的角色。作为 G20 的初始成员国之一，意大利始终致力于推动可持续金融领域的全球合作与研究。2021 年，意大利担任 G20 轮值主席国期间主办了 G20 财长与央行行长会议，成功推动恢复并升级了 G20 可持续金融研究小组，并将其进一步提升为可持续金融工作小组。各国在此框架下共同制定了《G20 可持续金融路线图》，为 G20 成员国在可持续金融领域的行动提供了明确的战略指导。这一举措不仅为凝聚成员国在绿色金融领域的共识奠定了基础，还为加强相关政策研究和推动全球可持续金融体系的建设发挥了重要作用。

此外，意大利积极参与并推动多个与绿色发展相关的国际协定和组织进程。作为联合国政府间气候变化专门委员会（IPCC）的成员国，意大利在全球气候变化应对方面发挥了积极作用。2016 年，意大利作为首批签署并批准《巴黎协定》的国家之一，进一步表明了其在全球气候治理中的坚定承诺。意大利还是联合国环境规划署（UNEP）、国际可再生能源机构（IRENA）、全球环境基金（GEF）、世界自然保护联盟（IUCN）以及国际太阳能联盟（ISA）等多个国际机构的成员或框架协定的签署国，持续推动全球绿色能源与可持续发展的国际合作及落实。

二　美洲及其代表国家绿色金融发展进程

在全球可持续发展浪潮下，北美洲地区尤其是以美国和加拿大为代表的国家积极投资可持续发展项目，系统性、深层次地将绿色金融这一新兴领域的发展目标与国家宏观战略架构紧密契合，构筑全方位、多维度且富有韧性的绿色发展格局。

以阿根廷、巴西、智利为代表的南美地区自然资源丰富，但受全球气候变暖影响，南美洲目前面临温室气体排放等环境问题。随着南美洲国家对环境保护和可持续发展的重视程度不断提高以及相关政策的不断完善，绿色金融市场规模有望继续扩大，吸引更多投资者和金融机构参与。

（一）美国

美国依托在全球经济格局中无可比拟的体量优势及高度发达且多元分层的金融市场体系，现已构建从联邦层级到各州地方层面协同发力的绿色金融体系。然而，2023 年美国各地反 ESG 情绪导致符合标准的可持续发展挂钩和转型债券（The Green，Social，Sustainable and Other Labeled，GSS+）发行量下降了 38%①，绿色金融发展受到一定阻碍。截至 2023 年，美国主要绿色金融政策如表 3 所示。

表 3　截至 2023 年美国主要绿色金融政策

时间	政策
1980 年	美国通过《超级基金法案》，要求企业解决环境损害问题
1990 年	美国国会通过立法建立了基于市场的“限额交易”制度
2005 年	美国颁布了适用于能源领域的第一部综合性法律《能源政策法案》
2022 年	美国通过《两党基础设施法》和《通胀削减法案》，增加了美国在气候行动上的公共投资
2023 年 1 月	美国华盛顿州的《气候承诺法案》正式生效
2023 年 9 月	美国财政部发布了《净零融资与投资原则》
2023 年 10 月	美联储（FRB）、货币监理署（OCC）和联邦存款保险公司（FDIC）共同发布了《大型金融机构气候相关金融风险管理原则》

资料来源：根据公开资料整理。

绿色债券市场方面，美国绿色债券市场一直以来的显著特征是众多发行方所开展的小额交易颇为盛行。2023 年，美国绿色债券市场共达成 1231 笔

① “Sustainable Debt Global State of the Market 2023”，https：//static. ltdcdn. com/uploadfilev2/file/0/467/309/2024-05/17162635137033. pdf.

交易，平均每笔交易规模为4860万美元。但美国的绿色债券交易数量从2022年的2422笔减少至2023年的1231笔，下降幅度达49%；交易量的下降使交易总额从700亿美元降至599亿美元，降幅达14%。在可持续发展挂钩债券（SLB）方面，美国（32个发行方的可持续发展挂钩债券交易）以98亿美元的贡献位居全球第三。①

净零转型与气候风险方面，2023年9月，美国白宫组织召开气候风险模拟圆桌会议，重点关注物理风险的影响以及应用中的困难。会议重点讨论2023年4月发布的《气候变化中的极端气候风险》报告，主要涉及加强对气候风险建模的科学关注、联邦气候科学机构的作用、气候脆弱性、高度精细信息的需求等气候风险相关议题。② 2023年10月，美国财政部首次颁布指导金融机构转型金融发展的自愿性原则指引——《净零融资与投资原则》，旨在动员更多私人资本积极应对气候风险影响，抓住绿色转型带来的历史性经济机遇，并呼吁各经济部门广泛支持净零转型。《净零融资与投资原则》强调金融机构应提供更加一致和可信的净零投资方案，降低气候变化对经济的影响，文件共包括9条原则，涉及金融机构的净零承诺、净零转型计划、案例事件、指标构建、评估标准、实施战略及治理程序等多方面内容。③ 2023年10月，美联储、货币监理署和联邦存款保险公司联合发布了《大型金融机构气候相关金融风险管理原则》，适用于合并资产管理规模超过1000亿美元的银行类机构以及具有系统重要性的非银行金融机构，为大型金融机构安全稳健地管理气候相关金融风险提供了高级框架，旨在为大型金融机构进行气候相关金融风险管理提供原则性指引。④ 此外，该原则还介

---

① "Sustainable Debt Global State of the Market 2023", https://www.climatebonds.net/files/reports/cbi_ sotm23_ 02h.pdf.

② "Readout from Climate Risk Modeling Roundtable", https://www.whitehouse.gov/briefing-room/statements-releases/2023/09/20/readout-from-climate-risk-modeling-roundtable/.

③ "Principles for Net-zero Financing & Investment", https://home.treasury.gov/system/files/136/NetZeroPrinciples.pdf.

④ "Summary of Final Principles for Climate-related Financial Risk Management for Large Financial Institutions", https://www.federalreserve.gov/newsevents/pressreleases/files/bcreg20231024b3.pdf.

绍了如何在管理传统风险领域（包括信用、市场、流动性、运营和法律风险）时解决与气候相关的金融风险。

绿色金融监管方面，过去几年，美国证券交易委员会（SEC）持续打击“漂绿”行为。2023 年 9 月 20 日，美国证券交易委员会通过了《投资公司法》“命名规则”的修正案，修正案涉及可能在基金投资和风险方面误导投资者的基金名称，旨在防止出现具有误导性或欺骗性的投资基金。修正案扩展了当前规则 35d-1 的适用性，并包括新的披露、合规性测试、报告和记录保存要求。2023 年 10 月 7 日，加利福尼亚州州长签署通过《气候企业数据责任法》（Climate Corporate Data Accountability Act，SB 253）① 和《温室气体：与气候有关的金融风险》（Greenhouse Gases：Climate-related Financial Risk，SB 261）②，两项法案构成了加利福尼亚州“气候责任一揽子法案”的核心。其中，《气候企业数据责任法》要求总部设在美国的合伙企业、公司、有限责任公司以及年收入 10 亿美元及以上且在加州开展业务的其他实体（估计有 5400 家报告实体）提交年度报告，公开披露经营活动的直接温室气体排放（范围 1 排放）、能源使用的间接温室气体排放（范围 2 排放）以及上游和下游供应链的间接温室气体排放（范围 3 排放）。而《温室气体：与气候有关的金融风险》要求总部设在美国的合伙企业、公司、有限责任公司以及其他在加州开展业务的年收入 5 亿美元及以上的实体每两年编写一次报告，披露与气候相关的财务风险以及为减少和适应该风险而采取的措施。

温室气体排放方面，2023 年《气候承诺法案》正式生效，覆盖华盛顿州运输、建筑等工业行业，涵盖华盛顿州 70%的温室气体排放。根据法案设定的目标，到 2030 年，华盛顿州温室气体排放水平将比 1990 年减少 45%。在第一个合规期（2023～2026 年）内，法案将 2023 年的上限设定为

---

① “Climate Corporate Data Accountability Act”，https：//leginfo. legislature. ca. gov/faces/billTextClient. xhtml? bill_ id=202320240SB253.

② “Greenhouse Gases：Climate-related Financial Risk”，https：//leginfo. legislature. ca. gov/faces/billTextClient. xhtml? bill_ id=202320240SB261.

63 $MtCO_2e$，相当于 2015~2019 年所涵盖实体平均排放水平的 93%，此后，温室气体排放上限每年下降 7%。①

绿色金融国际合作方面，2023 年 7 月 20~21 日，中美气候金融二轨对话以线上和线下的方式举行，会议由清华大学、美中关系全国委员会和哥伦比亚大学主办，北京绿色金融协会承办，中国生态环境部国家气候战略中心、美国环保协会等机构支持。中美两国 50 余位专家就气候相关财务信息披露、贸易与碳市场、第三方国家绿色发展等具有合作潜力的绿色金融议题进行深入讨论。② 2023 年 11 月 15 日，中美发布《关于加强合作应对气候危机的阳光之乡声明》，中美两国决定启动“21 世纪 20 年代强化气候行动工作组”，开展对话与合作，逐步加速 21 世纪 20 年代的具体气候行动。未来工作组将聚焦联合声明和联合宣言中确定的合作领域，具体包括能源转型、甲烷、循环经济和资源利用效率、低碳可持续省/州和城市、毁林以及其他主题。③

（二）加拿大

在全球可持续发展议程加速推进的时代背景下，加拿大作为北美洲的重要经济体，经过多年探索构建了一套多维协同的绿色金融政策体系（见表 4），并将绿色金融发展战略深度嵌入国家整体可持续发展战略，不仅为本土生态保护与经济结构绿色重塑夯实根基、注入动力，还为全球绿色金融的纵深发展贡献了治理经验。

---

① “USA-Washington Cap-and-Invest Program”，https：//icapcarbonaction. com/system/files/ets_pdfs/icap-etsmap-factsheet-85. pdf.

② 《2023 中美气候金融二轨对话丨气候金融是中美两国应共同合作的领域》，21 经济网，2023 年 7 月 24 日，https：//www. 21jingji. com/article/20230724/herald/1c8b5a97f5be794e16c072ccef44e1cf. html。

③ 《关于加强合作应对气候危机的阳光之乡声明》，生态环境部网站，2023 年 11 月 15 日，https：//www. mee. gov. cn/ywdt/hjywnews/202311/t20231115_ 1056452. shtml。

表 4　加拿大绿色金融政策

时间	政策
2010 年 10 月	加拿大证券管理局(CSA)发布了《CSA 员工通告 51-333:环境报告指引》,对除投资基金以外的发行人做出持续披露环境信息的规定
2011 年 6 月	加拿大财政部借鉴分类技术专家小组(TTEG)的意见,对外发布《可持续金融分类标准蓝图报告》,旨在促进绿色经济发展,达成 2050 年碳排放净零目标
2023 年 3 月	TTEG 对外公布《可持续金融分类标准蓝图报告》
2023 年 6 月	加拿大政府启动了首个《国家适应气候变化战略》
2023 年 12 月	加拿大签署了该国首个支持未来碳价格的协议

资料来源：根据公开资料整理。

可持续发展目标制定方面，加拿大承诺 2050 年实现碳中和。为此，加拿大政府正在推动《加拿大净零排放责任法案》（Canadian Net-zero Emissions Accountability Act）立法，拟通过法律形式确立上述碳中和目标，并确立每隔 5 年的分阶段减排目标。① 为在 2050 年实现净零排放目标，加拿大财政部及环境和气候变化部授权委托可持续金融行动委员会（SFAC）召集绿色金融领域的专家成立分类技术专家小组，研究制定加拿大实施可持续金融分类标准的分类优点、机会及风险等并提出《可持续金融分类标准蓝图报告》指引及建议。2023 年 3 月，分类技术专家小组对外公布《可持续金融分类标准蓝图报告》，计划拟订一套标准化方法判别特定经济活动是否符合国内与全球气候目标，并设立评判、筛选与投资和商业决策有关的绿色凭证的标准，为投资人、公司与金融中介机构提供参考，促进洁净技术与绿色经济发展。《2023—2027 年部门可持续发展策略》报告提出了加拿大共享服务（SSC）的愿景和 2023 ~ 2027 年的可持续发展目标。SSC 的愿景是通过运营和现代化加拿大政府的信息技术基础设施来支持环境、社会和经济的可持续性。这一愿景反映了现代加拿大政府的可持续发展优先事项，与 SSC 为加拿大政府提供现代、安全和可靠的信息技术服务

① “Canadian Net-zero Emissions Accountability Act”, https://laws-lois.justice.gc.ca/eng/acts/c-19.3/fulltext.html.

的使命一致。

气候风险监管方面，2023 年 3 月 7 日，加拿大金融机构监管办公室（OSFI）发布了指南《B-15：气候风险管理》。[①] 该指南是加拿大发布的第一份针对气候相关风险的审慎监管框架，由两部分组成，分别是对公司治理与风险管理的期望及对气候相关财务信息披露的要求。未来，OSFI 将会随着实践和标准的发展审查与修订该指南，包括将基于 ISSB 发布的 IFRS S2 更新对金融机构气候信息披露的要求。

2023 年 6 月，加拿大政府启动了首个《国家适应气候变化战略》，该战略由主要合作伙伴共同制定，旨在通过全社会的共同努力减少气候变化风险，在加拿大全境打造具有强大应对和适应气候变化能力的社区。该战略确立了提升气候适应力的共同愿景，提出了一份全面的蓝图并确定了加强合作的关键优先事项，提供了基于灾难恢复、健康与福祉、自然与生物多样性、基础设施、经济与工人 5 个互相关联维度制定的长期转型目标、中期目标、近期目标及衡量国家层面进展的框架。[②]

绿色债券方面，2023 年 3 月，加拿大政府发布了首份绿色债券收益分配报告；同年 11 月，加拿大政府更新了绿色债券框架，旨在使某些核能支出符合条件并使债券框架与其他主权国家保持一致。截至 2023 年底，加拿大绿色债券累计发行额达 634 亿美元。[③]

可持续基础设施投资方面，加拿大政府公布的《2023—2027 年部门可持续发展策略》概述了加拿大基础设施局对加拿大环境、社会和经济可持续未来的承诺。加拿大基础设施局致力于实施和交付其投资组合的同时，推进提供清洁安全水源、投资绿色基础设施和应对气候变化的举措。加拿大政府确定了可持续发展的优先事项，包括绿色基础设施和创新、可持续城市和

① "Climate Risk Management", https://www.osfi-bsif.gc.ca/sites/default/files/import-media/guidance/guideline/2023-04/en/b15-dft.pdf.

② "Canada's National Adaptation Strategy", https://publications.gc.ca/collections/collection_2023/eccc/en4/En4-544-2023-eng.pdf.

③ "The Canadian Sustainable Bond Market Report", https://smith.queensu.ca/centres/isf/pdfs/projects/report-bond-market.pdf.

社区、减少浪费并过渡到零排放汽车、气候行动与绿色采购。①

碳市场建设方面，现阶段加拿大采取了碳税和碳市场机制。2023 年 12 月 7 日，加拿大宣布制定联邦石油和天然气碳市场计划，并发布了“限制石油和天然气行业温室气体排放的监管框架”，其中包含计划中的碳市场设计细节，旨在减少这两个行业的温室气体排放，以期到 2050 年实现净零排放目标。该框架宣布石油和天然气行业的排放上限将在 2026～2030 年分阶段实施，并随着时间的推移逐渐下降，以实现加拿大 2050 年净零排放的目标。②

绿色金融国际合作方面，2023 年 9 月 15 日，加拿大环境与气候变化部部长史蒂芬·吉尔博（Steven Guilbeault）和德国联邦外交部国务秘书兼国际气候行动特使詹妮弗·摩根（Jennifer Morgan）发表声明，表示加拿大将与德国共同致力于履行气候融资承诺，并确保将按照《气候融资交付计划》的预测分别在 2023 年和 2025 年实现 1000 亿美元的融资目标。③

（三）巴西

巴西是世界第五大国家，也是拉丁美洲最大的经济体。其不仅是农业、矿产和石油、天然气资源的主要供应国，更是拉丁美洲和加勒比地区最大的温室气体排放国。巴西高度重视绿色金融相关议题，现已设定国家自主贡献目标为到 2030 年温室气体排放量减少 53%以及到 2050 年实现碳中和（净零）。同时，巴西环境部表示将非法砍伐森林归零目标的达成时间从 2030 年提前到 2028 年，重新造林 1200 万公顷及将可再生能源的使用比例提升至

① “2023 to 2027 Departmental Sustainable Development Strategy”, https://www.international.gc.ca/transparency-transparence/sustainable-development-developpement-durable/2023-2027-original-originale.aspx? lang=eng#:~:text=This%202023%20to%202027%20Departmental,2030%20Agenda%20and%20the%20Sustainable.

② “A Regulatory Framework”, https://www.canada.ca/content/dam/eccc/documents/pdf/climate-change/oil-gas-emissions-cap/Regulatory%20Framework_OG%20Emissions%20Cap_Dec%206_full.pdf.

③ 《气候变化框架公约》，https://unfccc.int/sites/default/files/resource/cp2021_L14C.pdf。

45%，以遏制亚马孙雨林非法砍伐状况。①

绿色债券方面，巴西主权可持续债券具有高透明度、有效问责制两大优势。巴西政府所构建的主权可持续债券框架不仅确定了费用审核流程，还明确了如何通过外部验证流程监控债券资金流向。2023 年 9 月 5 日，巴西政府推出了《巴西主权可持续债券框架》。作为利用预算支出支持主权债券发行的参考文件，该框架重申了巴西对践行可持续政策的承诺。② 2023 年 11 月，巴西首次发行 20 亿美元的绿色债券，在全球绿色金融债券市场上迈出重要一步。③ 巴西政府宣布债券所得将用于森林砍伐控制、生物多样性保护、国家气候变化基金（重点关注可再生能源和清洁交通等）以及消除贫困（家庭补助金）和消除饥饿（粮食采购计划）等项目。

债券信息披露方面，巴西主权可持续金融委员会（CFSS）将负责汇总和发布可持续债券的年度分配和影响报告。在此基础上，CFSS 承诺为框架下的每次债券发行发布一份预先分配报告。

气候融资方面，农业信贷是 2003 年以来巴西的初级农业政策，旨在使用联邦政府的资助帮助注册农民投资农业生产，该资助于 2023 年达到最高水平 707 亿美元。④

转型计划方面，2023 年，巴西财政部发布关于披露生态转型的建议计划，旨在通过可持续行动促进经济发展。该计划巩固了巴西对于未来经济增长、社会包容和环境保护的愿景。⑤

---

① "Federative Republic of Brazil Nationally Determined Contribution（NDC）to the Paris Agreement Under the UNFCCC", https://unfccc.int/sites/default/files/NDC/2023-11/Brazil%20First%20NDC%202023%20adjustment.pdf.

② "Brazil's Sovereign Sustainable Bond Framework", https://sisweb.tesouro.gov.br/apex/f?p=2501:9::::9:P9_ID_PUBLICACAO_ANEXO:21043.

③ "Brazil Sovereign Sustainable Bond: Financing a Greener, More Inclusive, and Equitable Economy", https://thedocs.worldbank.org/en/doc/417ca2bc8b58320ac065b213f896c851-0340012024/original/Case-Study-Brazil-Sustainable-Bond-TA.pdf.

④ "Rural Credit Policy in Brazil", https://www.climatepolicyinitiative.org/wp-content/uploads/2020/12/REL-Rural-Credit-Policy-in-Brazil.pdf.

⑤ "Finding Pathways, Financing Innovation: Tackling the Brazilian Transition Challenge", https://www3.weforum.org/docs/WEF_Finding_Pathways_Financing_Innovation_2023.pdf.

可持续分类计划方面，2023 年 12 月，巴西财政部在经过公众咨询后推出了《巴西可持续分类法行动计划》（Taxonomia Sustentável Brasileira，TSB），旨在构建一套针对符合环境和社会可持续性标准的经济和金融活动分类系统。分类系统的三大支柱为：将公共和私人资本引导到绿色和社会包容性投资中，以可持续的方式促进技术发展，为生成有关可持续资金流动的可靠和可信信息奠定基础。① 此外，作为巴西生态转型计划的一部分，该分类系统将成为刺激可持续投资的工具，持续促进生产力增长和就业，应对环境和气候挑战，减少社会各个方面的不平等现象。

披露规则制定方面，2023 年 10 月 20 日，隶属于巴西财政部的巴西证券交易委员会（CVM）宣布，将 ISSB 的 IFRS 可持续发展披露标准纳入巴西的监管框架，具体包括从 2024 年开始自愿使用及到 2026 年 1 月强制实施的计划等。这一举措标志着巴西资本市场可持续发展相关风险和机遇方面的信息透明度显著提升，有助于巴西的企业吸引全球绿色资本的可持续投资。②

国际合作方面，2023 年是中巴建立战略伙伴关系 30 周年。巴西联邦共和国总统路易斯·伊纳西奥·卢拉·达席尔瓦于 2023 年 4 月 14 日前往北京，与中国共同发布《中国—巴西应对气候变化联合声明》。联合声明指出中国和巴西承诺拓宽、深化和丰富气候领域双边合作。在机构设置方面，双方决定在中国—巴西高层协调与合作委员会下设立环境和气候变化分委会。③

技术援助方面，世界银行和美洲开发银行联合向巴西国库提供技术援助，帮助其实施可持续债券项目。此次联合工作符合世界银行和美洲

① “Sustainable Taxonomy of Brazil”，https：//www. gov. br/fazenda/pt-br/orgaos/spe/taxonomia-sustentavel-brasileira/arquivos-taxonomia/sustainable-taxonomy-of-brazil-december-v2. pdf.

② “Brazil Adopts ISSB Global Baseline”，https：//www. ifrs. org/news-and-events/news/2023/10/brazil-adopts-issb-global-baseline/.

③《中国—巴西应对气候变化联合声明（全文）》，中国政府网，2023 年 4 月 15 日，https：//www. mfa. gov. cn/web/ziliao_ 674904/1179_ 674909/202304/t20230415_ 11059904. shtml。

开发银行共同努力最大限度地发挥对拉丁美洲和加勒比地区发展影响的承诺。①

（四）阿根廷

阿根廷位于南美洲南部，面积次于巴西，是拉丁美洲第二大国，水能、风能等能源资源丰富，主要矿产资源包括石油、天然气、锂、铜、金、铀、铅、锌、硼酸盐、黏土等，大部分位于与智利、玻利维亚交界的安第斯山脉附近。阿根廷绿色金融领域呈现政策制定、框架完善等多方面发展趋势。

可持续战略方面，2020 年 12 月，由阿根廷政府利益相关方组成的可持续金融技术圆桌会议制定了《国家可持续金融战略路线图》。② 2023 年 5 月，阿根廷经济部发布了该战略最终文件。《国家可持续金融战略路线图》旨在创造必要条件，寻找能源替代方案，在联合国《2030 年可持续发展议程》不断完善的时代背景下调动公共和私人投资，实现阿根廷的可持续经济和社会目标。

转型计划与指南方面，阿根廷政府在美洲开发银行的支持下以及该领域专业公司的技术援助下批准了《2030 年国家能源转型计划》与《2050 年能源转型计划指南和情景》。③ 该计划旨在将该国的能源转变为更清洁、更可持续的能源，从而减少温室气体排放。该计划设定了一系列定量、定性目标，定量目标包括全国净排放量不超过 3.49 亿吨二氧化碳当量、通过提高能源效率将能源需求减少至少 8%、可再生能源发电量占比超过 50%、汽车保有量中电动汽车增加 2%、分布式可再生能源发电量达到

① "Brazil Sovereign Sustainable Bond: Financing a Greener, More Inclusive, and Equitable Economy", https://www.worldbank.org/en/news/feature/2024/02/08/brazil-sovereign-sustainable-bond-financing-a-greener-more-inclusive-and-equitable-economy.

② "Argentina's Sustainable Finance National Strategy", https://www.bcra.gob.ar/Pdfs/SistemasFinancierosYdePagos/Sustainable%20Finance%20National%20Strategy.pdf.

③ "Ministerio De Economía Secretaría De Energía Resolución 518/2023", https://www.boletinoficial.gob.ar/detalleAviso/primera/289827/20230707.

1000 兆瓦，以及新建 5000 公里高压线路；定性目标则涵盖为清洁能源技术价值链的本地发展创造有利条件、在该领域创造新的本地和可持续就业机会、减少能源贫困、促进公平的能源转型等。2023 年 6 月，美洲开发银行批准了一笔 3.5 亿美元贷款，用于促进阿根廷的可持续和弹性增长，使阿根廷能够规划、资助和实施减少能源与农业等最敏感部门排放的行动。①

绿色债券与可持续债券方面，阿根廷经济部完成了首次主权可持续主题债券的发行，现金总额达到 408.37 亿美元，这是阿根廷实施可持续金融战略的一个重要里程碑。此次发行债券获得的资金将按照 2023 年第 1643 号决议批准的可持续融资框架，在 2024 年用于资助水利基础设施发展计划和"连接平等"（Conectar Igualdad）计划。

气候融资战略方面，2023 年，阿根廷制定了《可持续金融国家战略》（ENFS）。② 该战略旨在提供一个明确的框架，以提高国际气候融资的质量，符合该国的可持续发展目标和《巴黎协定》目标。此外，该战略提出了一个围绕监管框架，分类法，数据生成、透明度、报告、指标和数据分析，激励机制，可持续金融工具五大路线的路线图和一个包含短期、中期和长期措施的行动计划，以应对阿根廷气候变化挑战。

可持续主权融资框架方面，阿根廷经济部于 2023 年 11 月 16 日批准了《可持续主权融资框架》，该框架不仅为在本地和国际债务市场发行绿色、社会和/或可持续主权债券和/或贷款制定了标准，确定了阿根廷在环境和社会问题上的优先事项，更使框架与国际资本市场协会制定的《绿色债券原则》（Green Bond Principles，GBP）③、《社会债券原则》（Social Bond

---

① "Argentina Promotes Sustainable, Resilient Growth with IDB Assistance", https://www.iadb.org/en/news/argentina-promotes-sustainable-resilient-growth-idb-assistance.

② "The Sustainable Finance National Strategy", https://www.bcra.gob.ar/Pdfs/SistemasFinancierosYdePagos/Sustainable%20Finance%20National%20Strategy.pdf.

③ "The Green Bond Principles (GBP)", https://www.icmagroup.org/assets/documents/Sustainable-finance/2022-updates/Green-Bond-Principles-June-2022-060623.pdf.

Principles，SBP）[①] 和《可持续债券指南》（Sustainability Bond Guidelines，SBG）[②] 保持一致。此外，它还与贷款市场协会（LMA）、贷款和贸易贷款协会（LSTA）及亚太贷款市场协会（APLMA）制定的《绿色贷款原则》（Green Loan Principles，GLP）[③] 和《社会贷款原则 2021》（Social Loan Principles 2021）[④] 保持一致，以此确保阿根廷融资机制与国际接轨。

绿色金融法律方面，2023 年 11 月颁布的第 963 号决议[⑤]批准了《生物燃料监管框架》，其中包括生物燃料的生产、储存、营销和混合等所有活动，并设立经济部秘书处作为执行机构。此外，决议提高了用于生物燃料混合物的本地生物柴油的价格。

国际合作与援助支持方面，作为 G20 的成员国之一，阿根廷积极参与 G20 可持续金融工作组的相关活动。2023 年 G20 可持续金融工作组聚焦气候融资、为可持续发展目标提供融资和能力建设等议题，阿根廷在其中发挥重要作用。阿根廷现已加入联合国绿色经济行动伙伴关系（PAGE）计划，积极支持联合国《2030 年可持续发展议程》以及 17 个可持续发展目标。2022 年 1 月，中国商务部同阿根廷生产发展部签署《关于推动绿色发展领域投资合作的谅解备忘录》，双方将在各自职权范围内推动绿色发展。2023 年 8 月 22 日，世界银行董事会批准了阿根廷的两个新项目，其中一个项目的重点是增加中小微企业获得融资的机会，使它们能够更好地适应气候风险。该项目通过阿根廷开发银行提供 4.5 亿美元融资，帮助 14000 多家中小微企业应对气候风险，提高它们在绿

---

① "Social Bond Principles（SBP）", https：//www.icmagroup.org/assets/documents/sustainable-finance/2021-updates/social-bond-principles-june-2021-140621.pdf.

② "The Sustainability Bond Guidelines（SBG）", https：//www.icmagroup.org/assets/documents/Sustainable-finance/2021-updates/Sustainability-Bond-Guidelines-June-2021-140621.pdf.

③ "Guidance on Green Loan Principle", shttps：//greenfinanceportal.env.go.jp/pdf/GLP_Guidance_Feb2021_V02.pdf.

④ "The Social Loan Principles 2021（SLP）", https：//www.lsta.org/content/social-loan-principles-slp/.

⑤ "Ministerio De Economía Secretaría De Energía Resolución 963/2023", https：//www.boletinoficial.gob.ar/detalleAviso/primera/299472/20231130.

色市场中的竞争力，并优先为妇女和弱势群体领导的公司提供融资、培训和技术支持。①

（五）智利

智利是受气候变化影响最严重的国家之一，鉴于此，智利高度重视并不断推进绿色金融及环境保护相关政策。政策框架的不断完善使智利在能源转型、绿色金融和可持续旅游业等关键领域处于世界领先地位。在机构设置方面，智利是率先成立绿色金融办公室的国家之一。而在长期目标制定方面，智利承诺到 2050 年实现碳中和。②

绿色债券方面，依托在可持续主题债券发行领域的优势，智利可持续债券发行市场不断扩展。截至 2023 年底，智利可持续发展挂钩债券发行总额为 80.31 亿美元。智利财政部于 2023 年 6 月宣布发行总额为 22.5 亿美元的可持续发展挂钩债券，此次交易的认购量是发行量的 3.2 倍。③ 目前，智利发行的主题债券（绿色、社会和可持续性相关债券）占国家公债的 36%，并且占比还将持续提高。2023 年 6 月，智利决定增加新的 KPI 扩展可持续发展挂钩债券框架。④

2023 年 1 月，智利成立了为政府决策提供咨询的自然资本委员会，该委员会由环境部、财政部，以及经济、发展和旅游部组成，智利中央银行以

---

① "World Bank Approves Projects to Support Micro, Small and Medium Enterprises, and Food Programs in Argentina", https://www.worldbank.org/en/news/press-release/2023/08/22/banco-mundial-aprueba-proyectos-para-apoyar-a-micro-peque-as-y-medianas-empresas-y-programas-alimentarios-en-argentina.

② "Green Growth Opportunities for the Decarbonization Goal for Chile", https://documents1.worldbank.org/curated/en/968161596832092399/pdf/Green-Growth-Opportunities-for-the-Decarbonization-Goal-for-Chile-Report-on-the-Macroeconomic-Effects-of-Implementing-Climate-Change-Mitigation-Policies-in-Chile-2020.pdf.

③ "Chile's Sustainability Linked Bonds Report June 2024", https://www.hacienda.cl/english/work-areas/international-finance/public-debt-office/esg-bonds/sustainability-linked-bonds/annual-reports/2024-sustainability-linked-bonds-report.

④ "Chile's Sustainability Linked Bond Framework", https://www.hacienda.cl/english/work-areas/international-finance/public-debt-office/esg-bonds/sustainability-linked-bonds.

及国家科学、技术、知识和创新委员会的代表也参与其中，为自然资本委员会提供建议。[①]

行动计划方面，预计到2030年智利将生产出世界上成本最低的氢气，到2040年将成为世界三大氢气出口国之一。2023年，智利实施了《2023—2030年绿色氢能行动计划》，深化并扩展了促进国家经济可持续发展的关键路线图。该计划主要涵盖18个工作领域的81项具体行动，包括10条绿氢产业及其衍生品短期和中期发展目标，旨在推动智利绿氢产业发展。[②]

国际合作与援助支持方面，2023年6月29日，世界银行董事会批准了一项1.5亿美元贷款，用于促进对智利绿色氢能项目的投资，加速智利的绿色增长和能源转型，并支持其到2050年实现碳中和的承诺。[③] 作为世界银行第一笔用于促进绿色氢能发展以支持气候变化减缓的贷款，这笔贷款具有重大意义。[④] 2023年7月，欧洲投资银行为智利的气候行动项目提供超过3亿欧元的资助，并帮助智利建立可再生氢能融资平台，为智利可再生氢能产业提供超过1亿欧元的支持，帮助智利实现到2050年100%使用清洁能源的目标。[⑤]

---

① "International Platform on Sustainable Finance", https：//finance. ec. europa. eu/document/download/476aa4e1 - 868b - 4ab7 - ae46 - 0a35feaee2aa_ en? filename = 241113 - ipsf - annual - report_ en. pdf.

② "Chile Green Hydrogen Action Plan", https：//investmentpolicy. unctad. org/investment-policy-monitor/measures/4685/chile-publishes-green-hydrogen-action-plan#：~：text = On%2025%20April%202024%2C%20the，green%20hydrogen%20and%20its%20derivatives.

③ "Green Hydrogen Facility to Support a Green", https：//documents1. worldbank. org/curated/en/099060523141012356/pdf/BOSIB0d7f2996408b0a2ea017aa131ed0c2. pdf.

④ "Chile to Accelerate its Green Hydrogen Industry with World Bank Support", https：//www. worldbank. org/en/news/press-release/2023/06/29/chile-to-accelerate-its-green-hydrogen-industry-with-world-bank-support#：~：text=Washington%20D. C. %2C%20June%2029%2C%202023，to%20carbon%20neutrality%20by%202050.

⑤ "Chile：EIB to Finance Climate Action Projects in Chile with More than 300 Million Including its First Green Mortgage Loan Outside Europe", https：//www. eib. org/en/press/all/2023 - 279 - chile-eib-to-finance-climate-action-projects-in-chile-with-more-than-eur300-million-including-its-first-green-mortgage-loan-outside-europe.

三　亚洲及其代表国家绿色金融发展进程

（一）中国

2023年，中国“双碳”相关政策制度体系陆续完善，“双碳”工作基础能力显著增强。同时，中国绿色金融市场规模不断壮大，产品种类更加丰富。

自2021年中国人民银行初步确立“三大功能”“五大支柱”的绿色金融发展政策思路以来，中国逐步完善了绿色金融标准体系、金融机构监管和信息披露要求、激励约束机制、绿色金融产品和市场体系、绿色金融国际合作空间五大绿色金融发展支柱，充分发挥金融支持绿色发展的资源配置、风险管理和市场定价三大功能。2023年8月，中国双碳“1+N”政策体系构建完成并落地实施，“1”是中共中央、国务院印发的《关于完整准确全面贯彻新发展理念做好碳达峰碳中和工作的意见》和国务院出台的《2030年前碳达峰行动方案》[①]，“N”包括能源、工业、交通运输等分领域分行业碳达峰实施方案，以及科技支撑、能源保障、碳汇能力等保障方案。2023年4月，国家标准化管理委员会等十一部门印发《碳达峰碳中和标准体系建设指南》[②]，提出到2025年制定修订不少于1000项国家标准和行业标准（包括外文版本）等主要目标，明确碳达峰碳中和标准体系包含4个一级子体系、15个二级子体系和63个三级子体系，并规定了各子体系下各标准重点建设内容。2023年10月，为落实国务院《2023年前碳达峰行动方案》，国家发展改革委印发《国家碳达峰试点建设方案》。[③] 2023年2月，最高人民法院发布《关于完整准备全面贯彻新发展理念　为积极稳妥推进碳达峰碳

① 《国务院关于印发2030年前碳达峰行动方案的通知》，中国政府网，2021年10月24日，https://www.gov.cn/zhengce/content/2021-10/26/content_5644984.htm。

② 《关于印发〈碳达峰碳中和标准体系建设指南〉的通知》，中国政府网，2023年4月1日，https://www.gov.cn/zhengce/zhengceku/2023-04/22/content_5752658.htm。

③ 《国家碳达峰试点建设方案》，https://www.gov.cn/zhengce/zhengceku/202311/content_6913873.htm。

中和提供司法服务的意见》[①]，对服务经济社会全面发展绿色转型、保障产业结构深度调整、助推构建清洁低碳安全高效能源体系、推进完善碳市场交易机制、持续深化环境司法改革创新等方面提出新规定，为发展绿色经济、落实“双碳”行动提供制度保障。

绿色债券方面，2023 年 3 月，上证所发布《上海证券交易所公司债券发行上市审核规则适用指引第 2 号——特定品种公司债券（2023 年修订）》[②]，对绿色资金用途、保障绿色债券市场秩序等方面提出更为严格的要求。2023 年 11 月，绿标委发布了《绿色债券存续期信息披露指南》[③]，首次统一境内绿色债券存续期信息披露标准，提出了明确“一要求”、统一“一模板”、建立“一体系”的“1+1+1”存续期信息披露总体框架体系。2023 年 12 月，中国证监会和国务院国资委联合发布《关于支持中央企业发行绿色债券的通知》[④]，提出完善绿色债券融资支持机制，鼓励中央企业发行中长期债券，便利发行绿色债券融资、债券回购融资支持机制；助力中央企业绿色低碳转型和高质量发展，发挥中央企业绿色科技创新主体作用、绿色低碳发展示范作用、绿色投资引领作用。在中国人民银行的指导下，中国银行间市场交易商协会牵头研究编制并于 2023 年 12 月发布了中国绿色债券指数，全面客观地展现了中国绿色债券市场整体走势，为绿色投资决策提供业绩基准参考和资金指引，是助力提升中国绿色债券市场影响力的重要举措。[⑤]

---

① 《最高人民法院关于完整准确全面贯彻新发展理念　为积极稳妥推进碳达峰碳中和提供司法服务的意见》，最高法网站，2023 年 2 月 17 日，https：//www. court. gov. cn/zixun/xiangqing/389351. html。

② 《上海证券交易所公司债券发行上市审核规则适用指引第 2 号——特定品种公司债券（2023B 年修订）》，上海证券交易所网站，https：//www. sse. com. cn/lawandrules/sselawsrules/bond/review/c/c_ 20241227_ 10767392. shtml。

③ 《绿色债券存续期信息披露指南》，中国银行间市场交易商协会网站，https：//www. nafmii. org. cn/ztbd/lszqbzwyh/tzgg/202311/P020231129496468470224. pdf。

④ 《中国证监会　国务院国资委关于支持中央企业发行绿色债券的通知》，中国政府网，https：//www. gov. cn/zhengce/zhengceku/202312/content_ 6919326. htm。

⑤ 《指征走势　聚绿成金〈中国绿色债券指数〉正式发布》，中国银行间市场交易商协会网站，2023 年 12 月 1 日，https：//www. nafmii. org. cn/xhdt/202312/t20231201_ 316422. html。

绿色保险方面，2023 年 5 月，平安产险湖州中支、人保财险湖州市分公司开出中国首张 ESG 保险保单，涉及保额 8800 万元，这是国内首批 ESG 保险项目，也是在保险领域践行《银行业保险业绿色金融指引》关于从战略高度推进绿色金融要求的具体表现。[①] 2023 年 9 月，中国保险行业协会发布《绿色保险分类指引（2023 年版）》[②]，为保险行业落实国家相关部委关于降碳、减污、扩绿、增长的一系列政策方案，执行监管政策要求，加强绿色发展能力建设提供行动指南。

环境信息披露方面，2023 年 7 月，国务院国资委发布的《央企控股上市公司 ESG 专项报告编制研究》[③] 构建了包含 14 个一级指标、45 个二级指标、132 个三级指标的指标体系，基础披露项大多为定量指标，除了常见的资源消耗、污染防治以及最基础的环境管理制度建设，还包含了气候变化及生物多样性。2023 年 9 月，国务院国资委发布《中央企业上市公司 ESG 蓝皮书（2023）》，提出中央企业要深入践行 ESG 理念、统筹加强 ESG 管理，与国际规则接轨，从而更好开展市场竞争。[④] 碳市场方面，2023 年 12 月中国银行间市场交易商协会发布《中国碳衍生产品交易定义文件（2023 版）》，维护市场参与者合法权益，促进碳衍生产品业务规范健康发展。[⑤]

地方绿色金融改革创新试点方面，2023 年，浙江、江西、四川、广东、新疆、贵州等地持续推进绿色金融改革创新试点建设，探索绿色低碳投融资新模式、新路径，完善绿色金融政策体系和市场机制，为其他地区提供绿色金融发展政策参考和指导。

香港特区方面，2023 年 4 月，香港联合交易所有限公司（以下简称

---

① 《湖州市首单 ESG 保险落地　为投保企业降本增效》，中国金融新闻网，2023 年 5 月 15 日，https：//www. financialnews. com. cn/bx/202305/t20230515_ 270803. html。

② 《绿色保险分类指引（2023 年版）》，https：//www. iachina. cn/module/download/downfile. jsp？ classid = 0&filename = 3de47857f029475daf29d81ce203d517. pdf。

③ 国务院国资委办公厅：《央企控股上市公司 ESG 专项报告编制研究》，2023。

④ 国务院国资委办公厅：《中央企业上市公司 ESG 蓝皮书（2023）》，2023。

⑤ 《中国碳衍生产品交易定义文件（2023 版）》，https：//www. nafmii. org. cn/zlgl/bzxy/bzxywb/jrys/202312/P020231218599056307480. pdf。

“联交所”）发布《优化环境、社会及管治框架下的气候相关信息披露（咨询文件）》[①]，建议强制要求香港所有上市公司在ESG报告中提供气候相关披露内容，以及推出符合ISSB气候准则的新气候相关信息披露要求。香港特区绿色和可持续金融跨机构督导小组表示，符合TCFD建议的气候相关信息披露将于不迟于2025年在相关行业强制实施，联交所此次咨询文件的发布正是香港特区绿色金融迈向有关目标的一个重要里程碑。其中各项建议已考虑到ISSB发布的《国际财务报告可持续披露准则第2号——气候相关披露》（IFRS S2）的征求意见稿及后续审议。联交所也表示，在落实《上市规则》修订时将会考虑IFRS S2。2023年10月，《行政长官2023年施政报告》中总结香港特区政府不断推出新作支持绿色及可持续金融发展，包括提出绿色和可持续金融科技概念验证测试资助计划，发布绿色金融科技地图；与相关金融监管机构及持份者合作，为香港特区金融服务适当采纳ISSB气候准则。[②]

2023年5月，香港金融管理局（HKMA）发布《香港绿色分类框架原型》，在《共同分类目录》（CGT）的基础上针对香港的实际情况做出补充。[③] 2023年4月，香港证监会公布其成为碳中和机构的承诺。香港证监会的目标是在2050年前实现碳中和，与香港特区政府在《香港气候行动蓝图2050》中确定的策略一致。此外，香港证监会将采取多项措施，以达到在2030年将碳排放总量减少50%的中期目标。

随着绿色政策体系及金融市场持续完善、绿色产品和服务不断丰富，中国绿色金融规模进一步提升。2022年，中国新增发行479只绿色债券，发行规模总计8388.7亿元。普通绿色债券仍为中国绿色债券的主要发行品种，发行主体以国有企业为主，募集资金具有多种用途的绿色债券规模较大，其中募集资金重点用于清洁能源产业。从债券类别看，2023年绿色金融债券

---

① 香港联合交易所有限公司：《优化环境、社会及管治框架下的气候相关信息披露（咨询文件）》，2023。

② 中华人民共和国香港特别行政区：《行政长官2023年施政报告》，2023。

③ 香港金融管理局：《香港绿色分类框架原型》，2023。

发行规模最大，约 3988 亿元，占总新增规模的 66.63%。创新债券市场方面，2023 年继续新增发行碳中和债券、蓝色债券、绿色乡村振兴债券、可持续发展债券、绿色科技创新公司债券、绿色科创票据、转型类债券，发行数量和发行规模较上年持平，展现出良好发展态势。其中“23 华光环保 SCP004（转型/碳资产）”是中国境内首单碳资产转型债券，发行规模 2 亿元。

截至 2023 年末，中国绿色贷款余额达 30.08 万亿元，同比增长 36.5%，比 2022 年增速低 2 个百分点，绿色贷款余额占各项贷款余额比例为 13.4%。金融机构贷款主要投向直接和间接碳减排效益项目，规模分别为 10.43 万亿元和 9.81 万亿元，合计占绿色贷款总额的 67.3%。从绿色贷款投向用途看，基础设施绿色升级产业、清洁能源产业和节能环保产业贷款余额分别为 13.09 万亿元、7.87 万亿元和 4.21 万亿元，同比分别增长 33.2%、38.5% 和 36.5%，占绿色贷款总额比例分别为 43.52%、26.16% 和 14.00%，分别比年初增加 3.38 万亿元、2.33 万亿元和 1.23 万亿元。

绿色保险方面，保险机构持续推进绿色保险产品和服务、扩大绿色投资规模。从负债端看，绿色保险产品规模增长明显，产品矩阵不断丰富创新。2023 年，中国绿色保险业务保费收入达 2298 亿元，占行业保费的 4.5%，共计提供保险保障 709 万亿元；2023 年中国农业保险为农业发展提供风险保障 4.98 万亿元，保费达到 1430 亿元，创历史新高，同比增速超过 17%，远高于财险业的平均增速。从资产端看，截至 2023 年 6 月末，保险资金投向绿色发展相关产业的余额为 1.67 万亿元，同比增长 36%。A 股上市保险公司公布的数据显示，各大保险公司持续增加绿色投资，绿色投资主要投向绿色技术、清洁能源、节能环保等项目。

2023 年绿色基金保持稳步增长。根据 Wind 数据，2023 年，Wind 绿色相关概念主题基金数量为 292 只，截至 2023 年末规模达 1037.15 亿元。绿色基金募集资金流向绿色节能照明、新能源、建筑节能、环保等多个绿色领域。此外，受宏观经济增长趋缓、股票估值下跌、ESG 监管趋严等影响，2023 年中国 ESG 基金发行有所放缓。Wind 数据显示，2023 年共计有 38 只纯

ESG主题基金存续，其中新增8只，总计规模为117.3亿元，基金总数同比增长26.67%（2022年为30只），但新发行基金数量有所下滑（2022年为13只，含2只清盘），并且基金规模同比下降13%（2022年为134.82亿元）。

碳排放权交易市场方面，2023年中国碳排放配额（CEA）的成交量和成交额分别达2.12亿吨和144.44亿元，同比分别增长317%和416%，价格和规模都较上年有所提升。从价格看，2023年CEA成交均价呈现持续走高、年末震荡的走势，年终收盘价达79.42元/吨，较2022年终收盘价上涨44%。从成交量看，2023年CEA的成交量自8月起大幅上升，到10月触及高点后回落，一方面反映履约清缴仍是驱动市场交易的最主要因素，另一方面显示企业在第二个履约清缴期倾向于提前交易以达到配额要求。

2023年中国继续加强绿色发展国际合作。2023年5月，首届中国—中亚峰会上发表的《中国—中亚峰会西安宣言》强调，中国愿同中亚国家在盐碱地治理开发、节水灌溉等领域开展合作，共同建设旱区农业联合实验室，推动解决咸海生态危机。[①] 2023年10月，中国企业寰泰能源与乌兹别克斯坦成功签署500兆瓦风电项目购电协议（PPA），这是乌兹别克斯坦首个以人民币计价的购电协议。同月，习近平主席在第三届“一带一路”国际合作高峰论坛开幕式上宣布中国支持高质量共建“一带一路”的八项行动，《绿色“一带一路”十周年创新理念与实践案例》[②] 也在论坛上正式发布。2023年12月《联合国气候变化框架公约》第二十八次缔约方大会（COP28）期间，中国代表团设立中国角，围绕中国应对气候变化政策行动、应对气候变化国际合作、绿色低碳发展、减污降碳协同、公正转型与可持续发展、能源转型、数字化发展、绿色金融等内容举办100余场边会活动，展示中国生态文明建设理念和成就，凝聚共同应对气候变化共识。[③]

---

① 《中国—中亚峰会西安宣言（全文）》，中国政府网，2023年5月19日，https://www.gov.cn/yaowen/liebiao/202305/content_6875138.htm。

② 《〈绿色“一带一路”十周年创新理念与实践案例〉发布》，中国一带一路网，2023年10月24日，https://www.yidaiyilu.gov.cn/p/0DUJKESP.html。

③ 《〈联合国气候变化框架公约〉第二十八次缔约方大会闭幕》，“人民网”百家号，2023年12月14日，https://baijiahao.baidu.com/s?id=1785219152999766418&wfr=spider&for=pc。

（二）日本

长期以来，日本一直倡导解决环境问题，自 2021 年提出“在 2030 年（相对于 2013 年）将温室气体排放量减少 46%，并在 2050 年前实现碳中和”的目标以来①，日本政府逐步制定绿色金融相关政策，构建绿色发展体系，加快落实碳中和发展目标。2023 年日本政府重点关注转型金融领域。

2023 年 2 月，日本政府出台《实现绿色转型的基本方针》（以下简称《基本方针》）作为实现 2050 年碳中和目标的过渡战略。《基本方针》提出了在未来 10 年内实施 150 万亿日元公共和私人投资的必要政策，以实现绿色转型并同步脱碳，从工业革命以来以化石燃料为导向的经济和产业结构向以清洁能源为导向的经济和产业结构转变。5 月，日本《绿色转型推进法》（正式名称为《促进向脱碳增长导向型产业结构平稳过渡法》）、《绿色转型脱碳电源法》通过。在绿色转型框架下，日本版本的碳排放权交易体系由 GX（绿色转型）联盟建立，自 2023/24 财政年度起在自愿的基础上运行，从 2026/27 财政年度左右开始全面运行。从 2028/29 财政年度左右开始，日本将对矿物燃料开采经营者和进口商（如炼油商、贸易公司和电力公司）征收碳排放税。在此基础上，日本政府于 2023 年 7 月通过了《绿色转型推进战略》。2023 年 11 月，日本内阁秘书处、金融厅、财务省、经济产业省以及环境省联合发布《日本气候转型债券框架》②，为日本政府发行“GX 经济转型债券”（“日本气候转型债券”）提供明确框架，旨在通过在未来 10 年内实施 20 万亿日元的前期投资提高政策的可预测性，并通过公私合作实现经济与社会系统的全面转型。2023 年 11 月，日本首相在第九次 GX 实施会议上就如何实现日本的绿色转型进行了讨论，关于 GX 投资促进措施，明确了制定总额 20 万亿日元支持措施的基本原则，GX 投资支持框架适用于与人们生活直接相关的领域、半导体和蓄电池等战略领域以及钢铁和化工等

---

① Ministry of Economy, *Green Growth Strategy Through Achieving Carbon Neutrality in 2050*, 2021.

② “The Basic Policy for the Realization of GX: Reference Document”, https: //www. meti. go. jp/english/press/2023/pdf/0210_ 003c. pdf.

高碳排放领域。[①]

绿色债券方面，2017 年 3 月日本环境省出台的《绿色债券指南》及配套措施，为绿色债券市场的发行人、投资者等各方参与者提供早期指引，推动绿色金融市场发展。[②] 2020 年，日本政府结合国际绿色债券市场发展规律更新了《绿色债券指南》[③]，日本环境省出台了《绿色贷款指南》，为绿色贷款市场的借贷方及其他市场参与者提供行动准则，推动绿色贷款和可持续发展挂钩贷款在日本的广泛利用。[④]

环境信息披露方面，日本紧跟国际脚步，加快落实披露准则要求。根据 ISSB 制定的可持续披露标准的发展状况和国际趋势，2023 年 3 月，ISSB 和日本可持续准则理事会（SSBJ）代表在日本东京举行了首次双边会议，会议指出日本版未来可持续披露标准（SSBJ 项目计划）征求意见稿不迟于 2024 年 3 月 31 日发布，最终标准不迟于 2025 年 3 月 31 日发布。[⑤] 2023 年 12 月，SSBJ 公布计划制定此标准。[⑥]

在一系列政策出台的背景下，日本的绿色金融领域呈稳步发展趋势，推出了更多新型绿色金融产品，绿色金融市场规模进一步扩大。

绿色债券方面，2023 年 11 月，基于《日本气候转型债券框架》，日本推出气候转型债券，这是全球第一个带有政府标签的转型债券，可能会对日本乃至全球的绿色金融市场产生积极影响。2023 年，银行间市场仍然是绿色债券的主要发行场所，日本绿色债券的发行期数和发行规模占债券市场总

---

① “GX 常务会议”，日本首相官邸网站，https：//www. kantei. go. jp/jp/101_ kishida/actions/202311/28gx. html。

② Ministry of Environment，*Green Bond Guidelines 2017*，2017.

③ Ministry of Environment，*Green Bond Guidelines 2020*，2020.

④ Ministry of Environment，*Green Loan and Sustainability Linked Loan Guidelines 2020*，2020.

⑤ “Representatives of the International Sustainability Standards Board and the Sustainability Standards Board of Japan Hold Inaugural Bilateral Meeting in Japan”，Sustainability Standards Board of Japan，https：//www. ssb-j. jp/en/wp-content/uploads/sites/7/news_ release_ ssbj_ 20230302_ e. pdf.

⑥ “Representatives of the International Sustainability Standards Board and the Sustainability Standards Board of Japan Hold Inaugural Bilateral Meeting in Japan”，Sustainability Standards Board of Japan，https：//www. ssb-j. jp/en/wp-content/uploads/sites/7/news_ release_ ssbj_ 20230302_ e. pdf.

发行期数和总发行规模的比例分别为2.27%和3.68%，虽然较上年有所下降，但发展空间仍然较大。总体来看，日本绿色债券发行规模增长势头明显，2020年绿色债券的年度发行总额超过1万亿日元，截至2023年12月，绿色债券年度发行总额达3.06万亿日元，可持续发展债券发行总额达0.97万亿日元（见图6）。

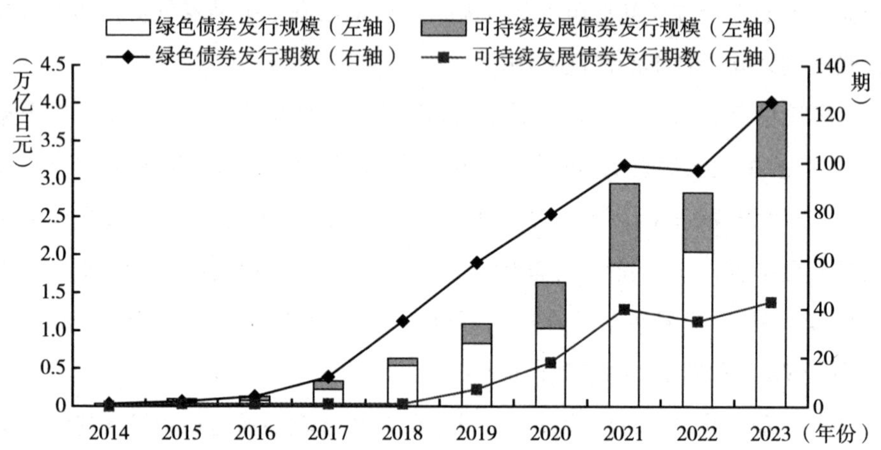

图6　2014~2023年日本绿色债券和可持续发展债券发行规模及发行期数

资料来源：Green Finance Portal。

绿色贷款方面，日本的绿色贷款主要流向可再生能源、节能环保、绿色建筑、绿色交通等领域，随着日本政府推动氢能、碳捕集等新型绿色产业的发展，日本绿色贷款规模进一步增长。截至2023年12月，日本的绿色贷款余额约0.95万亿日元（见图7），涉及发行主体250家。

碳排放权交易市场方面，日本自2012年开始实施碳税制度，先后建立了东京碳排放交易系统（东京ETS）和埼玉碳排放交易系统（埼玉ETS）。此外，日本政府建立了一个与碳排放交易系统配套的碳配额交易机制J-Credit，实现碳减排的公司可以将经过第三方认证的数据提交给经济产业省，环境省或农林水产省可以获得碳配额用于拍卖或协商交易。[①] 2023年10月，

① "J-Credit Scheme", https://japancredit.go.jp/english/pdf/credit_english_001_41.pdf.

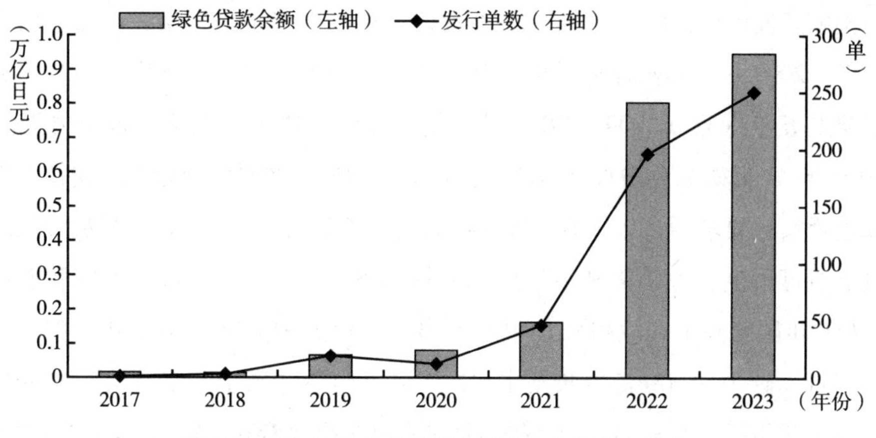

图 7　2017～2023 年日本绿色贷款余额及发行单数

资料来源：Green Finance Portal。

东京证券交易所宣布碳信用交易市场正式启动，这一行动提高了碳信用交易的透明度，鼓励企业实现低碳化。

日本积极加强国际合作，2023 年 2 月日本和中国召开了“日中节能环保综合论坛”，双方企业和研究机构签署了 17 个项目的协议文件，以推进新一代能源氢和节能等去碳化领域的技术合作与人才培养。2023 年，日本继续推动“亚洲零排放共同体倡议”，旨在通过亚洲各国间的合作，建立共同的脱碳市场。2023 年 12 月，亚洲零排放共同体（AZEC）首脑会议通过了《AZEC 领导人联合声明》，概述了 AZEC 的原则和合作方向。①

（三）韩国

2023 年，韩国以实现 2050 年碳中和为目标，继续在低碳绿色增长框架下发展绿色金融，丰富相关绿色金融产品，并出台专门的绿色金融政策，绿色金融市场取得了突破性发展。

2008 年，韩国政府正式提出《低碳绿色增长战略》，将低碳绿色增长作

① See https：//www. kantei. go. jp/cn/101_ kishida/actions/202312/_ 00027. html.

为国家新发展愿景的“基轴”[①]，在此之后韩国政府不断丰富完善绿色增长框架。2009 年，韩国绿色增长委员会从中长期视角制定了《绿色增长国家战略及五年计划（2009—2013）》，其中专门阐释了绿色增长投资方案。[②] 2010 年，《低碳绿色增长基本法》提出韩国政府需要采取金融措施支持低碳绿色增长的要求。[③] 2020 年，韩国颁布《绿色新政》，推动利用绿色贷款工具支持可再生能源领域和节能建筑领域的发展。[④] 2020 年底，韩国政府在《2050 年国家碳中和战略》中单独列出了绿色金融战略。2022 年，韩国开始实行《碳中和与绿色增长基本法》（以下简称《碳中和基本法》）并成立碳中和与绿色增长委员会，提出将过去以中央政府和专家为中心的制度转变为由社会各部门参与的新治理制度。[⑤] 根据《碳中和基本法》第 10 条，2023 年 4 月，韩国政府制定发布了《第一个碳中和与绿色增长国家基本计划》（以下简称《基本计划》）。《基本计划》对 2021 年 10 月宣布的国家自主贡献目标进行调整，以实现《碳中和框架法》规定的中长期国家温室气体减排目标，即到 2030 年国家温室气体排放量比 2018 年减少 40%。《基本计划》提出开发核心绿色技术并培育新的绿色产业，扩大对碳中和及绿色产业的金融支持，开发相关金融产品，扩大可持续经营报告书及环境信息揭露要求的业务范围，将绿色分类制度应用于债券以外的金融产品，并实施 ESG 信息披露制度。[⑥] 韩国政府计划在 2023～2027 年支出 89.9 万亿韩元实施向碳中和的过渡，现有的绿色金融框架有望在过渡资金的中介和执行方面发挥作用。

环境信息披露包括 K-ESG 指南、强制 ESG 信息披露要求、分类法等方

① The Government of the Republic of Korea, *Low Carbon*, *Green Growth*, 2008.

② Presidential Commission on Green Growth, Republic of Korea, *Road to GuOr Future*: *Green Growth*, *National Strategy and the Five-year Plan* (*2009-2013*), 2009.

③ The Government of the Republic of Korea, *Framework Act on Low Carbon*, *Green Growth*, 2010.

④ Ministry of Economy and Finance, *Republic of Korean New Deal*, 2020.

⑤ National Assembly, *Framework Act on Carbon Neutrality and Green Grouth*, 2021.

⑥ The Government of the Republic of Korea, *The First National Plan for Carbon Neutrality and Green Growth* (*2023-2027*), 2023.

面政策。2021 年 12 月，韩国贸易、工业和能源部发布的 K-ESG 指南是韩国在 ESG 信息披露指导方面明确的早期尝试。2023 年 5 月，韩国金融服务委员会（FSC）公布了 ESG 评估机构指南，旨在为 ESG 评估市场提供自律框架。2021 年，FSC 曾宣布逐步扩大强制性 ESG 信息披露的范围，计划从 2025 年开始覆盖资产超过 2 万亿韩元的公司，到 2030 年最终涵盖所有股票市场上市公司。2023 年 10 月，FSC 宣布将这一强制性 ESG 信息披露要求推迟到 2026 年，预计韩国将借鉴 ISSB 的标准，以更符合全球监管时间表，所需 ESG 信息披露的确切范围尚未公布。2021 年韩国环境部发布了韩国绿色分类法（K-Taxonomy），明确了环境可持续的商业活动范畴，促进韩国及可持续发展挂钩金融工具的发展，加速资本流入绿色转型。2023 年 9 月，韩国发布绿色分类法的最终修正案，将核投资纳入绿色类别活动，新的核电厂和现有电厂的运营在 2045 年前将被认定为过渡类别活动。① 2023 年 12 月，FSC 宣布自 2024 年 1 月 1 日起，韩国综合股价指数（KOSPI）上市公司需要提供英文信息披露报告，以有助于外国投资者的信息获取。

绿色债券方面，韩国电池制造商 LG Energy Solution 于 2023 年 9 月在全球绿色债券发行中筹集了 10 亿美元。② 根据 S&P Global 的研究报告，韩国和日本是亚太地区最大的 GSSSB（包括绿色债券、社会责任债券、可持续发展债券和可持续发展挂钩债券）市场。2023 年，韩国的 GSSSB 发行规模达到 720 亿美元，较上年增长 26%，其中社会责任债券发行规模增幅较大。③

绿色贷款方面，2023 年 11 月 Digital Edge 获得有史以来首笔绿色贷款，为韩国最大的商业托管设施项目［首尔 100 兆瓦数据中心项目（SEL2）］开发提供资金。该绿色贷款的结构参考了贷款市场协会、亚太贷款市场协会

---

① ISS，*ESG Regulation in South Korea*：*Disclosure Guidance*，2023.

② Korea JoongAng Daily，*LG Energy Solution Raises* ＄*1 Billion in Green Bonds*，2023.

③《2024 年亚太区可持续发展债券将加速增长》，财新网，2024 年 3 月 11 日，https：//m. caixin. com/m/2024-03-11/102174943. html？originReferrer=wap_ article。

和贷款联合与贸易协会发布的最新绿色贷款原则。①

绿色保险方面，截至 2022 年，由于保险公司受到气候危机的影响，在过去 5 年内，韩国气候相关保险索赔增加了两倍多。②

碳排放交易方面，韩国碳排放交易体系（K-ETS）于 2015 年启动，是东亚首个全国强制性碳排放交易体系。韩国碳排放交易体系根据 2010 年发布的《低碳绿色增长基本法》建立，涵盖了韩国约 89%的温室气体排放量，助力韩国实现 2050 年碳中和目标。2023 年 9 月，韩国政府发布增强 K-ETS 流动性的新规定，重点促进市场参与和银行业发展，包括增加减排激励措施、促进低碳投资，缓解价格波动，修订验证抵销信用的指南、减轻企业负担并加强 MRV，提高第三方韩国配额单位（KAU）的持有限额（做市商为 300 万~600 万吨，证券公司为 50 万~100 万吨），调整合规截止日期和银行借款申请截止日期至8 月。③ 2023 年 9 月，韩国环境部公布了一项排放交易激励计划，新措施包括增加 K-ETS 参与者、促进相关金融产品多样化、稳定碳市场、强化交易基础，以解决交易量低、价格波动大等问题。④

2023 年，韩国政府加强国际绿色合作。2023 年 10 月，韩国承诺向绿色气候基金（GCF）捐助 3 亿美元，以援助发展中国家减排及应对气候变化。⑤ 2023 年 1 月，韩国环境部与相关绿色产业界、出口金融机构等共同设立“绿色产业协议体”，签署《绿色产业活性化业务协约》，激励韩国绿色产业进军海外。

---

① Digital Edge, *Digital Edge Secures its First-ever Green Loan to Finance the Development of South Korea's Largest Commercial Colocation Facility*, 2023.

② “South Korea: Climate-related Insurance Claims More than Tripled in 5 Years to 2022”, Asia Insurance Review, https://www.asiainsurancereview.com/News/View-NewsLetter-Article/id/85544/type/eDaily/South-Korea-Climate-related-insurance-claims-more-than-tripled-in-5-years-to-2022.

③ “Korea Emissions Trading Scheme”, International Carbon Action Partnership, https://icapcarbonaction.com/en/ets/korea-emissions-trading-scheme.

④ Ministry of Environment, *New Measures to Stimulate Korean Emissions Trading Scheme*, 2023.

⑤《韩国将向绿色气候基金出资 3 亿美元》，韩联社网站，2023 年 10 月 6 日，https://cn.yna.co.kr/view/ACK20231006002200881。

（四）东盟

1. 新加坡

在当前气候变化背景下，新加坡作为东盟最大的绿色金融市场，为促进绿色金融发展出台了一系列绿色激励措施，目前已经形成较为完善的绿色金融框架。

2019 年，新加坡金融管理局（MAS）发布《绿色金融行动计划》，明确了新加坡绿色金融发展的四个主要支柱：增强抵御环境风险的能力、发展绿色金融解决方案和市场、有效利用科技、增强绿色金融能力建设。[①] 在《绿色金融行动计划》的基础上，新加坡金融管理局于 2023 年 4 月宣布推出《净零融资行动计划》。该计划提出通过绿色和转型解决方案发展可持续债务市场，提高 ESG 数据和披露的质量，并确保金融机构采取可信的转型计划。[②] 2019 年 11 月，新加坡金融管理局召集绿色金融业工作小组（GFIT），提出包括制定分类法、改进披露、培育绿色金融解决方案、加强金融机构环境风险管理实践的思想举措，推进新加坡实现绿色目标。[③] 为实现在联合国《2030 年可持续发展议程》和《巴黎协定》下的承诺，并加快在 2050 年之前实现长期净零排放目标，新加坡于 2021 年 2 月启动了《新加坡 2030 年绿色计划》，制定了未来 10 年的具体目标以及实现目标的五大支柱。[④] 2023 年 6 月，新加坡金融管理局对金融机构的可信转型规划设定监管预期。[⑤] 2023 年，新加坡金融管理局出台《新加坡—亚洲可持续金融分类目录》，它是全球首个为转型活动提出的分类法，为定义有助于缓解气候变化的绿色和

---

① Monetary Authority of Singapore, *Green Finance Action Plan*, 2019.

② Monetary Authority of Singapore, *Finance for Net Zero Action Plan*, 2023.

③ "Green Finance Industry Taskforce (GFIT)", Monetary Authority of Singapore, https://www.mas.gov.sg/development/sustainable-finance/green-finance-industry-taskforce.

④ "Singapore Green Plan 2030", 2021, https://www.greenplan.gov.sg/.

⑤ "MAS to Set Expectations on Credible Transition Planning by Financial Institutions", Monetary Authority of Singapore, 2023, https://www.mas.gov.sg/news/media-releases/2023/mas-to-set-expectations-on-credible-transition-planning-by-financial-institutions.

转型活动制定了详细的阈值和标准，涵盖8个重点行业。[①] 2023年11月，新加坡金融管理局启动综合数字平台Gprnt，利用技术简化金融部门和实体经济收集、获取和处理ESG数据的方式，支持可持续发展计划。[②]

碳市场方面，新加坡在2019年实施了碳税，这是东南亚第一个碳定价计划。2023年新加坡政府宣布，自2024年1月1日起，碳税提高到每吨25新元，到2030年将逐步提高到每吨50~80新元。2023年9月，新加坡金融管理局和麦肯锡公司联合发布《通过碳信用加速燃煤电厂提前退役》工作文件，阐述了如何利用高完整性的碳信用作为补充融资工具，以加速燃煤电厂的提前退役。[③]

新加坡政府实行了一系列举措为绿色金融发展提供资金支持。2019年，新加坡金融管理局设立了一项20亿美元的绿色投资计划，支持聚焦绿色的公开市场投资策略。[④] 2023年4月，新加坡政府宣布金融管理局将拨出总计1500万新元，用于加强和延长可持续债券与贷款补助计划，计划延长至2028年。[⑤]

绿色债券方面，2020年6月新加坡金融管理局出台了《绿色债券框架》，该框架详细说明了新加坡政府绿色债券募集资金的预期用途、评估和选择合格项目的治理结构、管理绿色债券募集资金的运营方法。同时，新加坡政府承诺发布债券发行后的分配和影响力报告，保证债券有关信息

---

① "Singapore-Asia Taxonomy K", Monetary Authority of Singapore, 2023, https://www.mas.gov.sg/news/media-releases/2023/mas-launches-digital-platform-for-seamless-esg-data-collection-and-access.

② Monetary Authority of Singapore, *MAS Launches Digital Platform for Seamless ESG Data Collection and Access*, 2023.

③ Monetary Authority of Singapore, *Working Paper on Accelerating the Early Retirement of Coal-fired Power Plants Through Carbon Credits*, 2023.

④ Monetary Authority of Singapore, *Singapore: A Leading Centre for Green Finance in Asia and Globally*, 2019.

⑤ "Speech by Mr Lawrence Wong, Deputy Prime Minister and Minister for Finance, and Deputy Chairman of MAS, at the Official Launch of the Sustainable and Green Finance Institute (SGFIN) on 20 April 2023", Monetary Authority of Singapore, https://www.mas.gov.sg/news/speeches/2023/official-launch-of-sgfin.

充分公开。该框架下发行的绿色债券收益将用于支持新加坡 2030 年绿色计划的支出。① 新加坡政府于 2023 年 9 月重新开放 50 年期绿色信贷保证（基础设施）债券，发行规模为 28 亿新元。②

绿色信贷方面，2023 年 6 月，新加坡政府发布《可持续贷款资助计划》（SLGS），通过支付聘请独立服务提供商验证贷款可持续性证书的费用，支持各种规模的企业获得可持续和转型融资。同时宣布，将于 2024 年开始停止《绿色和可持续发展表现挂钩贷款补助计划》（GSLS）的轨道 B 贷款框架。③

绿色金融科技方面，2022 年，在新加坡金融科技节上，《金融科技创新（FSTI）3.0》发布；2023 年 8 月，新加坡金融管理局根据《金融科技创新（FSTI）3.0》，承诺在 3 年内提供 1.5 亿新元的资金。④

2023 年，新加坡继续加强绿色金融国际合作。2023 年 4 月，新加坡金融管理局和中国人民银行在第一次新中绿色金融工作组会议中提出，尝试在中国和新加坡发行双向互认的债券产品，建立绿债互融互通机制，推动建设绿色债券投融资双向快速通道等。⑤ 2023 年6 月，联合国开发计划署、全球法人识别编码基金会（GLEIF）和新加坡金融管理局签署了一份合作倡议，旨在利用技术和数据实现更透明、可信和高效的 ESG 生态系统，以发展绿色和可持续金融。⑥ 2023 年 7 月，新加坡和英国在伦敦举行第八次英国—新加坡金融对话，两国确定加强可持续金融和金融科技领域联合项目的进一步合作。⑦ 2023 年 12 月，气候联盟（ACP）、国际金融公司（IFC）、新加坡金融管理局和 Temasek 投资公司在亚洲建立了绿色投资伙伴

① Ministry of Finance, Singapore, *Singapore Green Bond Framework*, 2022.

② Ministry of Finance, Singapore, *Singapore Green Bond Report*, 2024.

③ Monetary Authority of Singapore, *Sustainable Loan Grant Scheme*, 2023.

④ Monetary Authority of Singapore, *Financial Sector Technology and Innovation (FSTI) 3.0*, 2023.

⑤ 联合资信评估股份有限公司：《2023 年度绿色债券运行报告》，2024 年 3 月 12 日。

⑥ Monetary Authority of Singapore, *Project Greenprint*, 2023.

⑦ "UK and Singapore Enhance Cooperation in Sustainable Finance and FinTech", Monetary Authority of Singapore, https://www.mas.gov.sg/news/media-releases/2023/uk-and-singapore-enhance-cooperation-in-sustainable-finance-and-fintech.

关系，以解决气候融资缺口问题，提高亚洲绿色和可持续项目的可融资性。①

2. 马来西亚

马来西亚绿色金融的主要特点是与伊斯兰金融融合发展，同时马来西亚重视绿色技术的发展，出台了一系列举措和政策，促进马来西亚的可持续发展。

马来西亚政府在2015年的联合国气候变化大会上承诺，到2030年将温室气体排放强度相对于2005年降低45%，这一目标分为35%的无条件目标和10%的有条件目标，具体取决于收到的发达国家气候融资资金、技术转让和能力建设情况。② 2021年，马来西亚政府在第十二个马来西亚计划中阐明了到2050年实现温室气体净零排放的承诺。2023年，马来西亚经济部推出《国家能源转型路线图》（NETR），该路线图将引导马来西亚从传统以化石燃料为基础的经济转变为高价值的绿色经济。③

马来西亚的绿色伊斯兰金融以“5i战略”为核心，5i——金融工具（Instrument）、投资者（Investors）、发行人（Issuer）、信息架构（Information Architecture）和内部文化与公司治理（Internal Culture & Governance）。“5i战略”旨在扩大SRI资本市场中的金融工具应用范围，扩展SRI资本市场的产品需求，丰富SRI产品和服务，确保企业在运营中持续考虑ESG责任并建立框架促进SRI生态系统中信息的透明度和可获取性提升。2014年，马来西亚证券委员会启动SRI伊斯兰债券框架，首次将SRI和伊斯兰资本市场结合。这一框架主要为绿色、社会和可持续伊斯兰债券的发展提供指导。2017年，马来西亚证券委员会发布了《SRI基金指南》，扩大市场上SRI产

① “Allied Climate Partners, International Finance Corporation, the Monetary Authority of Singapore and Temasek Establish a Green Investments Partnership in Asia”, Monetary Authority of Singapore, https://www.mas.gov.sg/news/media-releases/2023/acp-ifc-mas-and-temasek-establish-a-green-investments-partnership-in-asia.

② MIDA e-Newsletter, *Green Technology Incentives: Towards Achieving Sustainable Development in Malaysia*, 2020.

③ Ministry of Economy, *National Energy Transition Roadmap*, 2023.

品的范围，吸引更多 SRI 市场的投资者。① 同时，马来西亚遵循东盟指定的各项标准，包括《东盟绿色债券标准》、《东盟可持续发展债券标准》、《东盟社会债券标准》、《东盟可持续资本市场路线图》、《可持续金融分类方案（第一版）》及《东盟转型金融指南》等。

绿色科技方面，2009 年马来西亚能源、绿色技术和水利部发布《国家绿色科技政策》（NGTP），指出绿色科技是加速国民经济增长和促进可持续发展的驱动力，强调绿色倡议的四个重点领域：能源、建筑、运输和废物管理。② 2010 年马来西亚中央银行启动《绿色科技融资计划》，2023 年 7 月马来西亚财政部批准启动《绿色科技融资计划 4.0》，为与绿色科技相关的用户及企业提供资金支持，以推动马来西亚绿色科技的发展。③

3. 印度尼西亚

印度尼西亚具有较大的绿色经济发展潜力，但目前绿色金融仍处于早期发展阶段。作为东盟成员国，印度尼西亚同样遵循东盟出台的各项绿色金融政策。

印度尼西亚的绿色金融围绕金融服务管理局（OJK）发布的可持续金融路线图发展④，该路线图第一阶段（2015~2019 年）提高了金融服务机构对可持续金融重要性的认识，并提供了全面的监管框架和指南，旨在使金融部门为实现国家长期发展计划（2005~2025 年）和减少温室气体排放的国家行动计划（2011 年）做出贡献，以实现印度尼西亚的预期国家自主贡献目标，即到 2030 年减少 29%的碳排放量，其中 41%的削减取决于国际支持；第二阶段（2020~2024 年）侧重于通过加强对 ESG 风险的监管，并支持金融服务和产品的创新与发展，构建可持续金融生态系统。2018 年，印度尼西亚提出《可持续金融倡议》，旨在促进和实施包容性可持续金融实践，支持可持续金融路线图的实施。⑤

---

① Securities Commission Malaysia, *Guidelines on Sustainable Investment Funds*, 2017.

② Ministry of Energy, Green Technology and Water, *National Green Technology Policy*, 2009.

③ Ministry of Finance, *Green Technology Financing Scheme 4.0*, 2023.

④ OECD, *Clean Energy Finance and Investment Policy Review of Indonesia*, *Green Finance and Investment*, OECD Publishing, Paris, 2021.

⑤ Green Finance Platform, *Indonesia Sustainable Finance Initiative*, 2018.

绿色融资方面，目前印度尼西亚市场主要包括绿色抵押、绿色信用卡、绿色银行、绿色贷款、绿色债券等绿色金融工具。2017 年，印度尼西亚金融服务管理局颁布了第 60 号规定，即《绿色债券发行条例》，确定了绿色债券的定义，提出了发行相关要求，为绿色债券发行人提供法律和确定性依据。① 2018 年 3 月，印度尼西亚发行 12.5 亿美元 5 年期绿色伊斯兰债券，这是亚洲首只绿色主权债券。截至 2023 年 12 月，在印度尼西亚证券交易所上市的债券和伊斯兰债券共计 542 只，由 127 家发行人发行的名义流通总额为 457.17 万亿印尼盾；政府证券目前有 191 个系列，名义流通总额为 5536.74 万亿印尼盾；资产支持证券（ABS）共发行 10 次，名义流通总额为 3.33 万亿印尼盾。其中，2023 年上市的债券和伊斯兰债券共由 60 家发行人发行 119 次，面值为 125.83 万亿印尼盾。②

ESG 方面，2019 年 4 月，根据印度尼西亚实现联合国可持续发展目标的承诺，印度尼西亚证券交易所实施了一系列可持续金融计划，包括推出 ESG 指数、发布可持续发展报告、发布支持基于可持续性的金融工具的法规（例如 I-B 号规定通过为绿色债券的发行提供年度上市费用折扣来激励绿色债券的发行）、于 2021 年加入气候相关财务信息披露工作组等。③ 目前，印度尼西亚证券交易所已经发布 4 个基于 ESG 的指数：IDXESGL（ESG Leaders）、SRI-Kehati、ESG Sector Leaders IDX Kehati、ESG Quality 45 IDX Kehati，旨在提高上市公司 ESG 绩效的透明度。④ 根据《2023 年可持续发展报告》⑤，截至2023 年 12 月底，印度尼西亚实施可持续战略的预算占

① Financial Services Authority of the Republic of Indonesia, *The Issuance and the Terms of Green Bond*, 2017.

② Indonesia Stock Exchange, *Listing of Obligasi Berwawasan Sosial Berkelanjutan I Sarana Multigriya Finansial Tahap I Tahun 2023 dan Sukuk Musyarakah Berwawasan Sosial Berkelanjutan I Sarana Multigriya Finansial Tahap I Tahun 2023 di Bursa Efek Indonesia*, 2023.

③ "Our Commitments Towards ESG Implementation in Indonesian Capital Market", ESG Indonesia Capital Market, https://esg.idx.co.id/our-commitments-towards-esg-implementation-in-indonesian-capital-market.

④ "Rise of ESG Investment", Indonesia Stock Exchange, https://esg.idx.co.id/rise-of-esg-investments.

⑤ Indonesia Stock Exchange, *2023 Sustainability Report*, 2024.

总预算 1496 亿印尼盾的 77%，即 1156 亿印尼盾。

碳交易方面，2021 年 10 月，印度尼西亚国会通过了《税收条例协调法》（HPP），其中对碳税做了规定。[①] 2023 年 9 月，印度尼西亚碳交易所正式启动，根据金融服务管理局 2023 年第 14 号关于交易所碳交易的规定，该碳交易所具备透明、合理和高效的交易系统，承诺自愿减少温室气体排放的公司可以使用 IDXCarbon 服务并购买碳信用额度。[②]

四　非洲及其代表国家绿色金融发展进程

（一）埃及

埃及致力于成为气候和社会经济发展的领导者，为非洲其他国家和中东地区树立榜样。

埃及于 1994 年批准了《联合国气候变化框架公约》，是首批根据共同但有区别的责任公平原则，根据各自国家能力应对气候变化威胁的国家之一。埃及于 2015 年 11 月提交了国家自主决定贡献（INDC），以实现《联合国气候变化框架公约》《巴黎协定》规定的全球目标。在埃及于 2016 年 4 月 22 日签署并于 2017 年 6 月 29 日批准《巴黎协定》后，INDC 被认为是埃及的第一个国家自主贡献。2022 年 6 月，埃及发布了首个国家自主贡献，承诺在外部支持下，到 2030 年，电力部门减排 33%（相当于 7000 万吨二氧化碳当量），石油和天然气部门减排 65%（相当于 170 万吨二氧化碳当量），交通部门减排 7%（相当于 900 万吨二氧化碳当量）。[③] 2023 年 6 月，埃及更新了国家自主贡献承诺，这一更新以国家财政支持为基础，与埃及的发展和气候变化政策保持一致，包括可持续发展战略、埃及 2030 年愿景、2050 年长期低排放发展战略（LT-LEDS）、2050 年国家气候变化

---

① Central Government，*Law（UU）Number 7 of 2021 Concerning Harmonization of Tax Regulations*，2021.

② Indonesia News Agency，*Indonesia Launches Carbon Exchange IDXCarbon*，2023.

③ UNFCCC，*Egypt's First Nationally Determined Contributions*，2022.

战略（NCCS）、2030 年国家减少灾害风险战略和国家适应气候变化战略。更新的国家自主贡献承诺包括到 2030 年电力部门减排 37%，交通、石油和天然气三个部门减排计划与之前保持一致。在财政支持方面，到 2030 年，实施更新的国家自主贡献承诺所需的财政资金预计至少为 2460 亿美元。其中，缓解干预措施需要 1960 亿美元，适应干预措施需要 500 亿美元。①

2021 年，埃及中央银行（CBE）发布了《可持续金融指导原则》以及一份关于可持续金融的技术文件，建立了埃及的国家可持续金融框架。监管机构或银行协会内部或多利益相关方工作组及平台，都由一个正式的工作组或倡议负责，得到了监管机构和行业的认可或支持。在 CBE 的领导下，埃及已经开展提高认识和能力建设培训 1.0。基于《可持续金融指导原则》，2022 年 11 月，CBE 颁布了具有约束力的可持续金融法规，以应对环境和社会风险，加速埃及向绿色经济过渡。②

绿色债券方面，埃及通过多种机制和举措推动国家绿色债券发展，包括 2018 年埃及金融管理局批准发行绿色债券的法律框架③，2019 年埃及金融管理局修正《资本市场法》④ 及 2021 年颁布第 138 号《主权债权法》和 2022 年颁布第 1574 号《主权债券执行条例》。⑤

可持续债券方面，埃及已成为第一个发行可持续发展熊猫债券的非洲国家，发行价值 4.787 亿美元的 3 年期熊猫债券标志着埃及致力于通

---

① UNFCCC，*Egypt's Second Updated Nationally Determined Contributions*，2023.

② "Central Bank of Egypt Issues Binding Regulations to Enhance Sustainability and Sustainable Finance"，Central Bank of Egypt，2022，https：//www. cbe. org. eg/en/news - publications/news/2022/11/03/11/14/binding - regulations - to - enhance - sustainability - and - sustainable - finance.

③ "Egypt's Financial Regulatory Authority Green Bond Guidelines"，Green Finance Platform，https：//www. greenfinanceplatform. org/policies - and - regulations/egypt's - financial - regulatory - authority - green - bond - guidelines.

④ "Egypt's Ministry of Finance to Issue Sovereign Bonds"，Green Finance Platform，https：//www. greenfinanceplatform. org/policies - and - regulations/egypt's - ministry - finance - issue - sovereign - bonds.

⑤ Nevine El Shafei，*Green Finance and ESG Rules in Egypt-An Awaited Overhaul*，2022.

过主权可持续融资框架中概述的包容性和对环境负责的方式推动经济增长。①

绿色保险方面，截至 2023 年 10 月，埃及保险联合会已成立一个保险管理小组，负责处理埃及所有关于自然风险的保险索赔。

环境信息披露方面，2021 年埃及金融管理局发布了两项与整合和披露 ESG 相关的重要决定，要求在埃及证券交易所上市的公司和非银行金融部门的公司根据 TCFD 的建议，报告与气候相关的风险和机遇。②《环境可持续性标准指南》预计 2024/25 财年埃及绿色投资将达到 50%，这得到了金融管理局第 107 号和第 108 号法令的补充，法令要求埃及证券交易所上市公司和非银行部门经营的公司提交与可持续性（ESG 标准）和气候变化财务影响相关的 ESG 信息披露报告。

碳交易市场方面，2022 年 12 月，埃及发布 4664 号首相令，在 1992 年第 95 号资本市场法的执行法规中纳入了新规定。该首相令规定在埃及证券交易所内建立一个自愿碳市场，用于碳减排证书的交易，该自愿碳市场一旦启动，将成为非洲第一个自愿碳市场。③ 截至 2023 年底，埃及尚无明确的碳定价机制，Benban 太阳能发电厂的碳信用额度一直以低于全球平均水平的价格出售。

2023 年埃及继续加强国际合作，借助国际绿色力量，推动绿色金融发展。2023 年 3 月，世界银行集团执行董事会批准了与埃及签订的《2023—2027 年国家伙伴关系框架》，制定了 2023~2027 财年世界银行集团在该国的战略，确立了发展合作和联合行动的新阶段。④ 2023 年 9 月，国际金融公司

① "Egypt Pioneers Africa's Green Financing with US $478M Panda Bond", Further Africa, https://furtherafrica.com/2023/10/24/egypt-pioneers-africas-green-financing-with-us478m-panda-bond/.

② Sustainable Stock Exchange Initiative, *Egyptian FRA: Mandatory ESG and Climate Disclosure Regulation*, 2021.

③ "Egypt: A Voluntary Carbon Market", Baker McKenzie, https://insightplus.bakermckenzie.com/bm/energy-mining-infrastructure_1/egypt-a-voluntary-carbon-market.

④ World Bank Group, *Egypt: World Bank Group Launches New Partnership Framework to Support Green, Resilient, and Inclusive Development*, 2023.

和开罗银行联合制定气候投资战略，开罗银行为应对气候风险的影响、投资绿色活动提供帮助，支持埃及经济脱碳。[①]

（二）南非

南非在低碳排放发展战略中设定了到 2050 年实现净零排放的目标。2021 年 9 月，南非首次根据《巴黎协定》提出国家自主贡献，宣布了南非 2025 年和 2030 年的温室气体排放目标：2021～2025 年南非的年度温室气体排放量将为 398 百万～510 百万吨二氧化碳当量，2026～2030 年将为 350 百万～420 百万吨二氧化碳当量。[②]

2008 年，南非国家可持续发展框架（NFSD）获内阁批准，旨在促进对南非自然、社会和经济资源的有效管理。2011 年 11 月，南非通过了可持续发展战略和行动计划（NSSD 1），其中确定了强化综合规划和实施系统、维持生态系统并有效利用自然资源、迈向绿色经济、建设可持续发展的社区、有效应对气候变化 5 个战略目标。[③] 2022 年，南非政府发布《南非能源公正转型投资方案（2023—2027）》[④] 及《2023—2027 年 JET 实施计划》[⑤]，主要支持南非电力等部门的脱碳和公正过渡投资。2023 年 11 月，南非政府发布《新增长路径：框架》，制定一揽子政策，以创造就业机会，促进经济增长与转型。[⑥]

2021 年南非财政部发布《为可持续经济融资》，对可持续金融进行定义，对比全球应对环境和社会（E&S）风险的政策行动，确定可持续金融的市场障碍和 E&S 风险管理最佳实践，找出现有监管框架下的差距，并建

---

① IFC, *IFC and Banque du Caire Partner to Green Egypt's Financial Sector*, 2023.

② Republic of South Africa, *South Africafirst Nationally Determined Contribution Under the Paris Agreement*, 2021.

③ Forestry, Fisheries and the Environment, *National Strategy for Sustainable Development and Action Plan*, 2011.

④ The Presidency Republic of South Africa, *South Africa's Just Energy Transition Investment Plan（Jet Ip）2023-2027*, 2022.

⑤ The Presidency Republic of South Africa, *JET Implementation Plan 2023-2027*, 2022.

⑥ The Presidency Republic of South Africa, *The New Growth Path: The Framework*, 2023.

议监管机构、金融机构和行业协会采取行动。[①] 2022 年南非财政部首次发布《南非绿色金融分类目录（第一版）》，推动绿色金融有效发展。[②]

绿色债券方面，2021 年南部非洲开发银行（DBSA）制定《绿色债券框架》，对债券收益的使用、项目评估和选择过程、收益管理和报告方面进行了阐述。[③] 目前，南非并未出台有关绿色贷款、绿色保险、绿色基金的标准或政策。

环境信息披露方面，2022 年约翰内斯堡证券交易所（JSE）制定了《可持续发展披露指南》《气候变化披露指南》，对相关披露要求做出规定。[④]

碳市场方面，JSE Ventures 自愿碳市场旨在推动南非及非洲大陆加快碳抵消项目的实施，并帮助满足做出净零排放承诺的排放者对信用额度的需求。2019 年，南非通过了《碳税法》，开始对除废物和农业、林业和其他土地利用（AFOLU）以外的所有部门的温室气体排放进行定价。

绿色金融方面，南非已经进行初步尝试。截至 2023 年底，南非累计发行绿色债券 32 亿美元，其中 2023 年新增发行 2 亿美元。

绿色贷款方面，国际金融公司于 2021 年宣布了非洲首笔经认证的绿色贷款，该贷款将增加对南非生物质和其他可再生能源项目的资助，支持该国电力部门和经济复苏。2023 年南非联合银行集团（ABSA）推出生态房屋贷款，为客户的环保住宅开发项目提供支持。[⑤]

五　大洋洲代表国家澳大利亚绿色金融发展进程

澳大利亚自然资源丰富，是农产品、能源的主要出口国，澳大利亚绿色

---

① Nation Treasury，*Financing a Sustainable Economy*，2021.

② Nation Treasury，*South African Green Finance Taxonomy 1st Edition*，2022.

③ DBSA，*DBSA Green Bond Framework*，2021.

④ "Sustainability Disclosure Guidance"，JSE，https：//www. jse. co. za/our-business/sustainability/jses-sustainability-and-climate-disclosure-guidance.

⑤ "Save the Planet　Save Your Pocket"，ABSA，https：//www. absa. co. za/personal/loans/for-a-home/eco-home-loan/.

金融政策缺乏官方的指导性政策文件，但在绿色贷款、环境信息披露、碳定价机制方面有相关政策探索。相较于其他发达国家，澳大利亚绿色金融政策体系相对不健全。

澳大利亚暂时还未出台官方的绿色金融指导性政策文件，仅有非官方机构提出有关可持续金融路线图、绿色分类方法的建议，得到政府的支持和广泛利用。2020 年，澳大利亚可持续金融倡议组织发布《可持续金融线路图》，提出 37 项政策建议，以推动澳大利亚经济复苏并且向净零、资源利用高效和包容的经济转型。① 另外，澳大利亚可持续金融研究所也在制定澳大利亚的绿色分类方法，将利用现有的国际绿色分类法，与澳大利亚金融系统的专家和利益相关者合作，以确保分类法的国际信誉和可操作性。② 2023 年11 月，澳大利亚政府发布《可持续金融战略咨询文件》，提出了一系列措施，旨在实现三个目标：提高气候和可持续信息的透明度、增强金融系统的可持续发展能力、号召政府部门的领导和参与。③ 可持续金融战略包括三个总体目标：第一，调动支持净零排放所需的私营部门投资，澳大利亚成为可再生能源超级大国和实现其他可持续发展目标；第二，确保澳大利亚实体能够获得资金并寻求支持转型的商业机会，与积极的可持续发展成果保持一致；第三，确保在实体和系统层面充分理解和管理与气候和可持续发展相关的机会和风险。《可持续金融战略咨询文件》的发布标志着澳大利亚可持续金融行业从主要市场主导向政府主导的转变。该战略将有助于调动未来几十年所需的私人投资，使澳大利亚公司获得自身转型所需的资金，并利用出现的新机会，确保识别和管理气候变化带来的财务机会和风险。

《2022 年气候变化法案》规定，到 2030 年，澳大利亚的减排目标为碳

---

① "Australian Sustainable Finance Initiative | Green Finance Platform", https://www.greenfinanceplatform.org/policies-and-regulations/australian-sustainable-finance-initiative.

② "Council of Financial Regulators Climate Change Activity Stocktake 2022", https://www.cfr.gov.au/publications/policy-statements-and-other-reports/2022/council-of-financial-regulators-climate-change-activity-stocktake-2022/.

③ Australia Government, *Sustainable Finance Strategy Consultation Paper*, 2023.

排放比 2005 年低 43%，到 2050 年实现净零排放。[①] 2023 年 4 月，澳大利亚提交了世界上第一份根据《巴黎协定》要求编制的国家清单报告。2023 年 7 月，澳大利亚成立净零经济机构，开始净零管理局的工作，并推动澳大利亚向清洁能源经济的转型。[②] 2023 年 11 月，澳大利亚政府宣布扩大产能投资计划，旨在增加对可再生和清洁可调度能源项目的新投资，该计划预计到 2030 年将为澳大利亚提供 9 吉瓦清洁可调度容量和 23 吉瓦可变可再生能源容量的项目提供担保。[③] 2023 年 12 月，澳大利亚政府根据国际资本市场协会《绿色债券原则》制定《绿色金融框架》，概述了澳大利亚政府将如何发行绿色债券，包括识别、选择、管理和报告绿色债券融资支出的基础，还列出了政府在气候变化和环境方面的主要优先事项，明确澳大利亚财政部负责整体绿色债券计划、金融管理局代表澳大利亚政府发行债务证券和主权绿色债券。[④] 政府还为澳大利亚证券和投资委员会提供资金，以扩大其打击"漂绿"工作的覆盖面。[⑤]

在碳金融领域，2016 年，澳大利亚政府开始实施保障机制，并于 2023 年进行修订。2023 年 3 月，澳大利亚国会两院通过了《保障机制（信用）修正法案（2023）》，该法案修订了 2007 年《国家温室气体和能源报告法》，以建立发放保障机制信用（SMC）额度的框架。[⑥] 2023 年 1 月，澳大利亚政府发布了审查报告，原则上接受了 2022 年 12 月澳大利亚碳信用单位（ACCUs）独立小组提交的所有 16 项建议。2023 年 6 月，《澳大利亚碳信用单位独立审查实施计划》发布，该实施计划规定了政府对每项建议的预期

① Parliament of Australia, *Climate Change Bill 2022*, 2022.

② Department of the Prime Minster and Cabinet, *Net Zero Economy Agency*, 2023.

③ Department of Climate Change, Energy, the Environment and Water, *Major Expansion of Australia's Energy Grid Capacity Announced*, 2023.

④ Australia Government, the Treasury, Australian Office of Financial Management, *Australian Government Green Bond Framework*, 2023.

⑤ Department of Climate Change, Energy, the Environment and Water, *Annual Climate Change Statement 2023*, 2023.

⑥ The Parliament of the Commonwealth of Australia, *Safeguard Mechanism* (*Crediting*) *Amendment Bill 2023*, 2023.

审查时间和方法。[①] 2023 年 9 月，澳大利亚气候变化与能源部部长克里斯·鲍恩（Chris Bowen）在第十届澳大利亚减排峰会上发表讲话时表示，澳大利亚永久取消了从《京都议定书》时代结转的 7 亿吨二氧化碳当量碳信用，这将阻止未来政府利用这些碳抵消来实现澳大利亚的气候目标。[②]

环境信息披露方面，2023 年 6 月，澳大利亚政府发布《气候相关财务信息披露：第二次咨询》，计划从 2024 年开始对公司和金融机构实施强制性的气候相关财务披露要求，该文件还提出了分阶段实施新的气候相关报告要求的方法。[③]

绿色债券方面，澳大利亚绿色债券主要用于为清洁交通项目、能源效率项目提供资金以及建设绿色建筑。2023 年，澳大利亚有 31 家发行主体发行绿色债券共 88 亿美元。袋鼠绿色债券在澳大利亚绿色债券市场中占据最大份额，2014 年以来澳大利亚绿色债券总发行量的 1/3 为袋鼠绿色债券。

绿色贷款方面，澳大利亚绿色贷款主要由一些澳大利亚银行和非银行贷款人提供。澳大利亚的绿色贷款包括三种类型：一是绿色抵押贷款，可用于购买满足绿色标准的绿色住宅；二是绿色汽车贷款，可用于购买新的新能源汽车；三是绿色个人贷款，用于资助提高家庭能源效率，常见的符合条件的事件包括安装太阳能电池板和电池，安装水箱和回水系统，这些贷款可以是有担保的，也可以是无担保的。

绿色基金方面，澳大利已经发展出“道德基金”，宣传与道德、可持续发展相关或对 ESG 目标的承诺。[④] 2023 年 3 月，澳大利亚工业、创新与科学部公告称议会已通过关于“国家重建基金公司”的法案，依据该法案，澳大利亚政府将设立国家重建基金公司，以债务和股权的形式为相关优先领

---

① Department of Climate Change, Energy, the Environment and Water, *Independent Review of Australian Carbon Credit Units Implementation Plan*, 2023.

② 《澳大利亚部长：永久取消 7 亿吨“京都时代”碳信用》，S&P Global，2023 年 9 月 15 日，https://www.spglobal.com/commodityinsights/zh/market-insights/latest-news/energy-transition/091523-australia-permanently-cancels-700-million-mt-kyoto-era-carbon-credits-minister。

③ Australia Treasury, *Climate-Related Financial Disclosure: Second Consultation*, 2023.

④ Reserve Bank of Australia, *Green and Sustainable Finance in Australia*, 2023.

域的项目提供融资，以促进该国清洁能源制造业本土化生产，减轻对进口的依赖。该法案通过后，澳大利亚政府将设立150亿美元的国家重建基金，包括高达30亿美元的可再生能源和低排放技术投资资金，其中可能包括支持当地电动汽车制造的投资；国家重建基金的资金也可能有助于推动澳大利亚钢铁行业转型使用可再生氢生产绿色钢铁。2023年6月，澳大利亚政府宣布设立1亿美元社区能源升级基金，帮助议会减少排放并节约能源费用。①

国际合作是澳大利亚加速脱碳、成为可再生能源超级大国的核心举措。自第一份年度声明发布以来，澳大利亚一直努力发展和深化与美国、中国、日本、韩国、印度、德国、荷兰、新加坡、奥地利和英国等重要伙伴的气候和能源关系。2023年澳大利亚继续加强与各国的合作，推动绿色金融的发展。2023年1月，澳大利亚和德国宣布了HySupply的成果，该成果发现，在澳大利亚和德国之间贸易可再生氢气是可能的。另外，在德国—澳大利亚氢能创新与技术孵化器（HyGATE）倡议下，德国将为4个新的可再生氢联合试点项目提供资金，这些项目将支持在澳大利亚和欧洲之间建立绿色氢供应链。在2022年《新加坡—澳大利亚绿色经济协议》基础上，2023年澳大利亚政府与新加坡讨论探索绿色和数字航运领域的合作，并将在2025年底前建立新加坡—澳大利亚绿色和数字运输走廊。②

① "$100 Million Community Energy Upgrades Fund", Department of Climate Change, Energy, the Environment and Water, https://www.energy.gov.au/news-media/news/100-million-community-energy-upgrades-fund.

② Department of Climate Change, Energy, the Environment and Water, *Annual Climate Change Statement 2023*, 2023.

国际合作篇

B.3
绿色金融国际组织和合作机制报告

刘思辰　夏　硕　聂炜欣　邱歆悦*

摘　要： 2023年，绿色金融国际组织和合作机制继续发挥关键作用，多层次合作进一步深化。公共金融部门主导的全球性绿色金融合作平台、公私部门联合构建的区域性绿色金融合作网络，以及研究机构主导的绿色金融学术研究网络共同推动绿色金融国际合作的深入发展。2023年，绿色金融国际合作在应对气候变化、推动可持续发展以及支持转型融资等领域取得显著进展，全球政策制定与市场实践进一步融合，为应对绿色金融发展的关键难题提供了新路径。然而，当前的国际合作依然面临跨区域标准协调性不足、技术与资金支持分配不均、能力建设的区域溢出效果有限等挑战。在未来，亟须进一步加强国际政策对接与标准协同，特别关注气候脆弱地区的资金与技术需求，强化学术研究与经验共享，确保绿色金融国际合作在推动全球可持续发展中实现公平与包容。

* 刘思辰，中央财经大学绿色金融国际研究院助理研究员，研究方向为可持续金融；夏硕，中央财经大学金融学院在读博士生，研究方向为绿色金融、公司金融；聂炜欣，中央财经大学金融学院在读博士生，研究方向为绿色金融、金融科技；邱歆悦，中央财经大学绿色金融国际研究院科研助理，研究方向为绿色金融、国际贸易。

关键词： 绿色金融 国际合作 转型融资 气候脆弱地区

一 全球性绿色金融合作平台

全球性绿色金融合作平台汇聚了各国政府、金融机构以及相关国际组织，通过政策引导、知识交流、多边协作等多种途径，致力于应对气候变化、促进环境保护以及实现可持续发展目标。G20 可持续金融工作组凭借在全球经济合作中的重要地位，积极探索可持续金融的发展路径；央行与监管机构绿色金融网络（NGFS）聚焦金融机构转型与风险管理等关键领域；财政部长气候行动联盟（CFMCA）则通过经济和财政政策推动气候行动；可持续银行和金融网络（SBFN）关注金融机构的 ESG 风险管理与资本流向优化；可持续金融国际平台（IPSF）旨在增加私人资本对环境可持续项目的投资；格拉斯哥净零金融联盟（GFANZ）致力于将净零排放目标纳入金融机构的运营和投资决策。这些平台在 2023 年取得了一系列进展，为全球绿色金融的发展注入了新的活力，在全球绿色金融生态系统中扮演不可或缺的角色（见表 1）。

表 1 国际主流绿色金融合作平台 2023 年进展

名称	2023 年进展	关注议题
G20 可持续金融工作组	《2023 年 G20 可持续金融路线图》 成立 5 个工作坊推进优先工作领域	建立为应对气候变化及时调动充足金融资源的机制 为实现非气候可持续发展目标提供金融支持 加强能力建设，打造可持续金融生态系统
央行与监管机构绿色金融网络	组织 45 次高级别会议，发布 13 份报告，重点聚焦金融机构转型计划、微观审慎监督、气候情景分析、货币政策等，具体包括： 《金融机构转型计划及其与微观审慎监管机构的相关性盘点》	宏观金融气候情景分析 金融机构风险管理 环境信息披露 数据库建设

续表

名称	2023 年进展	关注议题
央行与监管机构绿色金融网络	《气候相关诉讼风险微观审慎监管报告》 《NGFS 气候情景调查的主要发现》 《短期气候情景概念说明》 《中央银行和监管机构的 NGFS 气候情景第四阶段》 《关于货币政策和气候变化的报告:成员调查的关键要点和进一步分析的领域》 《NGFS 自然相关风险概念框架》,指导中央银行和金融监管机构的政策和行动 《NGFS 关于制定评估自然相关经济和金融风险情景的建议》 《STaR 指南》 《混合融资手册概念性说明》 《扩大混合融资,促进新兴市场和发展中经济体的气候减缓和适应(EMDE)》 《气候相关诉讼:近期趋势和发展》 特别文件《绿色蝎子:自然对金融的宏观重要性》	宏观金融气候情景分析 金融机构风险管理 环境信息披露 数据库建设
财政部长气候行动联盟	围绕赫尔辛基六大原则,举办了包括 2 次部长级会议以及第 28 届联合国气候变化大会(COP28)在内的多场研讨会,聚焦《巴黎协定》、碳定价、调动气候资金等多个关键领域进行经验共享	加强财政部长在推动气候行动中的作用 气候行动 动员公共和私人气候投资
可持续银行和金融网络	《测量框架和方法》 低收入国家特别工作组结束阶段性工作,并发展为包容性可持续金融工作组	金融机构需优化对环境ESG 因素的风险管理与治理 促进资本流向对环境、气候、社会具有积极影响的活动
可持续金融国际平台	《增强社会融资透明度:扩大社会债券规模》 《转型融资实施原则:中期报告》	社会金融 转型融资 共同分类目录
格拉斯哥净零金融联盟	新增风险投资气候联盟、净零出口信贷机构联盟 推出拉丁美洲和加勒比地区的新区域网络 在亚太地区扩展成立日本、中国香港分会	将转型计划纳入主流 动员资本流向新兴市场和发展中经济体 扩大及深化联盟会员参与

资料来源:根据公开数据编制。

（一）G20可持续金融工作组

作为全球经济合作的重要平台，二十国集团（G20）在推动全球绿色、可持续增长中发挥关键作用。2016 年，中国作为 G20 主席国，力推绿色金融理念，倡导成立 G20 绿色金融研究小组，支持全球加快发展绿色低碳经济。研究小组由中国人民银行和英格兰银行共同主持，联合国环境规划署（UNEP）担任秘书处。当年，绿色金融研究小组发布了 2016 年度《G20 绿色金融综合报告》。2018 年，阿根廷担任 G20 主席国期间，将绿色金融议题扩展至更广泛的可持续发展领域，将绿色金融研究小组更名为可持续金融研究小组（SFWG）。2019～2020 年，G20 可持续金融研究小组的活动因多种原因被暂停。到 2021 年，意大利轮值 G20 主席国期间推动了可持续金融研究小组的重启，由中国人民银行与美国财政部担任联合主席，联合国开发计划署（UNDP）担任秘书处。在同年的 G20 财长与央行行长会议上，与会国同意将研究小组升级为工作组，成为常设工作机制。

近年来，G20 可持续金融工作组在不断探索中持续发展，并每年发布《G20 可持续金融综合报告》，在促进全球可持续金融发展方面取得了显著成效（见表 2）。

表 2　2016～2023 年《G20 绿色金融/可持续金融综合报告》主要内容

年份	轮值主席国	主要内容
2016	中国	比较可持续金融、绿色金融、气候金融等概念，界定绿色金融的定义、目标和范畴；围绕三个专门领域（银行、债券市场、机构投资者）和两个跨领域问题（风险分析、指标体系）展开研究
2017	德国	聚焦两个领域： 一是金融业环境风险分析。提出五项措施以推动金融行业开展环境风险分析 二是利用公共环境数据进行风险评估及决策支持。提出四项措施以增强公共环境数据的可获取性和实用性

续表

年份	轮值主席国	主要内容
2018	阿根廷	报告围绕三个核心议题展开： 一是关于为资本市场创造可持续资产。发展绿色资产证券化产品，为投资者参与可持续项目提供新途径 二是发展可持续 PE/VC。鼓励 PE/VC 机构考虑可持续目标，将绿色、可持续性纳入投资考量 三是探索数字科技在可持续金融中的运用。提高对数字技术在绿色金融中作用的认识，并鼓励投资技术融合项目
2021	意大利	2021 年《G20 可持续金融路线图》和 2021 年《G20 可持续金融综合报告》明确了未来发展的 5 个关键领域、19 项行动，从三个方面总结了现有研究成果： 第一，提升可持续金融界定标准的可比性、兼容性和一致性 第二，支持建立全球一致的可持续披露标准体系 第三，建立有公信力的转型金融框架
2022	印度尼西亚	为各成员发展转型金融提供了五大支柱，共包含 22 条原则 支柱一：明确转型活动的界定标准 支柱二：严格绿色金融信息披露要求 支柱三：支持丰富的金融工具 支柱四：设计适当的激励机制 支柱五：公正转型，减少转型可能对社会经济产生的负面影响
2023	印度	持续跟踪《G20 可持续金融路线图》，并在 2023 年成立 5 个工作坊推进 3 个优先工作领域： 一是建立为应对气候变化及时调动充足金融资源的机制 二是为实现非气候可持续发展目标提供金融支持 三是加强能力建设，打造可持续金融生态系统

资料来源：根据公开数据编制。

2023 年，G20 可持续金融工作组积极开展工作，致力于识别可持续金融发展面临的制度和市场障碍。第四次财长和央行行长会议期间，通过了当年的《G20 可持续金融综合报告》，主要在三个重点领域开展工作。①

① 《2023 年二十国集团可持续金融工作组成果》，http：//www. pbc. gov. cn/yanjiuju/3911332/3932813/5071376/2023091818233615462. pdf。

1. 建立为应对气候变化及时调动充足金融资源的机制

第一，建立及时调动充足金融资源应对气候变化的机制。2023 年，G20 可持续金融工作组深入探讨了公共和私人部门在气候资金筹集方面的关键作用以及面临的复杂情况。据估计，为实现《巴黎协定》的低碳转型目标，全球每年至少需要 4 万亿~6 万亿美元的投资，而公共部门在扩大资金规模和催化私人投资方面扮演关键角色。然而，目前各国通过各种渠道募集到的资金尚未达到实现气候目标所需规模，发展中国家的资金缺口尤为突出。针对这些问题，工作组提出了包括制定有效政策框架、实施《G20 转型金融框架》以吸引私人资本等多项政策建议。

第二，促进绿色低碳技术研发、应用的政策措施和金融工具。过去 10 年全球早期气候技术投资虽有所增长，但研发推广仍面临较大资金缺口。G20 可持续金融工作组依据《G20 可持续金融路线图》第 16 项行动，对激励可持续投融资的价格型、非价格型政策工具展开研究，发现综合运用这两种工具可提升可持续融资规模。为激励私人资本投入早期气候技术，G20 可持续金融工作组提出，各国政府应明确实现碳中和、气候适应目标的长期政策路径，基于国情制定合适的政策框架；投资者应加强合作，公共部门应提供相应支持，各方合作设计融资结构，探索设立合营孵化器和加速器，推动资本流向新兴市场与发展中国家企业。

2. 为实现非气候可持续发展目标提供金融支持

新冠疫情对全球经济造成了影响，导致发展中国家可持续发展资金缺口从 2020 年预测的 2.5 万亿美元激增至 3.9 万亿美元。为应对这一挑战，工作组提议为发展中国家提供额外资金支持，如通过公共财政机制、创新融资方法等，调动额外资源并扩大可持续融资规模。

第一，扩大社会影响力投资工具使用规模。社会影响力投资作为一种新兴的投资方式，为追求社会目标及额外目标的组织提供融资支持，并期望获得可衡量的社会与财务回报。据估计，影响力投资市场管理的资产规模已达 1.16 万亿美元。这一投资方式对发展中经济体和中小微企业实现社会相关可持续发展目标的资金调动具有重要意义。为推动社会影响力投资工具的使用规模扩大，各国政府和国际组织应采取一系列措施。一方面，要积极发展可供投资的社会影响力项目，并制定相应的融资方案，包括根据国情出台提升融资可得性的政策、发展混合融资、为项目筹备机构提供资金支持、创新和推广相关方法以及加强投资环境建设。另一方面，应提高影响力衡量和管理框架的互操作性与可信度，强化对社会成果的评估和报告。

第二，改进自然相关数据和报告。随着全球对生物多样性保护的重视，G20 承诺在 2030 年前停止和扭转生物多样性丧失，然而实现这一目标面临每年 7000 亿美元的资金缺口。在此背景下，改进自然相关数据和报告对于将自然相关风险、机遇、依赖性和影响及时纳入决策至关重要，相关方应采取一系列措施加以改进。对此，工作组提出一系列措施，如鼓励政府部门、国际组织等制定完善自然相关报告标准和框架，提升数据和报告互操作性与可获得性，打造全球包容性框架；相关方应设计完善框架等用于识别、衡量自然相关风险，考虑国情等因素将数据转化为决策信息；政府部门等应统筹资源收集分析自然相关数据，利用工具监测生态系统；气候等数据平台组织应合作促进数据共享、简化访问流程等；各国政府应鼓励金融机构和企业识别、评估自然相关风险等，提升数据可得性和互操作性；各国政府、国际组织等应加强合作推进相关活动倡议，提升技术能力，改进自然相关报告，鼓励金融机构和企业自愿行动。

3. 加强能力建设，打造可持续金融生态系统

该领域围绕实施技术援助行动计划、克服气候投资中的数据障碍展开。

第一，实施技术援助行动计划。目前可持续金融规模扩大面临诸多瓶颈，从国家到企业，许多主体都存在缺乏政策设计、执行和问责机制，缺乏开发、评估金融产品的能力以及缺乏开发符合银行贷款条件的项目的能力等问题。针对这些问题，工作组实施技术援助行动计划，提出各国政府应与私人部门、学术研究机构、非政府组织和行业协会密切协作，根据国家可持续发展计划和重点工作领域，共同开展能力建设。

第二，克服气候投资的数据相关障碍。随着扩大私人部门融资规模以及评估私人部门融资是否符合《巴黎协定》目标的倡议不断增多，气候投资数据在可得性、准确性、可比性等方面存在诸多问题。为此，工作组提出需要克服气候投资的数据相关障碍，以更好地支持气候投资决策，推动可持续金融发展，实现气候目标。具体而言，需从多方面着手，包括相关组织梳理数据和指标并识别缺口，提供信息披露支持、召集利益相关方确定改善数据和方法的方案、相关部门加强合作并评估能力缺口、企业自愿制定转型计划、相关政府部门和国际组织提高金融机构对使用特定信息的认识。

（二）央行与监管机构绿色金融网络

NGFS 于 2017 年成立，由包括中国人民银行在内的 8 家中央银行和监管机构共同发起。该网络旨在通过自愿分享最佳实践，促进金融部门发展绿色金融和管理环境与气候相关风险，以支持可持续经济转型。截至 2023 年底，NGFS 共有 134 家成员机构和 21 家观察机构，相比 2022 年底新增 15 家。[①] 中国人民银行作为初始成员单位之一，积极参与网络的内部治理和研究工作，担任指导委员会成员。

NGFS 的工作重点包括金融机构压力测试和情景分析、研究气候与环境因素对宏观经济和金融系统的影响，以及发展绿色金融等。自成立以来，NGFS 已成为全球绿色金融政策讨论的重要平台之一，涵盖主要发达国家和发展中大国的中央银行和金融监管机构。NGFS 不仅关注气候变化对宏观金融稳定性和微观审慎监管的影响，还致力于推动环境风险分析和绿色金融指标体系的建立。此外，NGFS 还探索鼓励金融机构开展环境信息披露和环境风险分析、推出绿色金融激励措施等议题，并通过发布《金融机构环境风险分析综述》和《案例集》等报告[②]，为全球政策制定者和市场参与者提供前瞻性的指导和建议。随着 NGFS 的不断发展，它已逐渐成为最具国际影响

① NGFS, *Annual Report 2023*, 2024.

② "NGFS Publications", NGFS, https://www.ngfs.net/en/liste-chronologique/ngfs-publications.

力的绿色金融合作平台之一。

2022 年，NGFS 对工作流程进行了调整。针对中央银行，设立了政策监管、气候情景设计和分析、货币政策以及净零转型等研究项目。同时，分别成立了生物多样性丧失和自然相关风险工作组、能力建设工作组以及混合金融倡议。在这一年，该网络总共发布了 9 篇研究报告，这些报告主要集中在宏观金融气候情景分析、金融机构风险管理、环境信息披露以及数据建设等方面。

2023 年，NGFS 组织了 45 次高层会议、网络研讨会等，并发布了 13 份报告，包括 1 份特别文件《绿色蝎子：自然对金融的宏观重要性》，涵盖金融机构过渡计划、气候诉讼风险监管、气候情景分析、自然相关风险、混合金融等多个主题。同时，NGFS 围绕 2022 年发布的“四项工作流程、两个专责小组、三个专家网络及一项措施”开展工作，涵盖了与中央银行和监管机构有关的广泛议题（见表 3）。

表 3　2023 年 NGFS 工作进展

项目	2023 年进展
加强金融机构气候相关风险的监管	• 2023 年 5 月发布关于转型计划的第一份报告，概述相关新做法并评估微观审慎当局作用 • 2023 年 9 月发布关于气候相关诉讼风险微观审慎监管的报告
继续开发和增强金融系统气候场景	• 2023 年 6 月发布关于气候情景的首次公众反馈调查结果，确定改进方向 • 2023 年 10 月发布关于短期气候情景的概念性说明 • 2023 年 11 月发布第四版 NGFS 情景，更新考虑最新情况并改进建模
气候变化与货币政策的相关性研究	• 2023 年 7 月发布货币政策与气候变化报告
提供评估和应对自然相关风险的框架	• 2023 年 9 月发布《NGFS 自然相关风险概念框架》，指导央行和金融监管机构的政策和行动 • 2023 年 12 月发布《NGFS 关于制定评估自然相关经济和金融风险情景的建议》

续表

项目	2023 年进展
加强能力建设和培训	• 发布《STaR 指南》,巩固成员经验和实践 • 与多伦多中心联合举办线上研讨会,进一步发展合作 • 2023 年 5 月推出的第二门 BIS-NGFS 课程涵盖更多相关主题
提高对混合金融的认识,并探索其在新兴市场和发展中经济体扩大规模的潜在监管和实际障碍	• 2023 年 6 月发布《混合金融手册概念性说明》 • 2023 年 12 月发布关于新兴市场和发展中经济体扩大混合融资的技术文件
监测气候相关诉讼和立法	• 2023 年 9 月发布关于气候相关诉讼近期趋势和发展的报告。
与公私部门共同推进全球讨论并研究新兴话题	• 2023 年 8~11 月开展内部月度网络系列研讨会 • 2023 年 12 月在法国巴黎举办研究工作坊 • 2023 年数据专家网络开展定期网络研讨会

资料来源：NGFS，*Annual Report 2023*，2024。

（三）财政部长气候行动联盟

CFMCA 成立于 2019 年 4 月，是一个由多个国家财政和经济政策制定者组成的国际组织，旨在通过经济和财政政策应对气候变化。截至 2023 年底，CFMCA 从 2022 年底的 81 个成员国扩展到 92 个，并得到 29 个机构合作伙伴的支持。中国并未加入该联盟。① 根据 IMF 数据，成员国碳排放量约占全球碳排放量的 43%，GDP 合计占全球 GDP 的 69%。该联盟以其发布的赫尔辛基六大原则为指导（见图 1），组建了相应的工作组，有力地推动了各国应对气候变化行动的开展。②

第一，将联盟的政策实践与《巴黎协定》的承诺保持一致。

第二，彼此分享经验和专业知识，以相互鼓励并促进对气候行动政策和

① “Member Countries”，The Coalition of Finance Ministers for Climate Action，https：//www. financeministersforclimate. org/member-countries.

② “About Us”，CFMCA，https：//www. financeministersforclimate. org/about-us.

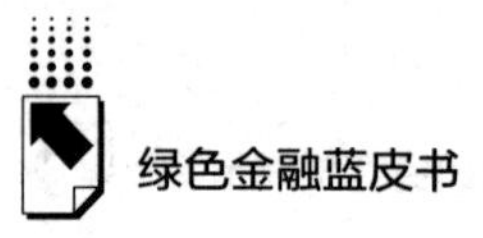

实践的集体理解。

第三，努力采取有效碳定价措施。

第四，在宏观经济政策、财政规划、预算、公共投资管理和采购实践中考虑应对气候变化。

第五，通过促进投资和发展支持气候缓解和适应的金融部门，调动私营部门的气候融资。

第六，积极参与国内制定和实施《巴黎协定》下的国家自主贡献。[①]

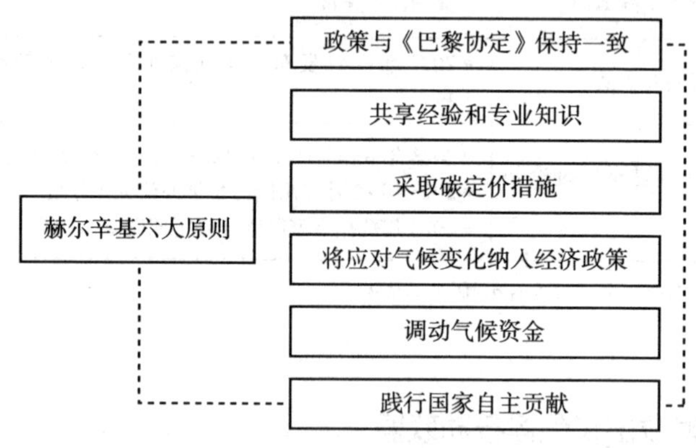

图 1　赫尔辛基六大原则（简版）

围绕赫尔辛基六大原则，2023 年该联盟举办了包括 2 次部长级会议以及第 28 届联合国气候变化大会（COP28）在内的多场研讨会。这些研讨会聚焦《巴黎协定》、碳定价、调动气候资金等多个关键领域，由各成员国进行经验共享。[②]

2023 年 4 月 14 日，在第 9 届部长级会议期间，各国财政部长发布了《加强财政部长在推动气候行动中的作用指南》，该指南为各国提高气候行动参与度以及实现经济和社会可持续绿色转型提供了具体步骤指引。[③] 各国财长对其在转型金融中的作用展开探讨，认识到金融生态系统尚未构建高碳

① "Helsinki Principles", CFMCA, https://www.financeministersforclimate.org/helsinki-principles.

② CFMCA, *Annual Report 2023*, 2023.

③ CFMCA, *Strengthening the Role of Ministries of Finance in Driving Climate Action*, 2023.

排放行业及活动（诸如燃煤发电、钢铁、水泥、化工、造纸、航空和建筑等）脱碳所需的转型金融机制。财政部长们着重强调了明确转型活动定义的重要性，同时须制定可靠的披露与报告框架以及全球认可的碳密集型企业登记制度，以此避免“漂绿”行为带来的误导。

2023 年 10 月 11 日，在联盟第 10 届部长级会议上，各国财长联合发布了联盟的首份集体气候行动声明。① 该声明作为一份前瞻性文件，展示了联盟成员在未来一年所计划的 170 余项气候行动及影响。会议重点聚焦绿色金融体系，以及各成员为建立气候相关信息披露机制、开展气候相关金融风险评估以及通过优先考虑气候相关融资机制来缩小投资缺口所采取的具体行动。成员们探讨了如何通过实施碳定价措施和税收改革、逐步取消化石燃料补贴、激励对低碳技术的投资以及关注绿色转型的社会公正层面来抑制温室气体排放。

2023 年 COP28 上，20 余位财长探讨了在动员公共和私人气候资金以推动实现《巴黎协定》目标方面的作用。在吸引私人部门资金方面，财长们强调了一系列方法，包括支持外国直接投资、债券发行以及实施可持续金融框架。与会者还讨论了转变金融工具使用范式作为激励措施的必要性。在强化合作关系方面，联盟加强了与“国家自主贡献伙伴关系”（NDC Partnership）的合作，宣布双方将密切协作，在《联合国气候变化框架公约》下一个更新期限（2025 年）来临之前，为欧洲、中东和非洲成员的财政部门提供支持，以强化国家减排承诺与长期战略。

（四）可持续银行和金融网络

SBFN 成立于 2012 年，是一个由新兴市场的金融部门监管机构、中央银行、财政部、环境部以及行业协会组成的团体。该组织致力于推动可持续金融发展，以实现国家发展重点目标，并促进金融市场的深化与稳定。截至 2024 年 8 月，SBFN 已拥有来自 72 个国家的 96 个成员机构，

① CFMCA, *Climate Action Statement by the Coalition of Finance Ministers for Climate Action*, 2023.

管理资产规模达68万亿美元，占新兴市场银行总资产的比例达92%。[①] 中国国家金融监督管理总局等于2012年加入SBFN，银行业协会于2014年加入。[②] 成员致力于推动自身所在金融行业实现可持续发展，实现以下双重目标。

（1）金融机构须优化对ESG因素的风险管理与治理，包括对气候风险的管理与披露。

（2）促进资本流向对环境、气候、社会产生积极影响的活动。

截至2023年12月末，SBFN下设4个由成员主导的专题工作组，包括测量工作组、可持续金融工具工作组、数据和披露工作组、低收入国家特别工作组。2023年12月，低收入国家特别工作组结束阶段性工作，并发展为包容性可持续金融工作组（见表4）。

表4　SBFN专题工作组

专题工作组	介绍
测量工作组*	• 2018年成立，由代表22个国家和1个地区的24个成员机构组成。该工作组由哥伦比亚金融监管局和摩洛哥资本市场管理局共同担任主席。2016~2020年，由中国银保监会和印度尼西亚金融服务管理局担任领导
可持续金融工具工作组**	• 研究推动可持续发展的金融工具，制定指南工具包，为成员提供多方面支持 • 2022~2024年，该工作组专注于国家和区域可持续金融分类法的发展，将其作为一种定义符合条件的资产的工具，以帮助实现环境和社会目标并防止"漂绿"行为
数据和披露工作组***	• 制定指南和工具包，以支持可持续银行和金融网络成员制定支持可持续金融生态系统的本地ESG和气候披露框架及举措 • 目前由中国国家金融监督管理总局与格鲁吉亚国家银行担任主席

① "SBFN Achievements", SBFN, https://www.sbfnetwork.org/about-sbf-network/.

② "SBFN Members", SBFN, https://www.sbfnetwork.org/membership/.

续表

专题工作组	介绍
低收入国家特别工作组****	• 2018年10月在测量工作组之下设立,旨在评估低收入国家在可持续金融方面面临的独特挑战和机遇,最终形成16个案例研究、8份国家报告和一套用于支持制定和实施可持续金融路线图决策的工具 • 该工作组的工作于2023年结束,随后发展为包容性可持续金融工作组

资料来源：* “SBFN Measurement Working Group”, SBFN, https://www.sbfnetwork.org/working-groups/measurement/; ** “SBFN Sustainable Finance Instruments Working Group”, SBFN, https://www.sbfnetwork.org/working-groups/sustainable-finance-instruments/; *** “Data and Disclosure Working Group”, SBFN, https://www.sbfnetwork.org/working-groups/data-and-disclosure-working-group/; **** “SBFN Task Force for Low-income Member Countries”, SBFN, https://www.sbfnetwork.org/working-groups/task-force-for-low-income-member-countries/。

随着SBFN成员可持续金融进程从政策设计向实施演变，2023年测量工作组更新发布《测量框架和方法》①，增加引入生态系统方法、捕捉可持续金融趋势和新兴话题、衡量金融部门可持续金融实施的深度、建立在线数据门户、为成员提供实用工具与学习资源，从而为可持续金融国家框架发展提供持续改进路线图。2023年更新的测量框架有望帮助各国在政策实施、金融机构实践和资本动员方面实现相关目标。

（五）可持续金融国际平台

IPSF于2019年10月由欧盟发起成立。该平台的总体目标是增加私人资本的环境可持续投资，并旨在扩大私人资本动员范围。IPSF为政策制定者提供了一个对话论坛，使政策制定者能够共同开发可持续金融监管措施，帮助投资者识别并抓住真正有助于实现气候和环境目标的可持续投资机会。②

随着时间的推移，IPSF的覆盖范围和关注领域持续扩大。到了2023年，即IPSF成立的第四年，该平台的影响力进一步增强。2023年7月，斯

① SBFN, *Measurement Framework and Methodology*, 2023.

② “International Platform on Sustainable Finance”, IPSF, https://finance.ec.europa.eu/sustainable-finance/international-platform-sustainable-finance_en.

里兰卡成为 IPSF 的第 20 个成员管辖区。截至 2023 年底，IPSF 的成员管辖区数量达到 20 个，覆盖了全球 51%的人口、54%的 GDP 以及 58%的温室气体排放量。[①] 2023 年，IPSF 特别关注了社会金融、转型金融、共同分类目录等重要政策领域，以推动可持续金融的发展和创新。

1. 社会金融

社会金融作为可持续金融的重要组成部分，作用日益凸显。在此背景下，IPSF 于 2023 年首次成立了专门的工作组研究社会债券相关问题，并在 12 月发布《增强社会融资透明度：扩大社会债券规模》报告，聚焦社会债券在可持续金融中的作用，以及如何通过这些金融工具扩大对社会目标的投资，旨在提高社会金融的透明度，推动社会债券的规模化发展。[②] 当前，国际和区域层面存在诸多指导社会债券发行的通用及特定指导方针（见表 5）。

表 5　社会债券发行的通用及特定指导方针

通用指导方针	主要介绍
国际资本市场协会(ICMA)《社会责任债券原则》(SBP)	SBP 是全球社会债券发行的关键参考原则,为发行社会债券提供了核心指引,包括资金的使用、项目评估和选择过程、资金管理以及报告和透明度要求 SBP 提供了充分的灵活性,允许发行人根据特定项目或发行的具体情况选择重点领域
《东盟社会债券标准》	除了遵循 SBP 外,东盟社会债券的发行人还必须遵守 2018 年的《东盟社会债券标准》,这要求发行人或发行行为与东盟地区有地理或经济联系,并且融资项目不得对酒精、赌博、烟草和武器等产生负面社会影响 该标准提高了对发行人的信息披露要求,包括在发行文件中包含资金使用、项目评估和选择过程以及资金管理的信息,并且要求定期进行报告
中美洲经济一体化银行(CABEI)社会债券框架	CABEI 的社会债券框架与 ICMA 的 SBP 保持一致,旨在为获得基本服务、创造就业、社会经济赋权、负担得起的基础设施和粮食安全等领域的项目提供资金 项目的选择由多学科社会债券工作组进行,该工作组遵循环境和社会风险识别、评估和缓解的系统,并设有排除标准

① IPSF, *International Platform on Sustainable Finance Annual Report 2023*, 2023.

② IPSF, *Strengthening Clarity in Social Finance*: *Scaling up Social Bonds*, 2023.

续表

通用指导方针	主要介绍
美洲开发银行（IDB Invest）可持续债务框架（SDF）	IDB Invest 设计的 SDF 是一个总体工具，用于指导绿色、社会和可持续债务工具的发行。它与 ICMA 的 GBP、SBP 和 SBG 保持一致，是第一个由高等级多边开发银行发行的与 ICMA 一致的可持续债务框架 SDF 用于资助或再融资新的或现有的项目，这些项目与健康和福祉、优质教育、性别平等、清洁水和卫生、负担得起的清洁能源等多个可持续发展目标相关

特定指导方针	主要介绍
2X 挑战标准（2X Challenge Criteria）——性别债券的资格标准	对于性别债券，2X 定义了 5 个标准，项目是否符合资格取决于是否满足以下任一标准： （1）创业精神。如果企业由女性创立或女性所有权份额等于或超过 51% （2）领导力。如果女性在高级管理层、董事会或投资委员会中的份额为 30% （3）就业。如果女性在劳动力中的份额为 30%～50%（取决于部门），并且雇主有专门促进女性在职场发展的举措 （4）消费。如果产品或服务特别或不成比例地使女性受益 （5）通过金融中介机构投资。如果 30%的开发金融机构贷款收益或投资组合公司满足四个直接标准之一
国际金融公司（IFC）与联合国妇女署（UN Women）的性别债券指导	探讨可持续发展挂钩债券如何促进性别平等。对于性别债券，邀请投资者考虑发行人多方面的性别维度

2. 转型金融

2022 年，IPSF 发布《转型金融报告》，提出了一系列自愿性的转型金融原则，旨在为转型金融框架和工具提供有益的通用方法。其中，特别提出 4 项目标设定原则和 5 项交付原则。[①] 2023 年，IPSF 的转型金融工作在 2022 年发布的转型金融原则基础上继续推进，重点提供更实用的指导。IPSF 发布的中期报告确定了转型金融的四个维度：可信度、披露、融资和评估。[②]

---

① IPSF, *Transition Finance Report*, 2022.

② IPSF, *Implementing Transition Finance Principles-Interim Report*, 2023.

（1）可信度。关注通往低碳经济的可信转型路径，包括设定符合国际气候承诺和市场预期的目标，评估转型机会并确立科学的气候雄心。

（2）披露。强调制定和披露稳健的转型计划以及报告绩效的重要性，利益相关者须创建透明的路线图并定期披露。

（3）融资。与评估密切相关，利益相关者须发行有可信转型计划支撑的融资工具，这些工具要能吸引投资并引导资本投向转型项目。

（4）评估。聚焦用于衡量绩效和评估转型金融工作有效性的工具，确保与行业路径和其他指标保持一致。

3. 共同分类目录

全球各地区绿色分类标准众多，缺乏统一性与兼容性，容易导致市场分割，引发“漂绿”等风险，且对跨境资本流动造成一定阻碍。在此背景之下，IPSF 一直致力于对比分析不同地区的绿色分类法，以推动统一可持续信息披露工作。IPSF 的分类法工作组由欧盟和中国于 2020 年 7 月共同成立，旨在识别现有可持续投资分类法之间的共性。该工作组致力于综合并统一欧盟、中国的绿色分类法，形成共同分类目录，并于 2021 年 11 月推出《可持续金融共同分类目录》。[①] 该目录促进了中欧双方在可持续金融分类法方面的协调，自发布以来，得到了各金融机构的广泛响应和积极实践。[②] 2021 年 12 月，中国建设银行发行全球首笔基于该目录的 5 亿美元浮息绿色债券，用于支持粤港澳大湾区相关领域项目，符合多项标准，吸引众多国际投资人认购。2022 年 2 月，招商银行发行 3 年期 4 亿美元的绿色债券，用于可再生能源风力发电项目。2022 年 5 月，兴业银行在国际资本市场完成 3 年期 6.5 亿美元该目录下主题绿色债券定价，资金用于特定绿色项目。2022 年 6 月，中国银行在更新版目录框架下发行 5 亿美元绿色债券用于多国多个行业的绿色项目。

2021 年 11 月至 2022 年 1 月，IPSF 针对共同分类目录收集了公众意见，

① GFANZ, *Common Ground Taxonomy-Climate Change Mitigation*, 2021.

② 温婧、范彬彬：《可持续金融共同分类目录下的创新》，《中国金融》2022 年第 13 期。

并对这些反馈进行了审查和评估，随后于2022年6月进行了修订更新，将制造业和建筑业的相关经济活动纳入其中。① 目前版本的共同分类目录包含72项应对气候变化的活动，并对国际可持续金融分类目录的最新动态进行了补充说明。

（1）欧盟分类法。欧盟分类法重点关注6个环境目标，包括气候、资源、生态等方面（见图2）。欧盟分类法通过制定经济活动清单，引导资金流向，对实现欧盟相关目标至关重要，且覆盖9个行业，各行业包含不同数量的经济活动类别。《欧盟分类法条例》主要基于欧盟产业分类体系NACE，涵盖林业、环境保护和恢复活动、制造业、能源、供水及污水处理等多个领域。

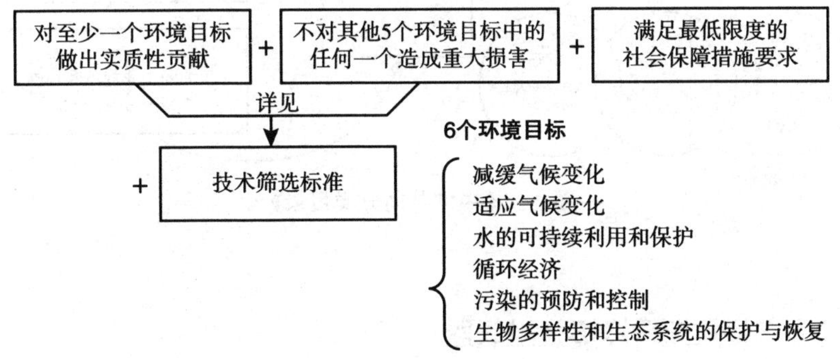

图2　欧盟分类法

（2）中国分类法。2015年中国人民银行发布了第一版《绿色债券支持项目目录》，并于2021年修改更新。新版较2015年版有显著优化，如绿色服务类别增至五类，取消清洁煤炭项目支持，缩小水电支持范围至大型项目，增加新能源相关项目支持等。该目录列举204个绿色项目，涵盖6个产业，分别为节能环保产业（62个项目）、清洁生产产业（19个项目）、清洁能源产业（26个项目）、生态环境产业（28个项目）、基础设施绿色升级

① GFANZ, *Common Ground Taxonomy-Climate Change Mitigation*, 2022.

(38 个项目)、绿色服务(31 个项目)。

(3)《中欧共同分类目录》。该共同分类目录对比分析了 87 项符合欧盟标准和 94 项中国分类目录下有关气候减缓的经济活动,考虑两者重合情况进行归纳总结,最终涵盖了 72 项经工作组认定在中国和欧盟分类目录之间具备共性的减缓气候变化活动(见图 3)。

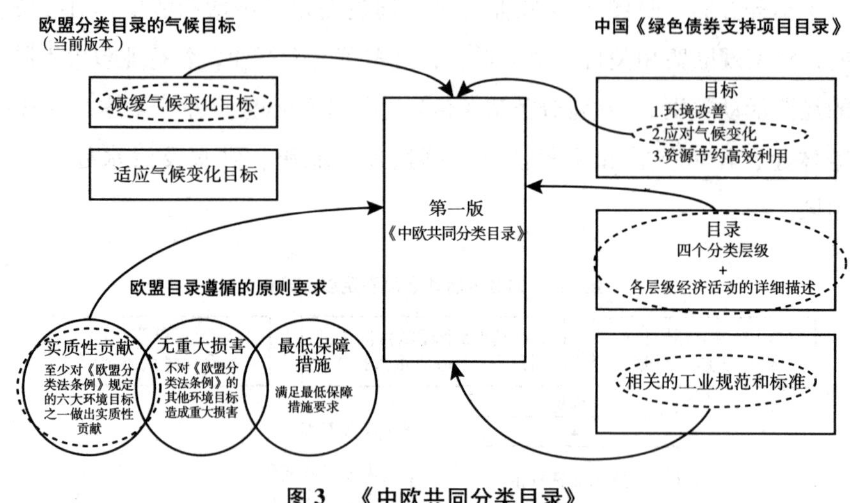

图 3　《中欧共同分类目录》

(六)格拉斯哥净零金融联盟

CFANZ 成立于 2021 年 4 月,由联合国气候行动与金融特使马克·卡尼发起。截至 2023 年底,GFANZ 特定行业联盟的签署机构从 COP26 时的 450 家扩展至 COP28 时的 675 家,覆盖超过 50 个国家和地区,这些机构承诺将所有管理资产与“2050 净零排放目标”保持一致。

成立初期,GFANZ 下设 7 个净零排放联盟,2023 年新增风险投资气候联盟(Venture Climate Alliance,VCA)、净零出口信贷机构联盟(Net Zero Export Credit Agencies Alliance,NZECAA)。截至 2023 年底,GFANZ 共设立 9 个净零排放联盟,这些净零排放联盟吸引了不同类别的金融机构,并在净零转型方面发挥不同作用(见表 6)。

表 6 格拉斯哥净零金融联盟下设净零排放联盟

序号	净零排放联盟	具体情况
1	净零资产管理人倡议联盟(Net Zero Asset Managers Initiative, NZAMI)	已有 315 个签署方,累计资产管理规模超过 57 万亿美元。2023 年 38%的投资组合已经建立净零计划,51%采用了 GFANZ 提供的净零框架
2	净零资产所有者联盟(Net Zero Asset Owner Alliance, NZAOA)	已有 89 个签署方,资产管理规模达到 9.5 万亿美元。根据 NZAOA 于 2024 年 4 月发布的第四版目标设定协议,各成员国将以 2019 年为基准年,承诺在 2030 年前实现温室气体排放量削减 40%~60%的目标
3	净零银行业联盟(Net Zero Banking Alliance, NZBA)	已有 136 个签署方,资产管理规模达 74.9 万亿美元,占全球银行总资产的 40%。签署方的净零融资方向主要是电力、能源、房地产、交通等
4	净零保险业联盟(Net Zero Insurance Alliance, NZIA)	已有 11 个签署方,保费收入为 2100 亿美元。签署方发布了《净零保险白皮书》《碳会计金融合作伙伴保险排放标准》等
5	巴黎协定资产所有者联盟(Paris Aligned Asset Owners, PAAO)	由 56 个资产所有者组成,资产管理规模 3.3 万亿美元。PAAO 遵守净零投资框架,计划在 2050 年实现温室气体净零排放,并提供了私募股权行业和基础设施行业的净零投资指南
6	净零投资顾问组织(Net Zero Investment Consultants Initiative, NZICI)	共有 11 个签署方,涉及 15 亿美元金融资产。这些签署方为资产所有者提供战略建议
7	净零金融服务提供者联盟(Net Zero Financial Services Providers Alliance, NZFSPA)	已有 26 个签署方,分别位于 12 个司法管辖区。这些签署方包括审计公司、交易所、指数公司、研究和数据提供商等,它们均制定了净零框架
8	风险投资气候联盟(Venture Climate Alliance, VCA)	2023 年 8 月成立,共有 81 个签署方,资产管理规模达 1790 亿美元。这些签署方希望投资初创公司,并帮助它们在成长早期管理气候风险并最终实现净零排放
9	净零出口信贷机构联盟(Net Zero Export Credit Agencies Alliance, NZECAA)	2023 年底成立,由来自欧洲、中东和北美的 5 个创始成员和 3 个附属成员在 COP28 上合作发起,旨在通过支持贸易的脱碳和促进公共及私人金融的联合行动,实现到 2050 年全球净零排放的目标

资料来源:https://www.todayesg.com/gfanz-2023-net-zero-progress-report/; https://www.netzeroassetmanagers.org/。

2022 年底，GFANZ 为 2023 年制定了三大优先事项，并于 2023 年底披露优先事项进展情况。

1. 将转型计划纳入主流

为了加速转型，GFANZ 在 2023 年采取了三大重点战略，将转型计划纳入主流（见表 7）。

表 7　GFANZ“将转型计划纳入主流”的三大重点战略

战略	重点内容
推动转型规划的采用，为金融机构提供资源	• 开发“Workshops in a Box”系列资源，包括针对不同受众的多种类型，如三种用于提高高级或广泛受众意识，八种涉及净零转型规划特定方面，三种关注实体经济公司和金融机构披露期望，已被 325 家以上机构使用
开发技术工具和指导，定义转型金融	• 强调转型金融需要一致的语言、定义和指标，以支持脱碳目标、提高市场透明度、促进投资者决策 • 开展多项工作，包括与关键行业合作确保能源转型融资，如参与相关行业出版物工作、与 Bloomberg NEF 合作分析能源投资比例，通过 APAC 网络发布亚太地区燃煤电厂融资报告等
开发技术工具和指导，定义转型金融	• 针对亚太地区燃煤电厂融资提出三步流程和十条建议，涉及计划可信度、综合影响和透明度问责 • 对 4 个关键转型融资策略进行技术考量并发布技术审查说明，包括策略关键属性、与其他报告映射、潜在用例等，还引入预期减排量概念
提高全球一致性，与政策制定者和行业机构合作	• 持续与各国监管机构、政策制定者等合作，强调转型规划和金融的重要性 • 推动各部门转型规划自愿方法的一致，如英国的过渡规划工作组借鉴 GFANZ 框架制定国内披露框架，与投资者议程合作展示一致性等 • 倡导全球一致性，鼓励联盟成员交流分享，支持通过净零数据公共事业提高透明度

2. 动员资本流向新兴市场和发展中经济体

作为扩大全球气候融资规模而广泛努力的一部分，GFANZ 与国际货币基金组织、世界银行和 COP28 主席国阿联酋合作，在 2023 年共同主办了一系列高级别闭门圆桌会议，以推动公共和私营部门在扩大新兴市场和发展中国家气候相关投资方面取得进展。

一系列圆桌会议增进了公共部门对净零排放金融机构大规模投资新兴市场和发展中国家所面临挑战的认识，并推动了对根据实现全球气候目标的需要扩大私人投资的必要因素的共识。一系列圆桌会议吸取了扩大气候融资规模的关键创新方法的新经验，并帮助推动了相关进展，这些方法包括“公正的能源转型伙伴关系”、国际货币基金组织的“弹性与稳定信托基金”以及世界银行的各项倡议。

3. 扩大及深化联盟会员参与

2023 年，GFANZ 在全球范围内进行扩展，推出了拉丁美洲和加勒比地区的新区域网络，并在亚太地区扩展成立日本、中国香港分会。

（1）启动拉丁美洲和加勒比地区网络。GFANZ 于 2023 年 10 月在巴拿马举行的联合国拉丁美洲和加勒比气候周上宣布启动拉丁美洲和加勒比网络并成立咨询委员会。GFANZ 拉丁美洲和加勒比网络将与当地金融机构合作，加快解锁该地区气候融资的努力。这包括支持金融机构规划转型、实施气候目标、开展能力建设，并与政策制定者就加快资本动员以实现净零议程的行动进行接触。①

（2）成立日本分会。GFANZ 日本分会于 2023 年 5 月成立②，并得到了包括日本首相在内的多方支持。该分会致力于通过分享知识和最佳实践，支持日本金融机构制定和实施净零过渡计划，并促进与政策制定者的合作，以推动公正过渡和实现净零目标。此外，分会还通过举办研讨会和反馈会议等活动，加强与国际参与者的交流，为日本高排放行业的过渡融资提供额外的原则性考虑，以增强其可信度。

---

① “GFANZ Launches Latin America & Caribbean Network to Support Climate Finance in the Region”, GFANZ, https://www.gfanzero.com/press/gfanz-launches-latin-america-caribbean-network-to-support-climate-finance-in-the-region/.

② “GFANZ Announces Japan Country Chapter to Support Asia-Pacific Net-Zero Transition”, GFANZ, https://www.gfanzero.com/press/gfanz-announces-japan-country-chapter-to-support-asia-pacific-net-zero-transition/.

（3）成立中国香港分会。2023 年 8 月 31 日，GFANZ 在中国香港成立了分会，这是 GFANZ 亚太网络的又一次扩展。[①] 中国香港分会将与大中华地区的金融机构合作，推动净零排放、加强转型规划和扩大转型金融投资。该分会将促进知识共享，支持 GFANZ 的自愿指导工具和指南的实施，并为全球工作贡献本地视角的专业知识，还将与本地组织如香港绿色金融协会合作，推动转型金融投资。

二 区域性绿色金融合作网络

（一）绿色“一带一路”合作倡议和平台

“一带一路”是“丝绸之路经济带”和“21 世纪海上丝绸之路”的简称。2015 年 3 月，中国国家发展改革委、外交部和商务部联合发布的《推动共建丝绸之路经济带和 21 世纪海上丝绸之路的愿景与行动》提出“共建绿色丝绸之路”。[②] 在一系列的政策推动下，“一带一路”绿色投资原则（GIP）、“一带一路”绿色发展国际联盟（BRIGC）、“一带一路”银行间常态化合作机制（BRBR 机制）相应建立并发展成为主要的绿色金融合作机制。

2023 年是“一带一路”倡议提出 10 周年，2023 年 10 月 18 日，习近平主席在第三届“一带一路”国际高峰论坛上提出“促进绿色发展”。[③] 倡议提出以来，中国与共建“一带一路”国家和地区、国际组织积极建立绿色低碳发展合作机制，携手推动绿色发展，共同应对气候变化。

---

① “GFANZ Announces Hong Kong Chapter to Support Asia-Pacific Net-Zero Transition”, GFANZ, https：//www. gfanzero. com/press/gfanz- announces - hong - kong - chapter - to - support - asia - pacific-net-zero-transition/.

② 《授权发布：推动共建丝绸之路经济带和 21 世纪海上丝绸之路的愿景与行动》，新华网，2015 年 3 月 28 日，http：//www. xinhuanet. com/world/2015-03/28/c_ 1114793986_ 2. htm。

③ 《绿色正在成为共建“一带一路”的鲜明底色》，国家发展改革委网站，2023 年 10 月 20 日，https：//www. ndrc. gov. cn/wsdwhfz/202310/t20231020_ 1361378. html。

1. “一带一路”绿色投资原则

2018 年 11 月，中国金融学会绿色金融专业委员会和伦敦金融城共同发起 GIP，旨在推动“一带一路”投资绿色化和可持续发展。自 2019 年起，GIP 会议每年召开，发布年度进展报告以评估签署机构对原则的落实情况，并指出未来工作重点领域。2023 年 9 月，GIP 第五次年会在北京召开，宣布成立东南亚分部，并新设转型金融工作组。GIP 还修订了中期战略规划（“2026/2030”愿景），在原有框架基础上引入了新的“转型”支柱，同时更加强调应对气候变化和保护生物多样性的行动。①

2. “一带一路”绿色发展国际联盟

2019 年 4 月，中国生态环境部与中外合作伙伴共同发起成立 BRIGC②，包含来自政府部门、金融机构、非营利组织的 42 家联盟会员单位。③ 2019 年BRIGC 启动《“一带一路”项目绿色发展指南》研究项目，在一期项目中提出一套旨在推动项目绿色发展、降低生态环境风险的“红、黄、绿”分类体系，帮助金融机构和企业规避环境高风险项目。2021 年，BRIGC 发布二期项目，聚焦应用实践，编制企业及金融机构应用手册④、铁路公路行业绿色发展指南⑤。2023 年，BRIGC 发布三期项目，聚焦对外投资合作基金，为促进基金绿色化提出政策建议，包括推动基金间加强协同、建立完善 ESG 管理体系、加大绿色民生类项目支持力度等。⑥

---

① 《一带一路“绿色投资原则（GIP）第五次年会在京召开　成立东南亚分部和转型金融工作组》，中国金融学会绿色金融专业委员会网站，2023 年 9 月 7 日，http：//www. greenfinance. org. cn/displaynews. php？ id=4152#。

② 《联盟介绍》，“一带一路”绿色发展国际联盟网站，http：//www. brigc. net/gywm/lmjs/202007/t20200726_ 102077. html。

③ 《联盟会员》，“一带一路”绿色发展国际联盟网站，http：//www. brigc. net/gywm/lmhy/202306/t20230629_ 132435. html。

④ “一带一路”绿色发展国际联盟：《〈“一带一路”项目绿色发展指南〉二期Ⅰ：企业及金融机构应用手册》，2021。

⑤ “一带一路”绿色发展国际联盟：《〈“一带一路”项目绿色发展指南〉二期Ⅱ：铁路公路行业绿色发展指南》，2021。

⑥ “一带一路”绿色发展国际联盟：《〈“一带一路”项目绿色发展指南〉三期：促进对外投资合作基金绿色化研究》，2023。

3. “一带一路”银行间常态化合作机制

2017 年，在中国人民银行的指导下，中国工商银行在第一届“一带一路”国际合作高峰论坛期间牵头成立了 BRBR 机制。BRBR 机制不断完善，成立了绿色金融工作组、投融资工作组、金融科技工作组，通过发行绿色债券、发布报告、举办论坛及研修班的形式加强信息交流和能力建设。① 2023 年 9 月，中国工商银行成功举办第三届“一带一路”银行家圆桌会，其间联合全体成员共同发布《“一带一路”银行间合作机制关于应对后疫情时代全球性挑战的倡议》，共同发出支持多边主义、推动开放型世界经济发展的声音。②

（二）东盟绿色金融合作

东盟于 1967 年 8 月成立于泰国，当前已有印度尼西亚、马来西亚、菲律宾、新加坡、泰国、文莱、越南、老挝、缅甸、柬埔寨 10 个成员国。③如果把东盟国家视为整体，东盟将是亚洲第三大经济体，位列中国和日本之后。由于地处热带海洋地区，东盟成员国受到较强的气候变化冲击。据亚洲开发银行估计，如果不加以控制，气候变化可能会在 21 世纪末使东盟国家的 GDP 减少 11%，并对农业、旅游业和渔业等关键行业部门以及人类健康和劳动生产率造成影响。④

一直以来，东盟成员国积极应对面临的气候风险，2021 年，应对气候变化已被确定为东盟地区优先发展领域之一。⑤ 在绿色金融合作方面，东盟资本市场论坛、东盟分类法委员会、东盟基础设施基金以及东盟国家央行和货币当局是主要的合作组织和平台，推动了可持续分类法、绿色债券标准、可持续资本市场和转型金融等的发展（见表 8）。

---

① 中国工商银行股份有限公司：《2022 社会责任（ESG）报告》，2023。

② 《工商银行：以高质量金融服务为共建“一带一路”架设金融桥梁》，中国工商银行网站，2023 年 10 月 19 日，https：//m. icbc. com. cn/page/887701803897257984. html。

③ “About Us”，Association of South Asian Nations，https：//asean. org/about-us/.

④ Asian Development Bank，*Southeast Asia and the Economics of Global Climate Stabilization*，2015.

⑤ ASEAN，*ASEAN State of Climate Change Report*，2021.

表 8　东盟出台的绿色金融政策、标准及融资机制

政策/标准/机制名称	发布时间	主要内容
《东盟绿色债券标准》	2018 年 10 月	基于国际资本市场协会发布的《绿色债券原则》制定，旨在提高东盟绿色债券的透明度、一致性和统一性
《东盟可持续发展债券标准》	2018 年 10 月	根据国际资本市场协会发布的《可持续债券指南》制定，为东盟可持续债券的发行提供指导
《东盟社会债券标准》	2019 年 8 月	补充《东盟绿色债券标准》
东盟催化绿色融资机制	2019 年 4 月	帮助发展合作伙伴和筹集私人资本来源资金，用于东南亚的绿色基础设施投资
《东盟可持续资本市场路线图》	2020 年 7 月	强化可持续资本市场的基础；促进产品开发，使人们能够进入服务不足的领域；提高认识和能力建设；加强区域连通性。该路线图为未来 5 年确定了总体发展方向
《东盟国家中央银行管理气候和环境风险报告》	2020 年 11 月	从中央银行特别是 ACBs 的角度关注气候和环境相关风险。该报告强调了东盟的背景和前景，以及经济和金融部门的发展需求，它补充了东盟管理气候变化以及资本市场和保险业相关风险的现有努力
《可持续金融分类方案(第一版)》	2021 年 11 月	包括基础框架和 Plus 标准两部分。基础框架对各项活动定性分析，适用于所有的东盟成员国；Plus 标准包含指标和阈值，详细说明了如何确定一项经济活动是否符合东盟分类标准
《东南亚绿色、社会、可持续和其他标签(GSS+)债券倡议》	2022 年 9 月	深化和加速可持续资本市场的发展，目标是到 2025 年发行至少价值 10 亿美元的 GSS+债券
《东盟可持续发展挂钩债券标准》	2022 年 10 月	促进可持续发展挂钩债券在企业融资中发挥作用，提高东盟可持续发展挂钩债券的透明度、一致性和统一性
《东盟转型金融指南》	2023 年 10 月	阐述东盟的实体企业如何评估转型的可靠性，以根据需要利用相关资源从资本市场获得融资，从而满足以下目标：通过标准化哪些公司应成为转型的重点，加快金融机构将资金引导至转型公司的努力；通过区分投资者需求溢价更高的企业，为实体经济公司制定更雄心勃勃、更可信的转型计划

资料来源：根据公开数据编制。

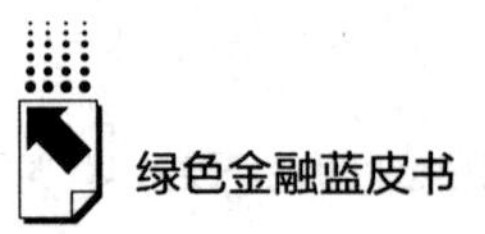

三 绿色金融学术研究网络

绿色金融学术研究网络汇集了研究资源，汇聚了全球的才智，共同推进绿色金融理论的发展，并集思广益解决绿色金融面临的挑战。全球可持续金融与投资研究联盟（GRASFI）通过举办年度学术论坛，深入探讨绿色金融的新趋势，并培养年轻研究人才；可持续金融政策洞察、研究和交流国际网络（INSPIRE）则利用政策交流平台，为绿色金融的发展提供知识支持。

（一）全球可持续金融与投资研究联盟

GRASFI 成立于 2017 年，由全球研究型大学组成，致力于推动可持续金融和投资领域的跨学科学术研究。GRASFI 的主要职能包括组织年度国际学术会议，促进该领域研究人员的学术交流合作，并培养研究生和新兴学者。此外，GRASFI 旨在通过高质量的学术研究，为可持续金融和投资的理论及实践提供指导，支持全球环境可持续发展。

2023 年，GRASFI 取得了显著进展。首先，GRASFI 第六届学术年会于 2023 年 8 月 24~26 日在耶鲁大学成功举办,[①] 这是该联盟首次在美洲大陆举办面对面会议。会议聚焦可持续金融的关键议题，包括净零金融、反 ESG 运动以及投资者的关键研究需求。此次年会共收到来自全球 5 个大洲研究人员提交的 222 篇研究论文，经过同行评审后，形成了 12 个会议论文小组，覆盖了从 ESG 评级到生物多样性金融等多个主题。[②]

其次，会议期间探讨了气候政策与诉讼、转型风险、ESG 投资和评级

---

① 《IIGF 新闻丨全球可持续金融与投资研究联盟（GRASFI）第六届学术年会开幕》，中央财经大学绿色金融国际研究院网站，2023 年 8 月 24 日，https：//iigf. cufe. edu. cn/info/1017/7471. htm。

② "2023 Annual Conference of GRASFI (the Global Research Alliance on Sustainable Finance and Investment) | The Global Network for Advanced Management", https://globalnetwork.io/event/2023-annual-conference-grasfi-global-research-alliance-sustainable-finance-and-investment.

等前沿领域，并在技术和人工智能驱动的数据分析方面取得了进展。与会者一致认为，推进可持续金融发展可以在强化绿色分类标准、完善环境信息披露框架准则、提高投资回报率和完善项目补偿机制等激励性政策，以及推进绿色金融产品与服务的多样化开发方面发力。

最后，会议发布了获奖论文。最佳论文奖授予了两篇研究论文：一篇是奥塔哥大学 Sebastian Gehricke 等人的《ESG ETF 退出的影响》，探讨了 ESG ETF 撤资对公司股价和 ESG 绩效的影响；另一篇是伦敦政治经济学院 Misato Sato 等人的《气候诉讼对公司的金融市场反应》，分析了金融市场对气候诉讼的反应并建立了相关诉讼数据库。影响力研究领域最佳论文奖则颁给了香港大学 Mengide Deng 等人的《管理前瞻性与企业环境风险：基于机器学习方法的证据》，利用机器学习识别具有可持续发展战略的企业管理者。最佳博士论文奖则由慕尼黑大学的 Mareike Worch 和 Mennatallah Balbaa 凭借《情绪与 ESG 投资：可持续性、价格和情绪》获得，该论文探讨了可持续性对资产价格的影响（见表 9）。

表 9　2023 年 GRASFI 第六届学术年会获奖论文

获奖类别	论文题目
最佳论文奖	ESG ETF 退出的影响 The Effect of Divestment from ESG Exchange Traded Funds
	气候诉讼对公司的金融市场反应 Financial Market Response to Climate Litigation Against Corporations
影响力研究领域最佳论文奖	管理前瞻性与企业环境风险：基于机器学习方法的证据 Managerial Forward-looking and Firm Environment Risk: Evidence from a Machine Learning Approach
最佳博士论文奖	情绪与 ESG 投资：可持续性、价格和情绪 Emotions and ESG Investing: Sustainability, Prices, and Emotions

资料来源：《IIGF 新闻丨全球可持续金融与投资研究联盟（GRASFI）第六届学术年会开幕》，中央财经大学绿色金融国际研究院网站，2023 年 8 月 24 日，https://iigf.cufe.edu.cn/info/1017/7471.htm。

会议最后还对未来推动全球可持续金融和投资领域的研究和学术合作进行了展望。这些进展显示了 GRASFI 在全球可持续金融领域的活跃参与和影响力，以及其在促进学术交流和推动可持续金融实践方面的贡献。

（二）可持续金融政策洞察、研究和交流国际网络

INSPIRE 则聚焦气候与环境相关风险的金融监管及推进绿色和可持续金融发展。INSPIRE 成立于 2019 年，由气候工作基金会和伦敦政治经济学院格兰瑟姆气候变化与环境研究所共同设立，为中央银行与监管机构绿色金融网络提供学术支持。[①] INSPIRE 的主要职能包括开展研究和政策项目征集，委托研究项目，主要围绕中央银行和金融监管机构应对可持续相关挑战，如气候情景分析、气候风险审慎监管、气候变化和货币政策、生物多样性和金融稳定等领域。[②]

2023 年，INSPIRE 继续在全球绿色金融体系的研究与政策推进中发挥重要作用。INSPIRE 进一步深化了对自然相关金融风险的研究，特别是环境退化、森林砍伐和土地使用变化对宏观经济的影响。通过与马来西亚国家银行和菲律宾中央银行的合作，INSPIRE 推动了对气候变化、土地利用变化等环境议题与经济稳定之间复杂关系的探索，填补了当前研究的空白。

与此同时，INSPIRE 与 NGFS 密切合作，推动生物多样性丧失对金融系统影响的研究。双方共同发起了多个项目，帮助中央银行和金融监管机构识别并评估这些风险，提出有助于实现生态正效应的金融政策建议。这些合作提高了气候变化和生物多样性丧失相关问题在政策层面的优先级。

2023 年，INSPIRE 还发布了多项关键研究成果，为金融机构和政策制定者提供数据支持。例如，研究表明碳税与金融摩擦可能对国际经济产生溢出效应，以及气候变化对全球南方国家经济和金融稳定有潜在威胁。这些研

① “INSPIRE Green Finance”，https：//www. inspiregreenfinance. org/.

② 王遥、毛倩、赵鑫：《深化绿色与可持续金融人才培养和学术合作》，《中国金融》2024 年第 1 期。

究不仅扩展了对金融风险的认知，也为可持续经济转型提供了实用工具和政策框架。

此外，INSPIRE 通过资助研究项目持续推动新兴议题的探索，资助领域涵盖气候压力测试场景开发、中央银行可持续工具箱等。这些举措巩固了 INSPIRE 作为全球可持续金融研究领导者的地位，进一步推动了绿色经济发展。

四　绿色金融双边合作机构与合作机制

全球绿色金融双边合作机构是指不同国家之间建立的旨在促进绿色金融发展的合作机构。这些机构通常由各国央行、监管机构或金融机构共同发起，目的是通过政策协调、标准制定和资金流动等方式，推动绿色金融的发展，支持低碳经济转型和可持续发展目标。

（一）中国—新加坡绿色金融工作组（GFTF）

2023 年，新加坡金融管理局和中国人民银行联合成立 GFTF，旨在深化两国在绿色金融和转型金融领域的合作，以更好地满足亚洲向低碳未来转型的需求。① 加入该合作的中国成员包括中国金融学会绿色金融专业委员会、北京绿色交易所以及中金公司、蚂蚁集团等。该工作组的成立标志着中国、新加坡两国在绿色金融领域的合作进入了一个新的阶段，并为推动区域内的可持续发展提供了重要平台。

GFTF 首次会议于重庆举行。工作组讨论了旨在扩大中国、新加坡及区域间绿色和转型融资流动的联合举措。GFTF 下设三个研究小组，重点关注分类标准、绿色金融产品与工具创新、碳市场等优先领域。

1. 中新绿色金融分类标准

中国人民银行和新加坡金融管理局将在 IPSF 下合作，致力于提升两国

① "Singapore and China Establish Green Finance Taskforce to Strengthen Collaboration in Green and Transition Finance", MAS, https://www.mas.gov.sg/news/media-releases/2023/singapore-and-china-establish-green-finance-taskforce.

可持续分类标准的互操作性，并随后合作加强对 IPSF 共同基础分类标准的使用①，同时加深对中国和新加坡所定义的转型活动的理解。

2. 绿色金融产品与工具创新

相关小组关注绿色金融产品的开发和创新，由中金公司与新加坡证券交易所（SGX）联合设立，关注绿色金融产品的开发和创新，以加强中国和新加坡之间的可持续债券市场连通性，包括在中国和新加坡发行及相互获取绿色与过渡债券产品，旨在促进两国之间的绿色金融流动。

3. 利用金融科技支持绿色金融和碳市场发展

北京绿色交易所与新加坡元宇宙绿色交易所将建立相关工作流程，专注于利用金融科技支持绿色金融和碳市场的发展。例如，中汇绿色交易所和北京绿色交易所正在开发碳核算和脱碳评级平台，以帮助投资者更好地管理碳排放，同时试点发行带有碳信用的数字绿色债券。

（二）英国：绿色金融中心、工作组、绿色增长股权基金

英国在绿色金融双边合作领域持续发挥全球引领作用，与众多发展中国家积极开展广泛而深入的合作，并取得了显著进展。

中英两国在绿色金融领域的合作不断深化。在 2017 年第五届中英能源对话期间，双方正式签署了《中英清洁能源合作伙伴关系实施行动计划》，致力于共同促进两国在清洁能源领域进行广泛、全面且持久的合作。2019 年第十次中英经济财金对话期间，中英双方再次确认彼此是绿色金融发展的重要合作伙伴。两国在绿色金融领域的合作机制和机构主要包括中英绿色金融中心和中英绿色金融工作组。

1. 中英绿色金融中心

中英绿色金融中心由中国金融学会绿色金融专业委员会和伦敦金融城共同成立，旨在加强两国在绿色金融领域的合作，促进全球向环境可持续发展

---

① "Monetary Authority of Singapore and People's Bank of China Advance Collaboration in Green and Transition Finance", MAS, https://www.mas.gov.sg/news/media-releases/2024/mas-and-peoples-bank-of-china-advance-collaboration-in-green-and-transition-finance.

过渡。中英绿色金融中心的成立标志着两国在绿色金融领域合作进入了一个新的阶段，双方通过该平台加强了绿色标准协调，并支持 UK PACT 中国绿色金融合作项目。

2. 中英绿色金融工作组

该工作组是在中英经济财金对话下建立的双边合作机制，于 2018 年正式启动。工作组的主要任务是围绕金融机构气候与可持续信息披露工作，总结交流优秀实践经验，促进金融机构气候与可持续信息披露实践建议的推广和披露水平的提升。

在与印度的合作方面，两国通过联合基金在绿色股权投资方面展开了密切的双边合作。在第九轮英印经济和金融对话（EFD）期间，印度和英国宣布启动绿色增长股权基金（Green Growth Equity Fund，GGEF）的早期市场参与活动。两国已向该基金投入超过 2.4 亿英镑的锚定资本①，并预计将从机构投资者处筹集更多资金，旨在为印度的绿色和可再生能源基础设施项目吸引国际投资。2023 年，英国财政大臣与印度财政部部长会晤，宣布了一系列经济合作及金融承诺，探讨印度公司在伦敦上市的方案，以及建立新的退休金和保险合作伙伴关系，支持两国产业发展。

在与巴西的合作方面，英国与巴西在绿色金融领域的合作主要通过经济财金对话进行。双方已经建立绿色金融合作伙伴关系，以推动两国的可持续发展。2019 年，英国通过发行绿色债券融资，向巴西农民提供低息贷款，助力巴西大豆实现可持续生产。

（三）法国开发署（AFD）

AFD 作为代表法国政府执行法国发展援助的金融机构，致力于推动可持续发展和应对气候变化，其资金主要用于支持低碳和环保型经济转型。② AFD 在推动可持续发展和应对气候变化方面与世界各国展开了广泛的双边

---

① Confederation of Indian Industry, *India-Uk Business Cooperation*, 2021.

② "The Agence Française de Développement Group", AFD, https://www.afd.fr/en/agence-francaise-de-developpement-group.

合作。

自2004年在中国开设北京代表处起，AFD与中国财政部和国家发展改革委合作，在中国开展了多个涉及城市可持续发展、能源效率提升、清洁能源发展等领域的项目，旨在助力中国向低碳经济转型。AFD以“可持续发展和应对气候变化”为宗旨开展业务，前期主要开展主权贷款业务。2016年起，为提升能源效率，AFD在中国与南京银行等金融机构开展非主权贷款业务[①]，在绿色金融双边合作上提供资金支持与技术援助。

在与其他发展中国家的合作上，AFD与巴西开发银行合作，通过提供资金和技术援助，支持发展生物质能、光伏能源等可持续项目。[②] 2021年，AFD与毛里求斯的银行合作，推动绿色和包容性增长，并提供信贷额度以支持小规模绿色投资项目。[③]

（四）德国复兴信贷银行（KfW）、德国国际合作机构（GIZ）、德意志证券交易所（FWB）

德国在绿色金融全球双边合作中扮演了重要角色，通过多个机构和合作模式推动可持续金融的发展。

KfW是代表德国政府执行德国发展援助的金融机构以及执行国际团结政策的公共机构。KfW在绿色金融双边合作上取得了诸多进展，其通过德国经济合作与发展部（BMZ）为拉丁美洲绿色债券基金提供初始资金，支持拉丁美洲在绿色债券市场的投资活动[④]；与印度小型企业发展银行（SIDBI）签订5400万欧元资金援助协议，以支持印度清洁技术领域的中小

① 《法国非主权贷款首进中国　携手南京银行助力绿色金融》，国务院国资委网站，2019年6月4日，http://www.sasac.gov.cn/n2588025/n2588129/c11410301/content.html；《十大特色产品——法国开发署（AFD）绿色中间信贷》，浦发银行网站，https://cor.spdb.com.cn/minisite/minisite1/cxcp_5.shtml。

② AFD, *Scaling up Public Development Banks Transformative Alignment with the 2030 Agenda for Sustainable Development*, 2020.

③ UN, *Greening the SMEs: lmproving SME Access to Green Finance in Mauritius*, 2021.

④ 《IIGF观点丨德国绿色金融发展现状与中德绿色金融合作展望》，中央财经大学绿色金融国际研究院网站，2023年5月14日，https://iigf.cufe.edu.cn/info/1012/6859.htm。

微企业。[①] 此外，KfW 为发展中国家和新兴经济体提供资金支持，资金主要用于改善气候变化、环境保护和绿色信贷等领域，且在非洲、亚洲、拉丁美洲和东欧等多个地区开展项目，致力于实现可持续发展目标。

在中德双边合作中，GIZ、FWB 发挥了重要作用。GIZ 自 2015 年起在中国开展了一系列绿色金融与可持续金融领域的合作项目[②]，旨在推进中国的可持续金融体系发展，提高中国环境保护和应对气候变化方面的能力。此外，FWB 也积极与中国金融机构开展广泛合作。2022 年，FWB 对外宣布与中国广州期货交易所签署谅解备忘录，正式确立合作伙伴关系，着力探寻绿色金融领域的国际合作路径，并深入探讨在碳排放权等绿色发展类产品方面开展合作的可行性。[③] 同年，FWB 与中国邮储银行联合发布“STOXX 中国邮政储蓄银行 A 股 ESG 指数”，并将该指数纳入 FWB 数据库服务范畴。[④] 该指数以中央财经大学绿色金融国际研究院自主研发的 ESG 评级体系及数据库为基础，兼顾国际标准，为全球投资者在中国的投融资活动提供了更为全面且科学的 ESG 决策参考。

五　绿色金融多边合作机构与合作机制

在全球应对气候变化与推动绿色金融发展进程中，国际多边组织、多边气候基金和多边开发银行通过多种合作机制和资金支持方式，共同推动全球绿色金融的发展，助力实现可持续发展目标。

---

① “Approximately EUR 1 Billion for the Energy Transition in India：KfW Supports Indo-German Solar Energy Partnership”，KfW，https：//www.kfw.de/About - KfW/Newsroom/Latest - News/Pressemitteilungen-Details_ 791360.html.

② “Worldwide-China”，GIZ，https：//www.giz.de/en/worldwide/107925.html.

③ 《［中国证券报］广州期货交易所与德意志交易所集团签署谅解备忘录》，中国期货业协会网站，2022 年 1 月 20 日，https：//www.cfachina.org/industrydynamics/mediaviewoffuturesmarket/202201/t20220120_ 25136.html。

④ 《邮储银行携手德交所发布“STOXX 邮银 ESG 指数”助推中国 ESG 市场高质量发展》，中国邮政储蓄银行网站，2022 年 3 月 3 日，https：//www.psbc.com/cn/gyyc/ycfm/ycdt/202203/t20220303_ 169027.html。

（一）国际多边组织及合作机制

1. 联合国

联合国作为全球推动可持续发展和应对气候变化的关键组织，近年来在绿色金融领域取得了重要进展。支持可持续金融发展合作的联合国机构主要有《联合国气候变化框架公约》秘书处、联合国环境规划署（UNEP）、联合国开发计划署（UNDP）、联合国经济和社会事务部（UN DESA）、气候融资高层小组（High-Level Climate Finance Group）。

（1）《联合国气候变化框架公约》秘书处。《联合国气候变化框架公约》秘书处成立于1992年，在应对全球气候变化方面发挥了关键作用。秘书处每年组织和支持2~4次谈判会议，其中最重要的是缔约方会议（COP）①，自1995年首次会议在德国柏林召开以来，每年举行一次，讨论和监督公约的实施情况。除此之外，秘书处还组织附属机构的年度会议以及大量研讨会和其他会议。截至2023年底，《联合国气候变化框架公约》已有197个缔约国和1个区域经济一体化组织。②

《联合国气候变化框架公约》自1992年通过以来，经历了多个重要的发展阶段，逐步形成了全球应对气候变化的法律框架和国际合作机制。《联合国气候变化框架公约》是1997年《京都议定书》及2015年《巴黎协定》的母条约，其成功推动了《京都议定书》和《巴黎协定》的制定和实施。1997年的COP3会议上，各缔约国通过了《京都议定书》，这是第一个具有法律约束力的减排协议，要求发达国家减少温室气体排放。2015年，COP21会议达成《巴黎协定》，旨在将全球平均气温升幅控制在工业化前水平以上2℃以内，并努力控制在1.5℃以内，是全球气候治理的重要里程碑。2023年召开的COP28会议期间，各国完成了对《巴黎协定》的首次全球盘

① “About Us”, UNFCCC, https: //unfccc. int/zh/about-us/about-the-secretariat.

② “Status of Ratification of the Convention”, UNFCCC, https: //unfccc. int/process-and-meetings/the-convention/status-of-ratification-of-the-convention.

点，评估了自《巴黎协定》签署以来的气候行动进展。[①] 各国达成了多项重要共识[②]，首次就转型远离化石燃料达成协议，制定了减少温室气体排放的路线图；通过了气候“损失与损害”基金协议，确定了资金来源和托管机构；承诺为绿色气候基金等增资；油气公司承诺大幅削减甲烷排放并结束常规燃除；就全球适应目标及其框架达成一致，以增强气候韧性；发布了《全球临界点》报告，强调气候系统面临越过临界点的风险。此外，多国签署了关于韧性粮食体系和气候行动的宣言，以及批准了《全球降温承诺》。这些成果标志着国际社会在应对气候变化方面取得了实质性进展。

（2）UNEP。UNEP 成立于 1972 年，是联合国系统内负责环境事务的权威机构，致力于推动全球环境保护和可持续发展。UNEP 通过联合国环境规划署金融倡议，与全球金融部门建立了紧密的合作关系，促进可持续金融的发展。

2023 年，UNEP 围绕气候、自然、污染等多方面开展工作，在应对全球环境危机方面取得诸多进展。[③] COP28 召开前夕，UNEP 发布一系列分析报告揭示了气候危机的严峻性，并为政策制定者提供了应对策略。[④]《2023 年排放差距报告》[⑤] 指出，当前的气候承诺可能导致全球平均温度升高 2.5~2.9℃，远超《巴黎协定》设定的目标，并强调为实现 1.5℃的温控目标，2030 年前全球温室气体排放需减少 42%。《2023 年生产差距报告》[⑥] 则显示，尽管存在气候承诺，顶级化石燃料生产商仍计划增加产量，这将消耗 1.5℃温控目标下的碳预算。此外，《2023 年适应差距报告》[⑦] 发现，适应

① “About COP28”, UNFCCC, https://unfccc.int/process-and-meetings/conferences/un-climate-change-conference-united-arab-emirates-nov/dec-2023/about-cop-28.

② “Documents and Decisions”, UNFCCC, https://unfccc.int/decisions.

③ “Annual Report 2023 Keeping the Promise”, UNFCCC, https://www.unep.org/annualreport/2023.

④ UNEP, *Keeping the Promise Annual Report 2023*, 2023.

⑤ “Emissions Gap Report 2023”, UNEP, https://www.unep.org/resources/emissions-gap-report-2023.

⑥ “Production Gap Report 2023”, UNEP, https://www.unep.org/resources/production-gap-report-2023.

⑦ “Adaptation Gap Report 2023”, UNEP, https://www.unep.org/resources/adaptation-gap-report-2023.

气候变化的资金缺口比预期大 50%，发展中国家每年需要 2150 亿~3870 亿美元以应对气候影响。这些报告的分析结果在 COP28 期间被广泛讨论，并在最终的全球盘点决议中得到体现。

2023 年联合国大会期间，UNEP 参与举办了可持续发展目标峰会①及气候雄心峰会②。可持续发展目标峰会强调加速全球气候行动的需要，加强减排承诺与气候融资，推动每年 1000 亿美元的气候融资和技术支持向发展中国家流动。③ 气候雄心峰会主要聚焦提升雄心、加速行动和增强合作三方面，为全球气候治理注入了新的动力。

（3）UNDP。UNDP 成立于 1965 年，是联合国系统内负责全球发展工作的主要机构之一。UNDP 的使命是通过支持各国政府和合作伙伴，推动全球可持续发展、消除贫困、促进人类尊严和环境保护。UNDP 在绿色金融领域的工作进展主要集中于推动可持续金融体系的发展，以应对气候变化、促进环境保护以及支持实现联合国可持续发展目标。

2023 年，UNDP 在绿色金融领域取得多方面进展。作为气候政策重要的推动者和气候援助主要提供者，UNDP 全球气候项目规模达 23 亿美元，援助 142 个国家，惠及超过 3700 万人。④ 在能源领域，“能源 Moonshot”项目通过合作增加了人们获得清洁能源的机会，并自 2022 年以来帮助减少了 8200 万吨二氧化碳排放。在全球层面，UNDP 积极助力各国获取多边气候基金融资，2023 年相关基金批准赠款并承诺追加资金。在具体国家层面，UNDP 支持乌兹别克斯坦政府发行绿色债券用于环境和交通项目；在亚美尼亚成功筹集资金推动脱碳与能源领域实现包容性发展；在

---

① 《联合国 2023 年可持续发展目标峰会》，联合国网站，https：//www. un. org/sustainabledevelopment/zh/%E8%81%94%E5%90%88%E5%9B%BD-2023-%E5%B9%B4%E5%8F%AF%E6%8C%81%E7%BB%AD%E5%8F%91%E5%B1%95%E7%9B%AE%E6%A0%87%E5%B3%B0%E4%BC%9A/。

② 《2023 年气候雄心峰会》，联合国网站，https：//www. un. org/zh/climatechange/climate-ambition-summit。

③ 《联合国气候变化大会》，联合国网站，https：//news. un. org/zh/story/2024/11/1133371。

④ 《联合国开发计划署发布 2023 年度报告：富有雄心 携手共进》，https：//www. undp. org/zh/china/publications/lianheguokaifajihuashufabu2023niandubaogaofuyouxiongxin-xieshougongjin。

蒙古国参与可持续金融周并支持政府制定融资框架，同时开发了SDG债券框架和性别债券框架等创新金融工具，为实现可持续发展目标持续贡献力量。

（4）UN DESA。UN DESA是联合国六大主要机构之一，负责协调全球经济、社会和环境三个层面的可持续发展。① UN DESA进行全球经济、社会、环境等方面的分析和研究，发布报告和数据，提供决策支持。UN DESA的研究涵盖多个领域，包括经济发展、社会进步、环境保护、减少贫困、可持续发展等，为联合国大会和经济及社会理事会提供技术性支持和政策建议。

为应对全球可持续发展面临的诸多挑战，UN DESA积极推动政策行动，支持成员国就扩大可持续发展融资达成共识，在发展合作论坛等场合凝聚各方力量，为后续行动奠定基础。在《2022~2023年工作重点报告》② 中，UN DESA深入研究并指出SDG融资需求增长但发展融资滞后的现状，呼吁国际社会在关键领域发力，为决策提供有力依据，尤其关注森林等领域投资，管理相关融资促进网络，筹备森林保护项目，强调森林对实现可持续发展目标的重要性，致力于通过多维度举措填补绿色金融缺口，推动全球向可持续发展转型。

2.经济合作与发展组织（OECD）

OECD是一个政府间国际经济组织，其前身是1948年成立的欧洲经济合作组织（OEEC），最初目的是在马歇尔计划下帮助重建欧洲经济。目前，其主要目标为通过政策协调、经济分析、数据共享和技术合作，帮助各国提高生活水平，促进可持续的经济发展。③

OECD通过多种合作机制推动全球绿色金融的普及与发展。在绿色金融政策和工具的标准制定方面，OECD为各国政府提供绿色金融政策建议，并推动国际上绿色金融标准的制定和协调。其主要工作之一是推动全球绿色债

① "About Us"，ECOSOC，https：//ecosoc. un. org/en/about-us.

② UN DESA，*UN DESA Annual Highlights Report 2022-2023*，2023.

③ "The OECD：Better Policies for Better Lives"，OECD，https：//www. oecd. org/en/about. html.

券标准、ESG 报告标准等的统一。OECD 参与了绿色债券市场的发展，尤其是在制定绿色债券认证标准方面，推动透明和标准化的绿色债券发行，使投资者能够有效识别符合绿色标准的项目。另外，OECD 还支持气候相关财务信息披露工作组的倡议，推动企业和金融机构披露面临的气候风险，以帮助投资者更好地评估 ESG 因素的影响。在绿色金融研究方面，OECD 每年发布环境、社会、治理、能源等多方面的研究报告，如发布《2023 年气候行动监测》①，通过“气候行动仪表板”跟踪评估气候目标进展情况的关键指标，并监测国家气候和环境状况。②

（二）多边气候基金

多边气候基金汇集公共部门、私营部门以及其他融资渠道的资金，这些资金跨越地方、国家层面，专门用于支持减缓气候变化影响和适应气候变化的行动。根据《联合国气候变化框架公约》及后续的《京都议定书》《巴黎协定》，资金充裕的缔约方被鼓励向资金匮乏且更为脆弱的缔约方提供财政援助。

多边气候基金主要可分为四类：气候变化适应基金、气候变化缓解基金、减少毁林和森林退化所致排放（REDD+）基金、多目标基金。气候变化适应基金旨在面对实际或预期的气候刺激及影响时采取调整措施，这些调整措施有助于减轻气候变化带来的负面影响或利用其带来的有利机会。气候变化缓解基金旨在通过技术变革和替代手段，减少单位产出的资源消耗和温室气体排放。REDD+基金旨在减少森林砍伐和森林退化导致的排放，推动森林保护、可持续管理以及增加森林碳储量。多目标基金则聚焦多个目的进行气候融资，推动低碳和气候适应相关项目及政策实施。根据 Climate Funds Update 的统计，截至 2023 年 12 月多边气候基金情况见表 10。

① “The Climate Action Monitor 2023”，OECD，https：//www.oecd.org/en/publications/the-climate-action-monitor-2023_60e338a2-en.html.

② “Climate Action Dashboard”，OECD，https：//www.oecd.org/en/data/dashboards/climate-action-dashboard.html.

表 10　截至 2023 年 12 月多边气候基金基本情况

单位：百万美元，个

基金类型	承诺金额	存款金额	批准金额	发放金额	获批项目数量
气候变化适应基金	6190. 59	5551. 19	4294. 02	2620. 49	890
气候变化缓解基金	9186. 86	9179. 16	6314. 48	2439. 93	318
REDD+基金	5871. 69	4921. 74	3495. 03	2154. 28	345
多目标基金	39792. 26	24334. 92	19368. 83	6349. 57	1875
总计	61041. 41	43987. 01	33472. 36	13564. 27	3428

注：分项合计与总计不等，系数值修约所致。
资料来源：Climate Funds Update。

按国家收入水平分类，多边气候基金中高收入国家认捐额占比接近 95%（见表 11），出资额前五位的分别为美国、英国、德国、日本、法国。

表 11　按国家收入水平分类的多边气候基金情况

单位：百万美元，%

国家收入水平	认捐额	占比	存款额
高收入	57869. 80	94. 80	40921. 50
中高收入	109. 38	0. 18	89. 99
中低收入	42. 36	0. 07	38. 27
不适用	3019. 87	4. 95	2937. 25
总计	61041. 41	100. 00	43987. 01

资料来源：Climate Funds Update。

（三）多边开发银行（MDBs）

多边开发银行是由多个国家或地区共同成立的国际金融机构，旨在通过提供资金、技术援助和政策支持，促进成员的经济发展、减少贫困、推动可持续发展以及应对全球性挑战，如气候变化、基础设施建设和社会福利等。1944 年成立的世界银行是最大、最具影响力的多边开发银行。此外，一些地区性银行，如非洲开发银行、亚洲开发银行、欧洲复兴开发银行、美洲开发银行，以及若干次地区银行，如安第斯开发公司、加勒比开发银行、中美洲经济一体化银行、东非开发银行和西非开发银行等，也在推动全球合作、绿色金融发展等方面扮演了至关重要的角色。

多边开发银行通过建立气候融资规则体系、增加气候融资投入、提升气候融资透明度等方式推动全球绿色金融发展。

1. 建立气候融资规则体系

以与《巴黎协定》对标为主要动力，多边开发银行依据《气候减缓资金追踪的共同原则》和《气候适应资金追踪共同原则》等重要指导基础，建立一整套气候融资规则，包括提出“基于成果的气候融资”框架、“碳促进发展倡议”、与客户国联合制定“标准化信用框架”等，增强了国际金融机构发展气候融资的共识。同时，多边开发银行负责对气候融资的概念界定、资金分配及资金追踪监测等内容予以软法规则确认。

2. 增加气候融资投入

多边开发银行通过绿色债券、绿色贷款等融资工具，为各国的可持续能源、气候适应、污染防治等领域的项目提供了大量资金支持。欧洲投资银行（EIB）发布的《多边开发银行气候融资报告 2023》[①] 指出，2023 年全球多边开发银行的气候融资总额达到 1250 亿美元，自 2019 年以来再次翻倍增长；资金流向得以优化，向高收入经济体提供 503 亿美元，另有 747 亿美元用于中低收入经济体，其中 247 亿美元用于气候变化适应项目、500 亿美元用于缓解项目，缩小气候融资贫富差距。另外，多边开发银行计划在 2025 年前每年为全球提供至少 650 亿美元的气候融资，其中 500 亿美元将用于中低收入和中等收入经济体，以实现私营部门每年 400 亿美元的气候融资目标。

① EIB, *2023 Joint Report on Multilateral Development Banks' Climate Finance*, 2023.

3. 提升气候融资透明度

多边开发银行应公布基本数据，如世界银行公开数据，包括向发展中国家交付的气候融资具体数额等，并发布《国别气候与发展报告》，提供国家层面的新诊断工具，汇集深层次数据和分析结果，确定各国需求、挑战和优先行动。另外，建立专门针对发达国家气候融资承诺履行情况的监督机制，包括定期审查、数据收集与核实、评估报告发布等，以跟踪气候融资的进展和资金去向。

六　国际合作挑战与展望

（一）绿色金融国际合作挑战

1. 全球气候行动与《巴黎协定》目标仍有差距

尽管在 COP28 的全球盘点中，全球在应对气候变化方面取得了一定进展，但与《巴黎协定》设定的气候目标仍有较大差距。

目前，全球气候行动仍与《巴黎协定》控制升温目标存在显著差距。根据 UNEP 的《排放差距报告》①，2023 年全球温室气体排放量再次创下新高，达到 571 亿吨二氧化碳，比 2022 年增长了 1.3%。各国提交的国家自主贡献目标依然无法确保实现《巴黎协定》目标，按现有行动路径，预计 21 世纪全球气温将灾难性地上升 2.6~3.1℃。虽然 1.5℃温控目标在技术上依然有可能实现，但这需要付出巨大努力且时间紧迫。根据《巴黎协定》要求，各国将在 2025 年更新提交到 2035 年的国家自主贡献目标，各国必须在更新的计划中大幅提高气候雄心，并立即采取切实行动，才能有可能实现控制升温的目标。

此外，发达国家未能完全履行减排承诺，并且未兑现对发展中国家的气

① “The World isn't on Track to Meet Paris Agreement Goals, Says UN Climate Review”, Politico. eu, https://www.politico.eu/article/paris-agreement-goals-failed-climate-change-global-warming-united-nations-climate-review/.

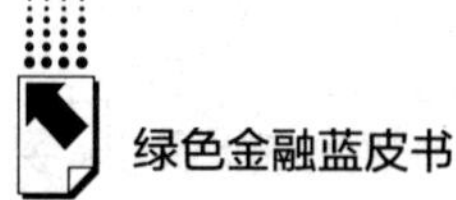

候资金和技术援助承诺。OECD 第七次评估《联合国气候变化框架公约》目标进展情况[①]时发现，2022 年发达国家为发展中国家提供和调动的气候资金总额达 1159 亿美元，首次突破了每年 1000 亿美元的目标（见图 4），相较于原定的 2020 年目标晚了两年实现。[②] 这不仅影响了发展中国家的应对气候变化能力，也阻碍了全球减排和适应气候变化的整体进展。

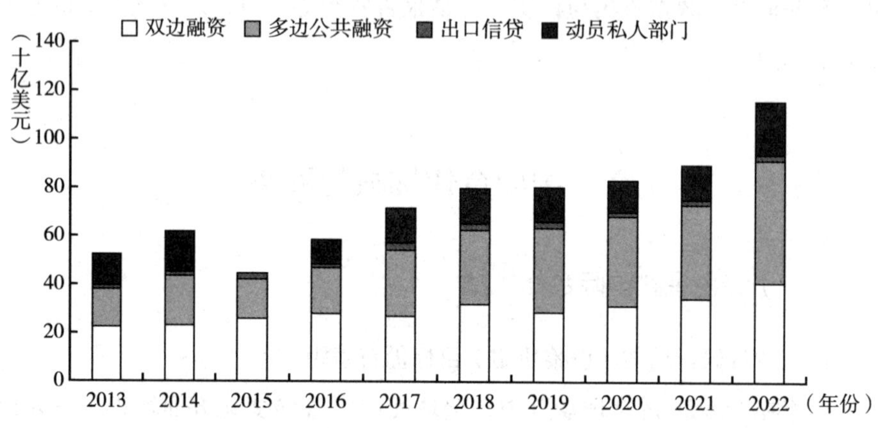

图 4　2013~2022 年发达国家为发展中国家提供和调动的气候融资

资料来源：OECD。

2. 绿色标准不统一

在绿色金融国际合作中，全球不同国家和地区在绿色金融领域制定了各自的政策和标准，缺乏统一性。绿色产业分类标准方面，不同国家和地区在绿色产业分类框架上存在显著差异。虽然《中欧共同分类目录》致力于统一中欧双方在气候变化和可持续发展方面的定义与标准，但中欧双方在具体定义、分类标准和数据要求上的差异仍然存在。同时，绿色投资的评估标准需要统一的国际认证和监管框架，但目前在全球范围内，绿色金融标准和认证体系的实施仍然面临较大困难。如何确保《中欧共同分类目录》在跨境

---

① "Climate Finance for Developing Countries", OECD, https://www.oecd.org/en/topics/climate-finance-and-the-usd-100-billion-goal.html.

② OECD, *Climate Finance Provided and Mobilised by Developed Countries in 2013-2022*, 2023.

绿色投资中得到有效执行，并且避免“漂绿”现象也是一大挑战。环境信息披露标准方面，各国气候相关财务信息披露工作组、金融稳定委员会、全球报告倡议组织等机构提供的原则性和框架性标准存在显著差异。这些差异增加了商业性金融机构在环境信息披露方面的沟通成本和壁垒。ESG 市场规范方面，ESG 市场在国际政治环境影响下的不确定性增强，同时 ESG 报告在全球的披露趋于规范化，各类规范的可比较性逐步增强。

3. 绿色贸易保护主义兴起

近年来，绿色贸易壁垒加剧了发达国家与发展中国家在气候问题上的分歧。2023 年，欧盟通过了碳边境调整机制①和新电池法案②等贸易新规，设立准入条件或征收惩罚性费用，限制高碳产品进入欧盟市场。这标志着欧盟以“碳排放”为关键指标的贸易限制政策的出台，增加了国际气候与经贸合作的复杂性。发达国家纷纷效仿，推动碳关税政策落地。其中，英国宣布将于 2027 年实施碳边境调整机制，成为继欧盟后全球第二个实施碳关税的经济体，日本、加拿大也在积极探索类似措施。发展中国家尤其是基础四国（巴西、南非、印度和中国）强烈反对这些措施，认为碳关税违反了《巴黎协定》和《京都议定书》的合作精神，损害了发展中国家的经济利益。

4. 国际政治不确定性

国际政治的不确定性给绿色金融全球合作带来了诸多严峻挑战。一方面，国际政治的不确定性直接构成了合作的阻碍，让各方在绿色金融国际合作中达成共识以及推进合作的难度大大增加。另一方面，国际政治的不确定性加剧了绿色金融国际合作本身的复杂性。以美国为例，其两党领导下的气候政策反复变化，致使全球绿色金融市场产生了巨大的不稳定性，进而对跨国投资者的信心及行为造成了影响。此外，各国在应对气候变化与推动绿色

---

① “EU Carbon Border Adjustment Mechanism（CBAM）Takes Effect with Transitional Phase”, ICAP, https://icapcarbonaction.com/en/news/eu-carbon-border-adjustment-mechanism-cbam-takes-effect-transitional-phase.

② “Circular Economy: New Law on More Sustainable, Circular and Safe Batteries Enters into Force”, European Commission, https://environment.ec.europa.eu/news/new-law-more-sustainable-circular-and-safe-batteries-enters-force-2023-08-17_en.

金融时，政策立场存在显著差异，发达国家和发展中国家在绿色金融投资、气候资金支持等关键方面有着不同诉求，而国际合作往往会受到政治博弈以及利益冲突的干扰，导致绿色金融国际合作的进展颇为缓慢。这些政治因素的复杂交织，提高了绿色金融国际合作的难度，阻碍了全球气候目标的实现。

（二）绿色金融国际合作展望

1. 加强全球绿色金融标准的统一与协调

加强绿色金融国际合作首先需要解决政策和标准的不统一问题。加强全球绿色金融标准的统一与协调是实现可持续金融目标的关键。目前，多个国际标准体系已在绿色金融领域实现广泛应用，其中，欧盟的《可持续金融分类方案》成为全球广泛采用的绿色金融分类标准之一，而国际资本市场协会发布的《绿色债券原则》和气候债券倡议组织的《气候债券标准》构成了绿色债券的国际主流标准框架。这些标准为资金募集、项目评估、资金管理和信息披露等方面提供了清晰的指导，也为全球绿色金融市场的健康发展奠定了基础。尽管这些国际标准为全球绿色金融市场提供了重要框架，但全球绿色金融标准体系的统一与协调仍然面临挑战。未来需要加强全球绿色金融标准的统一与协调，推动各国标准的互认和融合。

2. 督促发达国家落实气候援助资金

针对当前绿色金融发展不平衡的现状，需要督促发达国家落实气候援助资金的承诺。2009 年以来，发达国家在《联合国气候变化框架公约》下承诺，每年向发展中国家提供 1000 亿美元的气候融资，以支持发展中国家应对气候变化的减缓和适应工作。然而，实际融资情况远未满足应对气候变化的紧迫需求。在这样的背景下，全球绿色金融国际合作亟须强化对发达国家气候援助资金承诺的监督与落实。各国应明确气候融资的透明度要求，确保资金真正用于发展中国家应对气候变化的核心领域，而非其他与气候无关的投资项目。同时，国际气候谈判和合作平台如《巴黎协定》框架内的气候资金机制，须加强对发达国家承诺履行情况的审查与反馈，推动全球气候资金的公正、透明分配。发达国家应履行历史责任，提供切实可行且透明的气候资金支持，以促进全球气候目标的实现，确保发展中国家能够有效应对气候变化带来的挑战。

总体而言，推动发达国家真正履行气候资金承诺，对于促进全球绿色金融体系的公平性和有效性至关重要。这不仅是全球气候行动的必要保障，也是推动绿色金融国际合作、实现全球可持续发展的关键举措。

专 题 篇

B.4
金融机构气候相关风险压力测试及国际实践报告

石 琳　刘思辰　王瑾喆*

摘　要：　气候变化是21世纪人类面临的重大挑战之一，其潜在风险正逐渐渗透到全球经济、金融系统和社会结构的各个层面。随着极端天气事件频发、海平面上升以及生态系统破坏加剧，气候变化不仅威胁着环境的可持续性，还深刻影响着企业的正常运营、金融市场的稳定以及各国政府的政策制定。在金融领域，气候风险已成为系统性风险的重要组成部分，这要求金融监管机构、金融机构及市场参与者必须高度重视并积极应对相关潜在经济冲击。为评估气候变化对金融系统的潜在影响，并为政策制定提供科学依据，气候风险压力测试应运而生，成为一种至关重要的工具。它通过模拟不同气候情景下的经济和金融市场表现，帮助金融机构识别和量化其在各种气候情

* 石琳，中央财经大学绿色金融国际研究院国际合作与发展研究中心副主任、高级研究员，研究方向为可持续金融、能源转型；刘思辰，中央财经大学绿色金融国际研究院助理研究员，研究方向为可持续金融；王瑾喆，中央财经大学金融学院在读博士生，研究方向为绿色金融、资产定价。

景中的脆弱性，从而增强其对气候风险的适应能力。随着《巴黎协定》和全球绿色金融倡议的推进，各国金融监管机构纷纷引入气候风险压力测试，旨在提高金融系统的气候韧性，促进低碳经济的平稳过渡。本报告将深入探讨气候风险压力测试的背景、方法、实施过程及其在全球金融监管中的应用，并通过具体案例展示如何利用这一工具评估不同气候情景下金融机构的风险敞口，同时探讨气候风险压力测试面临的挑战与未来发展方向。

关键词： 气候变化　气候风险压力测试　物理风险　转型风险

一　气候风险压力测试概述

随着全球气候变化问题的日益严峻，金融系统正面临前所未有的风险挑战。气候变化不仅是环境议题，更深刻影响着全球经济、金融市场以及企业运营。极端天气事件、海平面上升、资源短缺以及转型过程中出现的政策调整和技术革新，均可能对金融系统稳定性造成直接或间接影响。气候风险，特别是物理风险（如自然灾害）和转型风险（如政策变化、市场调整等），正逐渐成为金融监管和风险管理的重要议题。

气候风险压力测试作为一种评估金融系统对气候变化冲击应对能力的方法，已逐步成为全球金融监管机构和金融机构的重要手段之一。通过模拟不同的气候情景，压力测试能够揭示金融机构在极端气候变化背景下可能面临的风险，并帮助制定相应的应对策略。这些压力测试不仅有助于金融机构识别自身暴露的气候风险，还为政策制定者提供了评估金融系统稳定性的重要依据。

随着气候变化对全球经济的影响逐渐加深，国际社会对气候风险压力测试的关注也日益增多。各国金融监管机构和金融机构纷纷开始将气候风险纳入压力测试框架，并采用多种方法和情景设定来评估气候变化对金融系统稳定性的潜在威胁。特别是欧洲央行（European Central Bank，ECB）

和中国人民银行等主要金融监管机构，已推出了针对气候风险的压力测试项目，并根据不同地区的气候变化特征和金融市场情况，设计了相应的测试方案。

二　欧盟气候风险压力测试

（一）欧盟气候风险压力测试的背景

欧盟作为应对气候风险的先驱者之一，一直积极推动气候风险压力测试，并公布多项气候风险压力测试结果。

此前，欧盟积极推动金融系统应对气候风险。欧洲金融监管体系中的三大微观审慎监管机构，即 ECB、欧洲证券和市场管理局（European Securities and Markets Authority，ESMA）及欧洲保险和职业养老金管理局（European Insurance and Occupational Pensions Authority，EIOPA），在其中扮演着至关重要的角色。ECB 主要负责维护欧元区的金融稳定，制定和实施货币政策，监管银行体系等；ESMA 主要负责可持续金融行动战略制定；EIOPA 则聚焦于监管欧洲的职业退休保障机构（Institutions for Occupational Retirement Provision，IORP），确保养老金体系的安全与可持续性。[①] 三者共同努力，为欧盟金融系统应对气候风险保驾护航。三大微观审慎监管机构均针对不同主体开展气候风险压力测试，后面将具体讨论 ECB 与 EIOPA 的气候风险压力测试。

（二）ECB 的气候风险压力测试演变（2020年与2022年）

ECB 于 2020 年开展了一项全欧盟范围内的气候风险压力测试，旨在评估非金融企业和欧元区银行在不同气候政策假设下的韧性；2022 年，ECB

① 孙雅雯、孙彦红：《欧盟可持续金融促进可持续转型的作用研究——机制、实践与前景》，《欧洲研究》2022 年第 3 期。

进行又一轮气候风险压力测试，该测试主要采用自下而上的方法进行，银行根据共同的方法论和情景提交数据和进行预测。与欧盟 2020 年的气候风险压力测试相比，2022 年的测试在范围和深度上均有所拓展，涵盖了更多的气候情景和资产类别。从 2020 年到 2022 年，ECB 在将气候风险纳入其压力测试框架方面取得了显著进步。ECB 也逐步明晰了对银行气候风险管理的期望，计划为机构提供更具体的指导。

（三）ECB 与 EIOPA 气候情景设计与模型选择

2020 年气候风险压力测试情景设定，考虑了物理与转型风险及其二者之间的相互作用。ECB 共设计了三种情景：第一种是有序过渡情景，此情景下气候政策会得到有效实施，成本相对可控；第二种是无序过渡情景，此情景下气候政策延迟实施，会导致较高的过渡成本；第三种是无行动情景，此情景下无气候政策实施，物理风险显著增加（见图 1）。为全面测度物理与转型风险，ECB 选择的时限是 30 年。① 气候风险压力测试框架则主要分为三大支柱：气候特定情景、综合数据集以及气候特定模型。ECB 通过预测未来 30 年气候和宏观经济条件创立气候特定情景，综合数据集汇总了数百万家公司和约 1600 家欧元区银行的财务和气候风险信息，气候特定模型则捕捉了气候风险对企业和银行的直接和间接影响。

2022 年的气候风险压力测试基于三大基础模块，分别为针对银行气候风险压力测试能力的定性问卷、两个气候风险指标以及自下而上的压力测试。测试情景设计方面，气候风险压力测试覆盖物理与转型风险（短期和长期），涵盖了物理风险情景以及短期和长期的转型风险情景。

EIOPA 气候风险压力测试旨在模拟政策延迟导致的无序情景，气候情景探讨了气候政策实施较晚导致的高转型风险。该情景基于欧洲央行与监管机构绿色金融网络（NGFS）创立的无序情景，假设新政策直到

① "Occasional Paper Series ECB Economy-Wide Climate Stress Test", https://www.ecb.europa.eu/pub/pdf/scpops/ecb.op281~05a7735b1c.en.pdf.

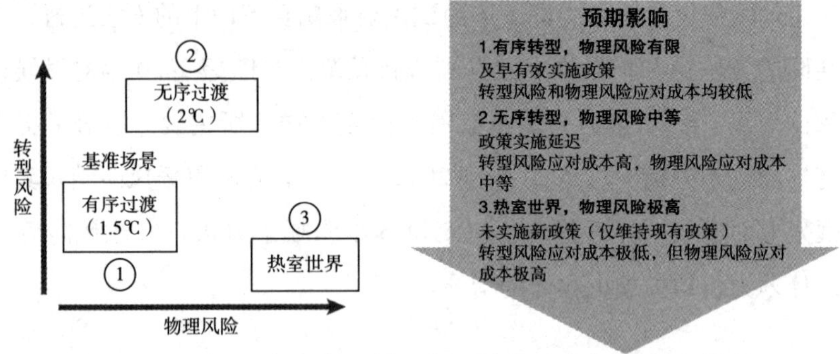

图 1　三种情景在物理与转型风险水平上的表现

说明：①代表达到《巴黎协定》目标，与工业化前水平相比温度升高 1.5℃；②代表达到《巴黎协定》目标，与工业化前水平相比温度升高 2℃；③代表未达到《巴黎协定》目标。

资料来源：ECB。

2030 年才出台，而碳去除技术的可用程度很低，这将推动碳价格进一步走高。风险侧重方面，EIOPA 气候风险压力测试侧重于转型风险，暂未考虑物理风险。[①]

（四）数据集与模型框架

2020 年 ECB 气候风险压力测试采用自上而下的独特方法，创建了一个独特的数据集。[②]

2022 年 ECB 的银行气候风险压力测试关注银行内部气候风险压力测试框架的构建与完善，从多个维度评估银行应对气候风险的能力，涵盖治理结构、风险偏好、数据可用性、情景开发能力等方面，以此全面了解银行在气候风险管理方面的现状和不足。

EIOPA 气候风险压力测试也专门设计了可以了解各国国家层面在多大

---

① "2022 Climate Stress Test on IORPs", https: //www. eiopa. europa. eu/document/download/ae608748-4960-44bf-99b5-f6fcca82b9ab_ en? filename = Factsheet%20-%20IORP%20climate%20stress%20test%202022. pdf.

② "Occasional Paper Series ECB Economy-Wide Climate Stress Test", https: //www. ecb. europa. eu/pub/pdf/scpops/ecb. op281~05a7735b1c. en. pdf.

程度上提供缓解措施或适应措施的定性调查问卷、通货膨胀定性调查问卷及无序过渡情景的定量调查问卷。

（五）ECB 与 EIOPA 气候风险压力测试的主要发现与结果分析，以及风险暴露与资本充足性评估

2020 年气候风险压力测试获得的主要发现如下。一是早期行动的优势，短期内的绿色转型成本远低于长期内未受控制的气候变化应对成本。二是气候风险在某些行业与地区呈现集中性，如采矿、电力和天然气行业。三是无行动情景下，物理风险显著增加。四是关于银行和非金融企业的韧性，对于银行和非金融企业来说，气候风险敞口最大的实体面临的风险最为显著，特别是在缺乏进一步缓解措施的情况下。①

而 2022 年气候风险压力测试则发现，银行在建立气候风险压力测试框架方面取得了显著进展，但大多数机构仍处于初步阶段。银行对碳密集型行业的整体依赖程度较高，60%以上的收入来自这些行业。在短期无序转型风险情景下，银行面临的信贷风险损失显著增加。物理风险对银行资产负债表的影响因地理位置和部门而异。同时，大多数银行计划在未来几年内将气候风险纳入其压力测试框架，考虑通过动态平衡表的方法反映长期过渡风险。一些银行已经开始制定绿色转型目标和关键绩效指标（KPIs）。②

EIOPA 气候风险压力测试研究发现，在气候不利场景下，IORPs 的资产价值下降了 12.9%，相当于约 2550 亿欧元的损失。并且由于无风险利率上升，养老金收益确定（DB）计划的技术准备金普遍减少约 11%，而养老金缴费确定（DC）计划的负债变化与资产变化则更为一致。部分 IORPs 通过赞助支持养老金保护计划和福利调整机制来抵消损失，避免了

① "Occasional Paper Series ECB Economy-Wide Climate Stress Test", https://www.ecb.europa.eu/pub/pdf/scpops/ecb.op281~05a7735b1c.en.pdf.

② "2022 Climate Risk Stress Test", https://www.bankingsupervision.europa.eu/ecb/pub/pdf/ssm.climate_stress_test_report.20220708~2e3cc0999f.en.pdf.

资金比率的大幅下降。在可持续性方面，超过90%的IORPs在投资决策中考虑了ESG因素，尽管ESG整合意识增强，但IORPs在识别和分类可持续投资方面仍面临挑战，特别是通过投资基金进行的投资。大多数DB计划将福利与通胀直接挂钩，而DC计划的联动性较低。通胀保护机制在IORPs的投资策略中日益重要，67%的受访者表示其投资策略旨在超越通胀或至少减轻通胀对购买力的影响。结果表明，尽管IORPs在不利气候情景下面临显著损失，但其较强的资金储备能力和长期性质使其能够承受短期市场波动影响。①

（六）影响行业与地区

碳密集型行业（如采矿等）的股票和债券投资在向低碳经济转型过程中面临巨大挑战，损失尤为显著。企业违约概率可能显著提升，资产价值将大幅下降，对银行和IORPs的投资组合产生负面影响。

地区方面，南部欧洲国家（如意大利、西班牙等）由于地理位置等因素，更易受到物理风险（如干旱、洪水等）的影响，银行和IORPs在这些地区的资产面临更高的物理风险；而在转型风险方面，不同国家的政策实施进度和产业结构差异导致影响程度各异。

关于应对气候转型风险的未来，ECB就气候风险管理的商业模式和战略、治理和风险偏好、组织结构和信息披露等方面提出了监管期望，指出各机构应将气候相关风险纳入其商业模式和战略中。机构内部应建立恰当的组织结构和内部控制机制，确保气候相关风险管理职责的有效分配和执行。同时，机构应建立健全信息披露机制，及时、准确地向内部和外部利益相关者报告气候相关风险信息。对于监管方后续的行动，ECB计划将测试结果纳入年度监管审查和评估流程。未来，ECB将提供最佳实践指导，帮助银行等机构应对在气候风险压力测试中面临的挑战。

---

① “2022 Climate Stress Test on IORPs”, https://www.eiopa.europa.eu/document/download/ae608748-4960-44bf-99b5-f6fcca82b9ab_en?filename=Factsheet%20-%20IORP%20climate%20stress%20test%202022.pdf.

三 法国气候风险压力测试

（一）法国气候风险压力测试的背景

法国高度重视气候风险，作为欧盟的成员国之一，法国采用了大量欧盟气候风险监管与披露的法案规定，又在此基础上针对本国国情制定了一系列风险管理指南，进行气候风险压力测试，将气候风险纳入宏观审慎政策框架。法国审慎监管局（Autorité de Contrôle Prudentiel et de Résolution，ACPR）的气候风险压力测试，是在 2015 年以来所开展的前期工作的基础上，结合法国《能源转型和绿色增长法》有序实施的时代背景进行的。实践中，ACPR 负责主导并组织金融机构进行气候风险压力测试，包括确定参与测试的机构范围、发布测试通知、收集和整理测试数据等。此外，ACPR 负责对金融机构的测试过程和结果进行监督和审查。

（二）法国的气候风险压力测试演变（2020~2023年）

ACPR 于 2020 年 7 月至 2021 年 4 月开展气候试点活动，旨在评估法国银行和保险公司可能面临的风险和脆弱性，以及它们面对这些风险（在动态资产负债表假设下）在不同情景下的战略反应功能。2021 年 5 月 4 日，ACPR 发布了对气候变化引起的金融风险的首次评估，以及 2020 年 7 月至 2021 年 4 月进行的气候试点活动的主要结果，涵盖 9 家银行和 15 家保险公司（包括几家公共部门金融集团），分别占法国银行总资产的 85%和法国保险公司技术准备金和资产的 75%。①

2023 年 7 月，ACPR 启动了第二次气候风险压力测试，与 2020 年相比，

① "A First Assessment of Financial Risks Stemming from Climate Change: The Main Results of the 2020 Cimate Pilot Exercise", https://acpr.banque-france.fr/system/files/import/acpr/medias/documents/20210602_ as_ exercice_ pilote_ english.pdf.

测试主要改进了涉及物理风险的建模、纳入了短期情景，将长期物理风险纳入资产方假设以及负债方物理影响假设的细化程度。2023 年气候风险压力测试与 2020 年气候风险压力测试在多个方面存在显著差异，主要包括以下几点。

1. 测试范围与焦点

2020 年测试可能涉及更广泛的金融行业，而不仅仅局限于保险业。2023 年测试专注于保险业，对保险公司的气候风险进行了深入评估。

2. 测试方法

2020 年测试采用的方法较为基础和初步，较少披露细节。而 2023 年测试采用了自下而上的方法，ACPR 提供主要假设和情景，由保险公司自行评估对其各自资产负债表的影响。这种方法提升了金融部门的参与度，参与的保险公司从 2020 年的 75%增加至 2023 年的 90%。

3. 情景设计

2023 年测试首次引入了短期情景（2022~2027 年），包括极端天气事件和金融市场的突然校正，评估了气候变化对保险公司偿付能力的影响。并且在长期情景方面，考虑了两种长期过渡情景（有序过渡和无序过渡），与一个无气候风险的基准情景进行对比，评估了极端天气事件频率和强度的提升对保险索赔的影响。

4. 风险评估的维度

2020 年测试对气候风险的评估可能较为单一，未深入考虑物理与转型风险的相互作用。2023 年测试在短期情景中，同时分析了极端天气事件的物理冲击及与转型风险相关的金融冲击。在长期情景中，用定性和定量的方法评估了保险缺口风险，并从保单持有人和保险公司两个角度，深化了对长期情景的分析。

5. 数据分析的精细度

2020 年测试的数据分析和模型可能较为粗糙，地理和行业细分较少。2023 年测试则提高了数据分析的精细度，通过地理和行业细分来更好地评估风险。在长期情景中，使用了更新的经济假设和联合国政府间气候变化专门委员会（Intergovernmental Panel on Climate Change，IPCC）的最新预测。①

（三）气候情景设计与模型选择

2020 年气候风险压力测试包括有序和无序的过渡以及物理风险情景，覆盖 2020~2050 年（30 年）的时间跨度，第一种不利的无序转型情景是转型较晚的情景。它假设到 2030 年减少温室气体排放的目标无法实现，要求机构实施更加积极主动的措施。第二种不利的无序转型情景包括碳价格急剧上涨及可再生能源技术的效率低于预期两大假设。②

2023 年法国气候风险压力测试设置的短期情景包括广泛的物理冲击（干旱）和局部冲击（严重的对流风暴和导致溃坝的局部洪水）及其导致的金融冲击。在这种短期情景下，基于排除管理或缓解行动的静态资产负债表假设，对气候风险对保险公司偿付能力的影响进行初步估计。在长期物理风险方面，测试加入两种情景：一种是有序过渡（低于 2℃），另一种是无序过渡（延迟过渡）。这两种情景都源自 NGFS 的最新工作。在两种长期情景中整合相同的温度路径（RCP 4.5），会更好地考量慢性物理风险对宏观经济和金融的影响。在此温度路径下，对极端损失的长期情景进行评估。③

（四）数据集与模型框架

在 2020 年气候风险压力测试中，ACPR 与国家气象预报系统合作，使

---

① "Scenarios and Main Assumptions of the 2023 ACPR Insurance Climate Exercise", https://acpr.banque-france.fr/system/files/import/acpr/medias/documents/2023_main_assumptions_and_scenarios_of_the_acpr_climate_exercise.pdf.

② "A First Assessment of Financial Risks Stemming from Climate Change: The Main Results of the 2020 Climate Pilot Exercise", https://acpr.banque-france.fr/system/files/import/acpr/medias/documents/20210602_as_exercice_pilote_english.pdf.

③ "Scenarios and Main Assumptions of the 2023 ACPR Insurance Climate Exercise", https://acpr.banque-france.fr/system/files/import/acpr/medias/documents/2023_main_assumptions_and_scenarios_of_the_acpr_climate_exercise.pdf.

用一个可预测全球主要气候变量的数据库补充数据。而在 2023 年气候风险压力测试中，参与的保险公司被邀请向 ACPR 发送第一组中间数据，仅涵盖金融资产列表，按长期情景的活动类型和行业分类，以此评估其与 ACPR 提供的部门预测数据的兼容性。考虑到宏观经济影响，测试中使用的数据和轨迹与 NGFS 于 2022 年 9 月发布的数据和轨迹相匹配，并根据国家经济与社会研究所（National Institute of Economic and Social Research）于 2023 年 2 月发布的数据进行了更新。保险公司提供数据不足的部分采用法国的其他数据源进行补充，使用股息贴现模型（DDM）的估值模型、企业自身索赔预测模型等辅助测试。①

（五）主要发现与结果分析，以及风险暴露与资本充足性评估

根据 2021 年发布的首次评估结果，2020 年气候风险压力测试发现，法国银行和保险公司对气候风险的总体敞口“适度”。相比之下，新冠疫情导致 2020 年法国银行业务损失惨重，风险成本增加了两倍。根据气候风险压力测试中保险公司提供的信息，2020~2050 年，法国某些部门的索赔成本可能会上涨 5~6 倍。造成索赔增加的主要危险，一方面与“干旱”风险有关，另一方面与“洪水”风险有关，并与海外领土（法属加勒比）发生气旋风暴的风险增加有关。索赔的增加表现出了该国某些地区的可保性风险，但是保险公司认为这种风险可以通过缴费的增加来完全抵消。2023 年气候风险压力测试发现，相较于之前的试点结果，保险公司应对气候变化的方式有所进步。但过渡情景仍然表现不佳，可能低估了气候变化对金融稳定的潜在影响。②

① “A First Assessment of Financial Risks Stemming from Climate Change：The Main Results of the 2020 Climate Pilot Exercise”，https：//acpr. banque-france. fr/system/files/import/acpr/medias/documents/20210602_ as_ exercice_ pilote_ english. pdf.

② “Scenarios and Main Assumptions of the 2023 ACPR Insurance Climate Exercise”，https：//acpr. banque-france. fr/system/files/import/acpr/medias/documents/2023_ main_ assumptions_ and_ scenarios_ of_ the_ acpr_ climate_ exercise. pdf.

（六）影响行业

2020 年气候风险压力测试发现，法国机构对受转型风险影响最大的行业（如采矿、炼焦和炼油、石油、农业、建筑等）的风险敞口相对较低。并且到 2050 年，法国机构倾向于减少对这些行业的风险敞口，然而，这些行业的风险应对成本和违约概率的增幅却是最高的，风险应对成本在这些风险敏感行业中增加。具体而言，风险敏感行业受气候影响，风险应对成本增加了三倍。相比之下，新冠疫情导致 2020 年法国银行业务遭受严重亏损，风险应对成本增加了两倍。此类风险敏感行业的风险应对成本上升的比例大于它们在银行资产负债表中所占的份额，另外银行和保险公司的投资组合损失也主要集中在这些行业。①

四　中国气候风险压力测试

2021 年 9～11 月，中国人民银行组织国内 23 家大型银行就火电、钢铁和水泥行业开展了气候风险压力测试，考察了碳排放成本上升对企业还款能力和参试银行信贷资产质量与资本充足率的影响，并在 2022 年 2 月发布的《2021 年第四季度中国货币政策执行报告》中设立专栏对此次测试的情况进行了介绍。除了外部监管所推动的测试工作外，国内已有部分大型银行自主开展了气候风险压力测试，对此，表 1 进行了总结。同时，一些地方性银行或分支机构也在监管机构的指导下开展相关工作。此外，2021 年初，香港金融管理局组织在港 27 家金融机构开展了气候风险压力测试，结果显示银行可以凭借多年来培育的强大资本缓冲能力抵御气候变化的冲击。

① “A First Assessment of Financial Risks Stemming from Climate Change：The Main Results of the 2020 Climate Pilot Exercise”，https：//acpr. banque-france. fr/system/files/import/acpr/medias/documents/20210602_ as_ exercice_ pilote_ english. pdf.

表 1　中国商业银行开展压力测试情况

机构	行业	风险驱动因子	简要情况
中国工商银行	火电、钢铁、交通运输、煤炭、石油、天然气、水泥	全球变暖	设计专项压力测试方法,开展转型风险压力测试;结合该行在各地区的资产分布和抵押品情况,开展物理风险压力测试
中国建设银行	火电	碳价	企业购买额外碳排放配额导致企业成本增加,进而导致违约概率上升;评估碳价对银行信贷资产组合的影响
中国农业银行	石化	碳价	量化气候风险因子,评估因子驱动的企业层面财务影响,测算石化企业未来财务表现,量化评估信贷资产组合风险变化情况,推动前瞻做好转型风险防范
中国邮储银行	水泥、电力、石化	碳价	评估高碳行业企业碳排放成本上升对该行持有的相应信贷资产质量和资本充足率的影响
兴业银行湖州分行	绿色建筑	碳价	评估环保政策、碳配额价格等因素对银行信贷资产组合的影响
华夏银行	煤炭开采、钢铁、制药	碳价	评估环保政策变化、环保标准提高、气候变化、能效变化、碳排放政策变化等因素对银行信贷资产组合的影响
江苏银行杭州分行	纳入全国碳交易市场的钢铁、电力等八大高碳行业及纺织、印染行业	碳排放权交易价格	碳排放权交易价格是影响贷款的重要因素,清洁能源技术能够冲抵转型风险带来的损失,而碳排放权交易价格对资本充足率的影响在一定程度上取决于贷款减值准备计提情况

资料来源：该表根据各大商业银行年报、ESG 报告和环境信息披露报告等公开资料整理。

（一）中国人民银行对气候风险的压力测试：火电、钢铁和水泥行业案例

2021 年 9~11 月，中国人民银行组织部分银行业金融机构开展气候风险压力测试，评估我国碳达峰碳中和目标转型对银行体系的潜在影响，增强银行业金融机构应对气候相关风险的能力。

测试重点针对火电、钢铁和水泥行业年排放量在2.6万吨以上二氧化碳当量的企业，考察碳排放成本上升对企业还款能力的影响，以及对参试银行持有的相关信贷资产质量和资本充足率的影响。

测试采用如下方法和假设。情景方面，设置轻度、中度和重度三种碳价情景，主要参考国内碳排放权交易市场的碳价变动情况和NGFS的碳价情景。关键假设方面，一是假设企业需为其排放的二氧化碳等温室气体支付一定比例的费用，且费用逐年递增；二是假设无技术进步，单一企业对上游、下游均不具备议价能力；三是假设资不抵债的企业无还款能力，相应贷款违约。风险传导路径方面，假设测试目标企业因需要支付碳排放费用，生产成本上升，盈利能力下降，贷款违约概率上升，银行预期损失增加，资本充足率受到影响。测试以2020年末为基期，期限为10年。如果参试银行2030年的核心一级资本充足率、一级资本充足率和资本充足率可同时满足监管要求（包括系统重要性银行附加资本要求），则认为其通过压力测试。

从测试结果看，如果火电、钢铁和水泥行业企业不进行低碳转型，在压力情景下，企业的还款能力将出现不同程度的下降。但是，参试银行火电、钢铁和水泥行业贷款占全部贷款比重不高，整体资本充足率在三种压力情景下均能满足监管要求。截至2020年末，参试银行拨备覆盖率为222.56%，贷款拨备率为3.22%，资本充足率为14.89%。到2030年，在轻度、中度和重度情景下，参试银行整体资本充足率将分别下降至14.57%、14.42%和14.27%，高于监管要求。

此次测试是中国人民银行评估气候风险对金融系统影响的初步探索，测试所用的压力情景和关键假设不代表我国现行政策及未来政策导向。从测试开展情况看，我国碳排放信息披露程度较低、数据缺口较大是测试面临的最主要问题，测试方法也有待改进，测试结果尚不能作为政策制定依据。

（二）中国工商银行对信用风险的环境压力测试：火电和水泥行业案例

在中国商业银行中，中国工商银行是最早开展信用风险环境压力测试的金融机构。2016 年，中国工商银行的研究组针对火电行业的 437 家公司和水泥行业的 80 家公司开展了一次压力测试。

1. 识别环境压力

研究组为了识别环境压力，确认了火电与水泥行业中环境因素影响的传递机制。研究表明，未来火电行业面临的环境压力主要集中在以下两个方面。第一，烟尘排放限值的逐步提升。尽管火电行业的脱硫、脱硝设备安装率已达到较高水平，但除尘设备的普及尚处于初始阶段，接受除尘改造的火电机组仅占现役机组的 20%。因此，未来在节能改造方面仍有较大潜力可挖掘。第二，排污费征收标准的提高。针对重点污染企业和区域，将实施更高的收费标准。根据新出台的污染物收费政策，企业的排污费可能增加至当前水平的 2~3 倍。

在梳理水泥行业相关环保政策标准后发现，其环境压力主要来源于以下三个方面。一是大气污染物排放限值的显著提高。颗粒物和氮氧化物的排放限值较原标准提升了 40%~60%。二是水泥窑协同处置逐渐成为企业平衡环保压力与增长需求的新方式。截至 2024 年，国际水泥巨头的燃料替代率均超过 10%，而国内由于垃圾分拣体系不完善、水泥窑协同处置技术不成熟且面临较大的投资压力，龙头企业的平均替代率仅为 4.5%，与国际同行存在显著差距。三是排污费征收或环保税标准的提高。综合评估环保政策与企业环境成本变化，预计未来企业的排污费总额可能增长 2~3 倍。

2. 设置压力情景

针对火电行业的压力测试设置了轻度、中度和重度三种情景。按照烟尘排放限值标准的不同，火电企业的节能减排情景划分为三类：轻度情景为全国执行环保部 2014 年底发布的标准，中度情景为全国执行国务院 2015 年底发布的标准，重度情景为全国执行国务院 2020 年底针对东部地区发布的特别限值标准。在上述情景的基础上，还分别模拟了排污费提高 2 倍、3 倍和 4 倍对企业成本的潜在影响。

水泥行业的压力测试情景构建主要参考以下两大因素。第一，依据

2013 年环保部制定的水泥行业环保标准以及国家发改委最新发布的排污费征收标准，选取污染治理、协同处置及排污政策的变化作为主要分析维度。第二，结合企业环保成本的估算。考虑到中国工商银行的水泥客户多为行业中上游企业，在估算过程中相应参数依据“良好企业”标准设定。

3. 压力测试流程

中国工商银行压力测试采用自下而上的分析方法，具体流程如表 2 所示。具体而言，其通过估算不同压力情景下的企业财务表现，并结合信用评级模型，计算不同压力情景下企业信用评级及违约概率的变化，以探讨环境政策变动对企业财务状况的潜在影响。

表 2　中国工商银行压力测试流程

压力测试流程	具体内容
第一阶段	构建环境保护标准变化对企业财务指标的影响函数。在进行财务状况估算时，主要集中在利润表中的两项核心指标：营业收入与主营业务成本
第二阶段	根据主营业务成本的变化与财务报表之间的关系，进一步计算资产负债表和利润表中的关键财务指标
第三阶段	将上述计算得到的财务指标输入评分表，基于评分表的变化，推算企业信用等级和违约概率的变化。该评分表为中国工商银行专门为火电和水泥等行业企业群体设计的信用评级和评估模型。根据模型的分析，环境保护标准的提高会导致利润下降、偿付能力降低，并导致信用评级下降和违约概率上升
第四阶段	通过分析企业信用评级变化，构建相应行业的信用评级转型矩阵，进一步根据违约概率和不良贷款率之间的关系，分析行业贷款质量的变化

资料来源：笔者根据公开资料整理。

4. 压力测试结果

中国工商银行此次信用风险环境压力测试主要针对火电和水泥行业，充分考虑了多样化的情景构建和传导机制，并全面纳入了一系列政策变化和标准要求，展现了创新性的风险评估方法，具体结果如表 3 所示。

表 3 中国工商银行压力测试结果

行业	压力测试结果
火电行业	• 随着环保标准的日益严格,火电行业面临显著的成本压力 • 受益于宏观经济稳定增长和中国工业化进程中电力需求持续上升,火电行业总体上仍维持稳定增长态势 • 环保要求的提升给该行业尤其是中小型企业带来了明显的结构性财务压力
水泥行业	• 水泥行业目前正处于低增长阶段,并且面临着去产能的持续压力 • 环保政策的强化给水泥行业带来了显著的财务负担 • 随着压力情景逐渐凸显,AA 级及以上企业的信用评级向下调整的比例也逐渐增大:轻度压力情景下,该类企业信用评级下调比例为 48%;中度压力情景下,该类企业信用评级下调比例为 62%;而重度压力情景下,该类企业信用评级下调比例达到 81%

资料来源：笔者根据公开资料整理。

五 气候风险压力测试挑战与未来发展方向

尽管气候风险压力测试在全球范围内逐渐普及，但在实际操作中仍面临诸多挑战。例如，气候风险的量化问题、情景设计的复杂性、跨国协调的困难以及数据和技术的不完善等，都对有效开展气候风险压力测试提出了较高要求。此外，各国监管框架和金融市场的差异，也使得全球气候风险压力测试的标准化和协调化面临一定障碍。

（一）挑战

虽然气候风险压力测试已成为全球金融监管的热点，并在许多国家和地区得到应用，但在实际操作中仍面临诸多挑战。

首先，气候风险的量化具有高度的不确定性。气候变化涉及复杂的科学、经济和社会因素，未来气候情景的预测充满不确定性。例如，气温上升的速度、极端天气事件发生的频率以及全球应对气候变化的政策力度，都难以准确预测。由于这些变量的高度不确定性，气候风险的量化分析极为复杂，尤其是当金融机构尝试将这些风险转换为具体的财务影响时，更加充满挑战。

其次，要考虑复合型风险。气候灾害事件的影响较少呈独立性，更易形成复合型风险。此前绝大多数研究将干旱、洪水、台风等气候灾害事件作为单个风险因素考虑，然而事实上，不同的物理风险事件之间常常具有相关性或因果性。例如，森林火灾等生物质燃烧事件破坏植被并导致土壤流失，大大增加洪水或暴雨引发山体滑坡的风险。物理风险也可能催生自我强化的反馈机制。例如，高温引发森林火灾，而火灾可能会进一步引发更高的温度和更严重的火灾。气候灾害事件的自我强化以及不同类型事件的复合有可能导致气候变化风险不断加剧，甚至覆盖多个行业和地区，最终达到难以进行风险分散的规模。物理风险和转型风险并非相互独立，而是相互影响。在短期内，两种风险均可能是上升的，因为频率越来越高的气候灾害事件促使政策制定者出台更多减缓气候变化的措施，转型风险随之升高。长期而言，物理风险和转型风险存在此消彼长的关系，如果气候政策效果显著、气候转型迅速，那么物理风险受到遏制，但转型风险上升；如果气候政策迟迟未有效果，那么转型风险较低，但物理风险持续上升。也不排除一种可能，若私人部门主动积极适应气候变化且努力延缓气候变化，物理风险和转型风险可能在长期内都有所下降。

再次，数据的可获得性和质量是一个关键问题。许多金融机构在开展气候风险压力测试时，往往面临数据不足的困境。高质量的气候数据、环境相关的公司财务数据，以及行业的碳排放数据等，都是进行气候风险分析的重要基础。然而，当前的全球数据系统尚不完善，尤其是在一些新兴市场经济体，气候相关数据的缺乏进一步限制了压力测试的精度和可靠性。此外，不同行业和地区的气候数据标准不统一，数据来源的多样性也使得不同金融机构难以在同一标准下进行有效比较。

最后，气候风险压力测试的模型和方法仍在不断发展中。尽管 NGFS 等国际组织已经为气候风险情景分析提供了初步框架，但全球范围内的气候风险压力测试模型尚未完全成熟。现有的压力测试模型大多是基于传统金融风险管理方法演变而来，但气候风险具有独特性，其长期性、系统性以及广泛性的传导效应，使得传统模型在应对气候风险时存在不足。例如，许多模型缺乏对极端天气事件频发情景下的长期财务影响的有效估计。因此，金融机构在应用这些模型时，可能无法充分捕捉气候变化对其资产和业务的深远影响。

如何统一不同机构的测试标准和方法也是一个亟待解决的问题。由于不同国家和地区的气候政策、经济结构和金融系统存在差异，全球各大金融机构和金融监管机构所使用的气候风险压力测试框架和方法往往不尽相同。例如，欧盟和英国的气候风险压力测试更侧重于转型风险，而日本和美国则更多关注物理风险。这种不一致性不仅影响了跨国金融机构的风险评估，还限制了全球范围内的政策协调。因此，如何形成统一的测试标准和方法，确保全球金融系统能够协同应对气候风险，是国际金融监管领域的一大难题。

（二）中国的未来发展方向

作为一个快速发展的新兴市场经济体，中国同样面临气候变化带来的金融风险。近年来，随着中国经济结构的转型以及环保政策的逐步强化，气候风险管理已经成为中国金融监管机构关注的重点领域。中国人民银行作为气候金融监管的主导机构，已经开始探索气候风险压力测试。然而，相较于欧盟、英国等发达经济体，中国在气候风险评估的制度建设和技术研究方面仍处于起步阶段。因此，中国在未来的气候风险管理工作中，可以借鉴国际经验，从以下几个方面进一步加强气候金融监管。

首先，加强数据基础建设。建立统一的气候风险数据平台是提升压力测试效果的关键。中国金融机构在开展气候风险分析时，往往面临数据碎片化、标准不一致的问题。为解决这些问题，中国应推动建立全国范围内的气候风险数据平台，整合气候变化、环境影响和公司财务等相关数据，并提高数据透明度和可获取性。此外，政府和金融监管机构可以通过政策引导和投资，支持气候相关数据的采集和分析，为金融机构开展高质量的气候风险评估提供有力支持。

其次，开发本地化的压力测试模型。虽然国际上已有较为成熟的气候风险压力测试模型，但中国的经济结构、产业布局与西方发达国家存在明显差异。因此，中国在引入国际经验的同时，需要结合本地需求，开发适应中国金融系统特点的压力测试模型。例如，中国的能源结构以煤炭为主，许多金融机构对高碳排放行业有较大敞口，因此在进行转型风险测试时，模型应充分考虑能源结构调整对相关企业的长期影响。同时，地方性极端天气事件的风险也应纳入测试模型，确保模型的本地化和适用性。

再次，完善监管合作机制。气候变化是一项全球性挑战，因此在应对气候金融风险时，加强国际合作尤为重要。中国可以通过参与 NGFS 等国际组织，积极推动全球气候金融监管标准的制定和经验分享。此外，深化与其他国家和地区金融监管机构的合作，有助于提升中国在全球气候金融领域的话语权。通过与欧盟、英国等在气候金融领域走在前列的国家和地区建立紧密的合作关系，中国可以借鉴其先进经验，推动国内气候金融监管框架的进一步完善。

最后，强化金融机构的风险意识。在推动金融机构气候风险管理的过程中，政策引导和人才培养至关重要。中国应通过金融监管机构的引导，鼓励金融机构在其业务战略中更多地考虑气候变化带来的潜在风险，并逐步将气候风险纳入其日常风险管理框架。此外，通过开展定期培训和政策解读，帮助金融机构管理层和风险控制人员提升其对气候风险的认识和管理能力。通过强化风险意识，金融机构可以更有效地应对气候变化带来的不确定性，推动绿色金融的发展。

气候风险压力测试作为一种前瞻性的风险管理工具，已经在全球范围内得到广泛应用。尽管在实践过程中，各国面临着数据不完整、模型不成熟和标准不统一等诸多挑战，但这些测试为提升全球金融系统的韧性和可持续性提供了重要保障。对中国而言，借鉴国际先进经验，结合本国实际情况，进一步加强气候金融监管，将有助于应对未来气候变化带来的金融风险，并推动经济绿色转型。

B.5
金融机构气候相关风险信息披露报告

石 琳　刘思辰　王瑾喆*

摘　要：　金融机构的气候相关风险信息披露已成为全球经济和金融体系的重大议题，是应对气候变化挑战的关键举措。透明化的信息披露不仅助力金融机构提升风险管理能力和治理水平，还增强了市场信任，引导资本流向可持续领域，促进了绿色转型的良性循环。这一实践的理论基础深厚，包括信息不对称和代理理论、信号传递理论、利益相关者理论、投资者情绪理论以及组织合法性理论，它们从多维度阐述了披露的重要性。近年来，气候相关风险信息披露呈现标准化和强制化的显著趋势，国际和地区机构如 ISSB 和欧盟等正在加速推动气候相关风险信息披露统一标准的制定与实施。披露要求从自愿逐步转向强制，这一转变不仅提升了金融机构的风险管理能力、增强了投资者信心，也有力地推动了全社会向低碳转型。然而，披露的实施仍面临不同标准之间的指标和思路有待协同、数据不足等挑战，仍需各方共同努力加以应对。

关键词：　气候相关风险　信息披露　气候变化　金融机构

一　金融机构气候相关风险信息披露概述

气候变化正成为全球经济和金融体系的重要议题，其对金融机构的影响

* 石琳，中央财经大学绿色金融国际研究院国际合作与发展研究中心副主任、高级研究员，研究方向为可持续金融、能源转型；刘思辰，中央财经大学绿色金融国际研究院助理研究员，研究方向为可持续金融；王瑾喆，中央财经大学金融学院在读博士生，研究方向为绿色金融、资产定价。

日益受到关注。气候相关风险信息披露是金融机构应对这一挑战的关键手段，旨在通过透明化的信息展示，使机构内部和外部的利益相关者能够更全面地了解气候变化对金融体系的影响。气候相关风险信息披露有助于金融机构识别并管理气候风险，同时也为整个金融市场带来诸多益处，包括提升风险管理能力、满足监管要求、增强投资者信心、推动资本向可持续领域流动，以及提升市场竞争力与声誉。披露的意义在于，它不仅能帮助金融机构提升风险识别能力和治理水平，还能帮助利益相关者提升透明度，增强市场信任，并通过标准化的披露实践推动资本向绿色低碳领域配置，从而提高金融体系的适应能力，形成促进可持续发展的正向循环。

目前，国际社会已经建立了一系列气候相关风险信息披露框架，为金融机构提供了清晰的指引。这些框架的核心目标是推动信息披露的标准化和透明化，提升信息的可比性和可靠性。其中最具代表性的框架包括气候相关财务信息披露工作组（TCFD）提出的涵盖治理、战略、风险管理、指标与目标四个领域的建议，[①] 国际可持续准则理事会（ISSB）制定的标准，以及欧盟颁布的《企业可持续发展报告指令》（CSRD）和《可持续金融披露条例》（SFDR）等。国家层面，美国证券交易委员会（SEC）制定了强制性气候信息披露规则草案，要求上市公司披露温室气体排放量及其应对气候风险的措施；日本、英国和新加坡等国也根据自身情况制定了相关指引。

尽管气候相关风险信息披露的重要性日益凸显，但在实际推进中仍面临标准和方法不统一、数据获取和质量问题以及机构内部资源和能力限制等挑战。

二　研究现状

气候金融信息披露制度是以碳中和为目标、解决金融市场中企业与利益

① 2023 年 7 月 6 日，二十国集团（G20）金融稳定理事会（FSB）宣布，于 2024 年起将气候相关财务信息披露工作组的监督职责全部移交给 IFRS 基金会。

相关方之间气候相关信息不对称而建立的相关政策框架。气候金融信息是可持续发展信息的重要组成部分，也是气候变化机遇与挑战在企业层面的反映。相较社会、治理等其他可持续发展信息，气候金融信息方面各方的共识更大、关注度更高，市场对其披露的需求在快速增长。气候金融信息披露制度是利用市场力量推动碳中和的重要基础性制度，不仅是对原有信息披露体系的重要补充，也是应对气候变化不确定性的全新评价体系。

当前关于金融机构气候环境风险信息披露的国内外文献可分为三类。第一类研究关注借款方气候环境风险信息披露在银行信贷决策中的作用，第二类研究关注银行气候环境风险信息披露的经济后果，第三类研究关注金融机构气候环境风险信息披露的驱动因素。

（一）气候环境风险信息披露与银行信贷决策

部分研究关注借款方气候环境风险信息披露在银行信贷决策中的作用。研究并未达成一致结论，关于其对银行信贷决策有用性的影响存在争议。

气候环境风险信息披露与金融机构信贷决策的关系曾受到质疑，即气候环境带来的影响并不是银行风险和贷款流程评估模型的一部分。Thompson 和 Cowton[①] 的论文开创性地识别了银行在贷款过程中可能面临的与气候环境相关的三种风险：间接风险、直接风险和声誉风险。该文章主要针对以下问题进行调查问卷研究：银行如何将环境因素纳入信贷决策中，银行在做出涉及环境因素的公司信贷决策时使用哪些信息来源，贷款银行家对环境报告发展的看法是什么。主要研究结果表明，银行主要从借款公司的年度报告中获取公司气候环境风险信息，并且对借款公司扩展信息披露有诉求。然而，贷款保护被认为比制定一份全面、独立的公司环境报告更为重要。Campbell 和 Slack[②] 明确提及了 Thompson 和 Cowton 提出的银行信贷决策有用性问题，详

① Thompson, P., Cowton, C. J., "Bringing the Environment into Bank Lending: Implications for Environmental Reporting", *The British Accounting Review*, 2004, 36 (2), pp. 197-218.

② Campbell, D., Slack, R., "Environmental Disclosure and Environmental Risk: Sceptical Attitudes of UK Sell-Side Bank Analysts", *The British Accounting Review*, 2011, 43 (1), pp. 54-64.

细阐述了19位英国卖方银行分析师对银行气候环境风险信息披露的看法。具体而言，作者调查了气候环境风险信息披露的使用情况及其对分析师决策是否有用，分析师对未来气候环境风险信息披露潜在重要性的看法，分析师对气候环境风险的态度、认知，以及银行贷款与气候环境风险的披露联系。主要研究结果表明，银行分析师认为年度报告中的气候环境风险信息披露对决策不具有重要性，并且没有证据表明银行关注与信贷决策相关的气候环境风险。这与银行关注企业短期到中期的财务指标导向有关。来自供应链的压力或一次重大的环境事件，可能是导致分析师对环境问题态度发生显著变化的唯一驱动因素。Macve 和 Chen① 通过与巴克莱银行、汇丰银行和毕马威环境顾问的相关方和决策者进行半结构化访谈，收集信息，以阐明银行制定的自愿性准则（如赤道原则）在促进项目融资中考虑环境和社会问题方面的有效性。Haigh 和 Shapiro② 对碳排放报告进行了研究，并采访了美国、欧洲和澳大利亚某些金融机构的从业人员，以评估碳排放报告对投资银行业务的重要性。主要研究结果表明，在银行资产配置投资决策中，借款公司披露的气候环境风险信息没有起到关键的作用。

（二）气候环境风险信息披露的经济后果

部分研究关注银行气候环境风险信息披露的经济后果。研究结论认为其对提高银行价值、降低银行风险水平、提高银行管理水平等有积极作用。

Khan 等③分析了孟加拉国上市银行的绿色披露。文章探讨了绿色披露与公司价值之间的直接关系，并研究哪些关键的背景条件（如不良贷款）将影响绿色披露，从而影响公司价值。结论表明，虽然绿色披露对银行的整

① Macve, R., Chen, X., "The 'Equator Principles': A Success for Voluntary Codes?" *Accounting, Auditing & Accountability Journal*, 2010, 23 (7), pp. 890-919.

② Haigh, M., Shapiro, M. A., "Carbon Reporting: Does It Matter?" *Accounting, Auditing & Accountability Journal*, 2011, 25 (1), pp. 105-125.

③ Khan, H. Z., Bose, S., Sheehy, B., Quazi, A., "Green Banking Disclosure, Firm Value and the Moderating Role of a Contextual Factor: Evidence from a Distinctive Regulatory Setting", *Business Strategy and the Environment*, 2021, 30 (8), pp. 3651-3670.

体公司价值有正面影响，但这种正面影响会被银行的不良贷款所削弱。该研究表明，仅靠绿色披露不足以为银行创造市场价值，需要关注其他背景因素，以理解绿色披露与银行市场价值之间的关系。Chiaramonte 等①聚焦于 ESG 评分对银行稳定性的共同和独立影响。针对 21 家欧洲国家银行，2005~2017 年的研究结果显示，总体的 ESG 评分及其各子指标在金融动荡期间能降低银行的脆弱性；且 ESG 披露的持续时间越长，对其稳定性的益处就越大。该研究支持了利益相关者理论以及道德资本为企业创造价值和弹性优势的观点。

Birindelli 等②旨在研究对气候变化的承诺强度是否会通过碳披露项目（CDP）的气候变化评分对银行贷款质量产生正面影响，从而减少整体信用风险。此外，他们评估了银行所在国家的环境表现对这一关系的调节效应。主要发现表明，当银行对气候变化有中高水平的关注时，对气候变化的承诺降低了银行贷款的风险水平。即银行的气候变化承诺强度与其信用风险之间呈现倒 U 形函数关系。为了获得较低的信用风险和更好的贷款质量，银行应做到对气候变化的中高水平承诺。此外，银行所在国家的环境表现也起着关键作用。在环境表现较好的国家，信用风险的降低在较低水平的气候变化承诺下就会显现。Caby 等③则关注银行气候变化管理水平带来的影响。他们的研究旨在实证测量与气候变化相关的管理实践和管理质量对传统银行财务表现指标的影响。通过研究来自新兴市场和发达国家的银行样本，实证分析显示，尽管银行似乎意识到气候变化对其业务的影响，但它们还远未将其作为一个战略性话题，在操作实施上仍非常谨慎。有趣的是，银行

① Chiaramonte, L., Dreassi, A., Girardone, C., Piserà, S., "Do ESG Strategies Enhance Bank Stability During Financial Turmoil? Evidence from Europe", *The European Journal of Finance*, 2022, 28 (12), pp. 1173-1211.

② Birindelli, G., Bonanno, G., Dell'Atti, S., Iannuzzi, A. P., "Climate Change Commitment, Credit Risk and the Country's Environmental Performance: Empirical Evidence from a Sample of International Banks", *Business Strategy and the Environment*, 2022, 31 (4), pp. 1641-1655.

③ Caby, J., Ziane, Y., Lamarque, E., "The Impact of Climate Change Management on Banks Profitability", *Journal of Business Research*, 2022, 142, pp. 412-422.

对气候事件的损失暴露在盈利能力上的态度偏中性。相反，碳披露项目的气候变化评分和董事会层面的关注对银行盈利能力的影响显著且正面。而其他所有“管理”变量都没有显著影响，这表明实施完善的气候变化管理对盈利能力既无害也无益。总之，气候变化管理在银行业中仍需要具体去落实。

（三）金融机构气候环境风险信息披露的驱动因素

此外，还有部分研究从公司特征与治理的角度解释了公司治理与银行提高其气候环境风险信息披露水平或优化环境绩效策略之间的关系。研究表明，机构所有权比例提高、性别多样性提高以及由董事会直接负责气候环境风险信息披露责任等，均会提升金融机构气候环境风险信息披露的水平。

Bose 等①分析了监管指导和多种公司治理因素对孟加拉国商业银行绿色披露实践的影响。主要研究结果显示，孟加拉国中央银行于 2011 年发布的绿色银行监管指导积极地影响了绿色披露的水平。随着时间的推移，银行业的披露实践趋于一致，成为一种常规过程。此外，一些公司治理特征（如董事会规模和机构所有权）对绿色披露有积极影响，而其他因素（如董事会中独立董事的存在）似乎没有作用。Gallego-Álvarez 等②在资本主义多样性框架下分析了银行的气候环境风险信息披露，比较了协调市场经济（CMEs）与自由市场经济（LMEs）。此外，该研究还旨在评估性别多样性和董事会特定技能是否在 CMEs 和 LMEs 背景下对气候环境风险信息披露起到调节作用。主要发现表明，银行在 CMEs 文化中更有可能披露环境问题。此外，实证结果支持女性董事在 CMEs 文化中对银行环境问题报告的积极调

---

① Bose, S., Khan, H. Z., Rashid, A., Islam, S., “What Drives Green Banking Disclosure? An Institutional and Corporate Governance Perspective”, *Asia Pacific Journal of Management*, 2018, 35, pp. 501–527.

② Gallego-Álvarez, Isabel, Maria Consuelo Pucheta-Martinez, “Environmental Strategy in the Global Banking Industry Within the Varieties of Capitalism Approach: The Moderating Role of Gender Diversity and Board Members with Specific Skills”, *Business Strategy and the Environment*, 2020, 29 (2), pp. 347–360.

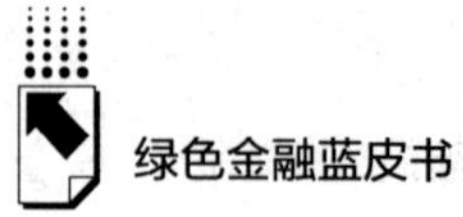

节作用的预测。然而，与预测相反，董事会特定技能并未导致 CMEs 中的气候环境风险信息披露多于 LMEs。Galletta 等①旨在研究具体的管理和治理效能对银行气候环境风险信息披露绩效的影响。该研究聚焦于全球银行的碳披露，特别是特定的治理策略，即董事会监控和管理激励。结果表明，通过实施与气候变化相关的管理激励措施，并赋予董事会最高责任水平，可以提高环境绩效。此外，当气候相关问题的最高直接责任交由董事会或高级管理人员时，银行的气候环境风险信息披露绩效会有所提升。

三　部分国家和地区气候相关风险信息披露政策

（一）欧盟

欧盟在全球气候变化应对领域长期处于领导地位，其针对金融机构的气候相关风险信息披露政策以推动金融体系绿色转型、提升市场透明度和加速资本向可持续领域的流动为核心目标。这些政策通过立法和监管机制，为金融机构提供了标准化的披露框架和严格的执行要求，确保整个金融体系在实现欧盟《欧洲绿色协议》及碳中和目标方面发挥关键作用。

欧盟的气候相关风险信息披露政策主要包括 SFDR、《欧盟分类法条例》（EU Taxonomy Regulation）以及 CSRD。SFDR 要求金融市场参与者和金融顾问披露其投资产品对 ESG 的影响。具体而言，金融机构需要报告其投资组合是否符合可持续性标准，并明确阐述其评估和管理气候相关风险的方法。例如，SFDR 要求机构披露与投资活动相关的温室气体排放量、是否支持可再生能源项目等具体信息，从而让投资者更清楚地了解资金的最终用途及其对环境的影响。②

① Galletta, S., Mazzù, S., Naciti, V., "Banks' Business Strategy and Environmental Effectiveness: The Monitoring Role of the Board of Directors and the Managerial Incentives", *Business Strategy and the Environment*, 2021, 30 (5), pp. 2656-2670.

② Europen Central Bank, *Guide on Climate-Related and Environmental Risks*, 2020.

标准制定方面，《欧盟分类法条例》为金融机构提供了一套明确的技术筛选标准，用于定义哪些经济活动可以被归类为“可持续”。这项政策的重要性在于，它不仅提供了一个科学和透明的框架，还在实践中帮助金融机构筛选符合条件的投资项目。例如，金融机构需要按照分类法披露其投资组合中可持续活动的比例，同时说明未能符合标准的原因。透明性要求旨在防止“漂绿”（greenwashing）现象，保护投资者权益，并推动金融市场朝真正可持续的方向发展。

CSRD 作为最新的政策，进一步提升了对企业和金融机构的披露要求，扩大了覆盖范围，并引入了统一的披露标准。相比其前身《非财务报告指令》（NFRD），CSRD 的覆盖范围包含大型上市公司、中小型企业及所有重要金融机构。金融机构不仅需要披露自身的可持续性风险和机会，还需要分析其投资和贷款活动对气候变化的影响。此外，CSRD 明确要求披露范围一、范围二和范围三的温室气体排放量，这对金融机构追踪其供应链的碳足迹提出了更高的技术要求。

欧盟的气候相关风险信息披露政策对金融机构的影响深远。首先，它推动了金融机构在战略层面将可持续性纳入核心议程。例如，金融机构在设计新产品时需要全面评估其气候影响，并确保与《欧盟分类法条例》的标准保持一致。同时，这些政策还加强了风险管理能力，使金融机构能够更好地识别和应对物理风险（如极端天气事件）和转型风险（如政策变化导致的市场波动）。其次，这些政策也提升了金融市场的透明度和资本效率，帮助投资者更准确地评估风险和回报，为符合 ESG 标准的项目吸引更多资金。

然而，欧盟政策的实施也为金融机构带来了诸多挑战。例如，数据采集和披露的复杂性要求机构在技术和人力资源方面进行大量投入。许多机构面临如何准确衡量和报告其投资组合的碳足迹的问题，尤其是在缺乏完整数据的情况下。此外，不同国家和地区的监管要求和市场环境存在差异，可能导致跨国机构在遵守欧盟政策时面临协调难题。

为了应对这些挑战，欧盟还提供了一系列支持措施。例如，欧洲投资银行和其他机构通过技术援助和资金支持，帮助金融机构提升数据管理能力和绿色金融产品开发能力。同时，欧盟委员会与 ISSB 等机构合作，推动全球气候相关风险信息披露标准的协调，以减少跨区域法规的不一致性。

总体来说，欧盟的气候相关风险信息披露政策不仅规范了金融机构的运营行为，还为全球绿色金融发展树立了标杆。未来，随着政策的逐步深化和执行力度的加大，欧盟金融机构将在实现碳中和目标和全球可持续转型中发挥更重要的作用。通过严格的披露要求、明确的分类标准以及广泛的支持机制，欧盟正引领全球气候相关风险信息披露的最佳实践。

（二）英国

英国在可持续信息披露领域的发展以《英国公司治理准则》（UK Corporate Governance Code）、TCFD 报告要求、《英国气候披露规则指南》及《可持续披露要求》（Sustainability Disclosure Requirements，SDR）为核心，形成了多层次、体系化的披露框架。

非财务信息披露方面，英国最早在《2006 年公司法》（Companies Act 2006）中引入了非财务信息披露的初步要求，要求大型公司在年度报告中披露环境、员工、社会和人权等非财务信息。作为强化公司治理的基础文件，《英国公司治理准则》要求所有上市公司将 ESG 因素纳入董事会的战略和风险管理考量中，以提高信息披露的透明度和完整性。

强制性气候信息披露方面，英国在气候相关财务信息披露领域的强制性要求由《英国气候披露规则指南》推动，并于 2022 年生效。该指南旨在帮助上市公司、大型私营公司和有限责任合伙公司满足新的强制性气候相关财务信息披露要求。指南的制定是对金融稳定理事会设立的 TCFD 建议的响应，其要求所有气候相关财务信息披露必须与 TCFD 标准保持一致，此外，公司需在年度报告的“非财务和可持续性信息声明”中披露与气候变化相关的风险和机遇，披露内容包括治理安排、战略影响、风险管理流程、绩效目标等方面。指南适用主体包括：拥有超过 500 名员工且在英国监管市场交易可转让证券的公司；拥有超过 500 名员工的银行、保险公司（即相关公共利益主体）；在伦敦证券交易所高增长市场（AIM）上市且员工超过 500

人的英国公司；员工超过 500 人且营业额超过 5 亿英镑的英国公司及非交易性或非银行的大型有限责任合伙公司。适用时间覆盖 2022 年 4 月 6 日及之后开始的会计期间。

气候相关风险信息披露方面，英国是全球第一个将 TCFD 建议写入法律的国家。自 2021 年 4 月起，所有符合条件的上市公司、大型私营公司和有限责任合伙公司都必须在年度报告中披露与 TCFD 框架一致的气候相关财务信息。TCFD 披露要求确保企业能够清晰地传递其面临的气候风险及其管理策略，并在 2022 年扩展至 1300 家大型企业。

SDR 是英国最新推出的关键政策。它在现行的 TCFD 框架基础上，结合 ISSB 和《全球报告倡议》（GRI）的准则，建立一个统一的可持续披露标准体系。SDR 的目标是整合现有披露要求，并在未来几年逐步推广到所有上市公司和金融机构，覆盖 ESG 三大维度。SDR 还计划引入“可持续标签”体系，用以标识符合可持续发展目标的投资产品，并规定投资管理者如何披露其投资组合的可持续发展策略和目标。

英国央行的气候相关财务信息披露方面，英格兰银行在其 2020 年发布的《气候相关财务信息披露报告》中详细阐述了其管理气候风险的战略及实施情况。作为英国央行，英格兰银行通过以下几项措施提升气候风险管理能力。首先，在治理机制方面，英格兰银行建立了包括审慎监管委员会（PRC）、金融政策委员会（FPC）和货币政策委员会（MPC）在内的多层次治理架构，其中，PRC 负责对银行及保险公司的气候风险进行监督，FPC 和 MPC 则承担与之相关的政策执行等工作。其次，英格兰银行的实践战略围绕“风险、报告和回报”三大主题制定，确保公司能够衡量和管理气候变化带来的财务风险，并通过压力测试提高风险透明度。工作重点是确保公司和投资者能够衡量和管理气候变化带来的财务风险，包括持续碳排放产生的物理风险和向净零碳排放世界过渡时出现的转型风险。

报告的重点是通过采用基于 TCFD 构建的框架来提高气候相关风险信息披露的质量，报告战略侧重于鼓励其监管的公司和更广泛的私营部门进行披露，帮助公司和投资者更好地识别向碳中和经济过渡的风险和机遇。

英格兰银行设有专门的市场情报职能部门，还与金融行为监管局（Financial Conduct Authority）和财政部（Her Majesty's Treasury）一起领导公平有效的市场工作。相关市场情报使英格兰银行能够监测绿色和可持续金融市场的发展，并有助于英格兰银行针对影响货币和金融稳定的气候相关风险，制定相应的政策应对措施。

同时，英格兰银行已建立较健全的风险管理框架，该框架覆盖了英格兰银行的所有职能，并明确规定了风险的识别、评估、管理、监控和报告流程。英格兰银行的目标是将气候相关风险纳入这一现有的风险管理框架中，必要时会增加专门针对气候相关风险的管理流程。为了捕捉广泛且具有可预见性的气候相关风险，英格兰银行采取了前瞻性风险管理方法。这种方法旨在增强银行对其各项职能中这些风险影响的理解，使其能够更有效地识别和评估这些风险。而气候相关风险信息披露的分析侧重于识别和评估银行业务中的气候相关风险，这些风险分为两个不同的领域：与银行机构职能有关的风险和与政策实施有关的风险。相关指标覆盖碳足迹、转型风险和物理风险。

目标设定方面，首先，英格兰银行设定到 2030 年将绝对温室气体排放量减少 63%，到 2050 年实现净零排放的目标。其次，为了激励低碳行为，英格兰银行在其内部实施了碳价格机制，初始设定为每吨 45 英镑。这一机制有助于长期决策更好地与碳中和经济相适应。最后，英国政府通过《绿色金融战略》等政策文件，明确表示将在未来的 PRC 的指引中纳入气候相关风险的管理要求。

国际合作与标准协调方面，英国在推动国内可持续信息披露的同时，积极参与国际标准的制定与协调。英国政府宣布将与 ISSB 密切合作，确保 SDR 与 ISSB 标准的相互兼容，并参与全球气候行动倡议（Global Climate Action Initiative）等国际项目，推动跨国界的信息披露标准协调，期望建立全球统一的披露框架。

通过多层次、多维度的政策推进，英国在可持续信息披露体系上不断完善，并在与国际标准的对接方面走在前列。英国政府计划在 2026 年前实施更为严格的公司信息披露要求，这将进一步提高企业对气候变化影响的透明度，帮助投资者、消费者和政策制定者做出更加明智的决策。未来，随着SDR的全面实施，英国的可持续信息披露将为全球市场提供更透明和高质量的信息，助力实现净零排放目标。

（三）法国

在议会举措方面，2009年8月，法国议会通过了《综合环境政策与协商法Ⅰ》。2010年7月，为更好地推动法国绿色经济发展，法国议会通过了《综合环境政策与协商法Ⅱ》。二者合称为《综合环境政策与协商法》。《综合环境政策与协商法Ⅱ》将环境、社会相关信息披露对象从2001年规定的上市公司扩大到了500名员工以上规模的公司。在《联合国气候变化框架公约》第21届缔约方大会（COP21）召开和《巴黎协定》签署之前，法国就于2015年通过了一项关于气候相关风险信息披露的《绿色增长能源转型法》，为保护法国经济体系免受气候相关风险影响铺平了道路。《绿色增长能源转型法》第173条首次对机构投资者提出了强制性要求，强化了法国上市公司的强制性气候信息披露要求。自颁布《绿色增长能源转型法》以来，法国被视为全球强制性气候信息披露的代表和先驱，这不仅使气候相关风险的报告成为大公司和机构投资者普遍接受的主流报告，还使上市公司投资者的投资偏好与法国及国际气候政策保持一致。2015年，《巴黎协定》通过。2016年4月22日，《巴黎协定》在美国纽约联合国大厦签署，并于2016年11月4日起正式实施。《巴黎协定》覆盖全世界共178个缔约方，是对2020年后全球应对气候变化的行动做出的统一安排。《巴黎协定》规定长期目标为将全球平均气温较前工业化时期上升幅度控制在2℃以内，并努力将温度上升幅度控制在1.5℃以内。[①] 法国议会在欧盟NFRD颁布的第1180号法令要求下，对于ESG信息披露的细节做出了进一步的说明。2017年，法国政府正式提出气候计划，启动了“国家低碳战略”和“能

---

① Banque de France, *Banque de France and Acpr Climate Action Report*, 2022.

源计划”的修订工作，并绘制了法国政府未来 15 年内实现能源结构多样化和温室气体减排目标的行动蓝图。2020 年，法国颁布《金融机构气候风险信息披露指引》，强制要求金融机构定期预测评估气候风险，成为首个要求金融机构披露 ESG 信息的国家。2024 年 7 月，法国正式启动碳标签制度。制度要求法国市场上销售的产品需披露环境信息，其中包括要标示其整个生命周期（即从原料、制造、储运、废弃到回收的全过程）及其包装的碳含量。

在法国央行及商业银行关于披露的举措方面，法国央行为于 2017 年成立的央行与监管机构绿色金融网络（NGFS）的创始成员之一，此后一直担任 NGFS 的秘书处。法国央行成立了气候变化执行委员会，负责监督其所有与气候变化相关的举措并确保其协调一致，其主要目的是通过依靠专业知识和促进协同效应的发挥来增强法国央行行动的有效性，并确保法国央行的举措与 NGFS 的优先事项保持一致。在格拉斯哥举行的第 26 届联合国气候变化大会（COP26）期间，法国央行和管理局承诺在 2022 年底前发布一份报告，根据 TCFD 的建议，详细披露法国央行的气候行动。

在长期目标方面，法国央行设置长期目标为：到 2030 年，相较于 1990 年，将法国碳排放水平降低 55%，并到 2050 年实现碳中和。此外，法国央行计划于 2022 年底建立相应的气候指标，以评估公司面临的气候风险并加以控制。而在披露监管机构合作方面，法国银行和法国审慎监管局（Autorité de Contrôle Prudentiel et de Résolution，ACPR）保持监管工作方面的合作，早在 2015 年，双方就已采取识别气候相关风险的举措，以确保金融中心的稳定。2024 年 6 月 18 日，法兰西银行和 ACPR 共同发布了第一份可持续发展报告，该报告汇集并整合了先前在 2022 年 11 月气候行动报告、该报告中有关负责任的年度报告中发布的可持续发展举措和行动以及自 2019 年以来发布的投资信息。报告第一部分主要介绍法兰西银行和 ACPR 的可持续行动，第二部分则详细介绍了法国银行的负责任投资战略。

除了履行其作为法国中央银行和监管机构的职能外，法兰西银行还履行其自身的气候相关风险信息披露企业责任。法国央行重视其自身活动相关的气候风险，以及关心如何降低其实体业务和投资的气候影响程度，来实现可持续发展。目前，法兰西银行正积极致力于通过旨在削减自身温室气体排放的方法实现碳中和，并将气候相关风险披露于《责任投资报告》。

在商业银行举措方面，法国巴黎银行虽然在2022年因披露不充分被法国环保组织起诉，但经调整并完善披露体系后，法国巴黎银行仍是目前法国商业银行气候相关风险信息披露领域的杰出代表。具体而言，法国巴黎银行制定了“向碳中和转型”“循环经济”“可持续储蓄、投资及融资”“社会包容性”“自然资本及生物多样性”等多个可持续发展目标，明确了短期、中期、长期定义，并在报告中详细披露了物理风险与转型风险。①

（四）新加坡

新加坡是亚洲率先对ESG报告采取强制性披露措施的国家。2011年6月，新加坡证券交易所（以下简称“新交所”）发布的《可持续发展报告政策声明》及《可持续发展报告指南》初次指导新加坡上市公司自愿披露ESG相关信息。2016年发布的《新加坡证券交易所上市规则》要求上市公司编制可持续发展报告，对环境保护工作开展情况等信息进行披露，并明确了未定期披露需向新交所解释的规定。同年发布的《可持续发展报告指南（修订）》要求上市公司全面披露ESG因素信息，并对因素识别过程及相关参与主体进行明确，首次发布可持续发展报告的公司只需披露其对实质性ESG因素的评估、有关政策或实践情况。②

2020年12月，新交所投资2000万新加坡元增强可持续发展能力，并更新了《可持续发展报告指南》，强调气候相关风险信息披露的重要性。随后，2021年5月，新加坡金融管理局（MAS）发布《金融机构气候相关披

① Banque de France, *Report on Banque de France and ACPR's Climate Action*, 2022.

② Monetary Authority of Singapore, *Financial Institutions Climate-Related Disclosure Document*, 2021.

露文件》（FCDD），为金融机构提供气候相关披露的指导框架。2021 年 8 月发布的《气候与多样性咨询文件》提出将气候相关风险信息披露纳入发行人可持续发展报告路线图，并分阶段实施强制性披露。同年 12 月发布的《气候及多样性：前进的道路》要求上市公司分行业渐进式地按照 TCFD 的要求进行披露，2023 财年强制性披露气候报告的行业包括：金融业、能源行业、农业、食品和林产品行业。其他行业实施不遵守就解释原则。

在信息披露监管方面，2022 年 6 月 21 日，新加坡会计与企业管理局（ACRA）与新交所监管公司联合成立可持续发展报告咨询委员会（SRAC），就新加坡公司的可持续发展报告路线图提供建议，研究 ISSB 标准的适用性。同年 9 月，新加坡发布 ESG 信息披露平台——ESGenome。2024 年 9 月新交所监管公司发布的《可持续发展报告咨询文件：增强一致性和可比性》对信息披露的监管进行调整，提出按照 IFRS 可持续披露标准制定上市公司信息披露指引，以及将可持续信息披露由不遵守就解释（Comply or Explain）的原则改为强制性披露。文件中提到 2025 年开始的财政年度（2026 年发布可持续发展报告）仍基于不遵守就解释的原则，但是 2026 年开始的财政年度（2027 年发布可持续发展报告）由不遵守就解释的原则改为强制性披露，同时需要将财务报告一同发布。对于开展了可持续发展报告外部审计的上市公司，可以在财政年度结束后的 5 个月内发布。大型上市公司必须在气候报告中披露 Scope 3 碳排放数据，中小型上市公司不做要求。2024 年 9 月 25 日，新交所监管公司发布了对《上市规则》中可持续发展报告要求的变更内容。这些变化旨在提高可持续发展报告的一致性和可比性，将 ISSB 发布的国际财务报告准则可持续发展披露标准，纳入新交所监管公司的可持续发展报告制度体系。

（五）中国

中国金融机构环境信息披露政策体系核心在于引导金融机构真实、及时、连贯且一致地公开环境信息，提升透明度，推动绿色金融发展。

2021 年 7 月 22 日，中国人民银行对外发布《金融机构环境信息披露指南》。该指南提供了金融机构在环境信息披露过程中遵循的原则、披露的形式、内容要素以及各要素的原则要求。适用于境内包括银行、资产管理、保险、信托、期货、证券在内的多类金融机构，旨在明确信息披露范围、形式、频次及其相关标准。

披露原则方面，金融机构应遵守真实、及时、连贯、一致四项基本原则。尽可能客观、准确、完整地向公众披露环境相关信息，注明数据及引用资料的出处。同时，当金融机构或关联机构发生对社会公众利益有重大影响的环境事件时，应及时披露相关信息，并在测算口径、方法及内容上保持连贯性、一致性。

披露频次及内容方面，中国人民银行鼓励金融机构每年至少对外披露一次本机构环境信息，可以选择编制并发布专门的环境信息报告、社会责任报告或年度报告，以披露环境信息。同时，披露内容应涉及报告年度内与环境相关的目标愿景、战略规划、行动及主要成效等年度概况，以及环境相关治理结构、环境相关政策制度、绿色产品与服务创新及环境风险管理流程。

此外，金融机构需要重视外部环境因素对其自身及投资标的可能产生的影响，应及时且准确地披露通过情景分析或压力测试所量化的相关结果。这些披露内容应包括情景分析或压力测试的实际开展情况或未来计划、结果的实际应用情况，以及所采用的方法论、模型和工具等关键信息。

这份指南为中国境内金融机构的环境信息披露提供了系统框架，推动金融行业将环境因素融入运营全过程，其在促进绿色经济转型、优化资源配置和强化环境风险管理方面具有深远意义，为经济的可持续发展奠定了坚实基础。

四　巴塞尔委员会气候相关风险信息披露政策

巴塞尔委员会长期以来在应对全球银行系统的气候相关金融风险上采取整体方法，即以监管、监督和披露为支柱开展工作。在 2021 年与 2022

年，巴塞尔委员会陆续发布了多份有关气候风险驱动因素、气候风险监督和管理原则的文件。在气候相关金融风险信息披露方面，巴塞尔委员会也一直在密切关注全球框架的发展，以提升披露的一致性、可比性和可靠性。

2023 年 6 月，ISSB 发布《国际财务报告可持续披露准则第 2 号——气候相关披露》（IFRS S2），对一系列披露相关标准进行了整合，采用了 TCFD 的四支柱披露框架与全部披露建议，将温室气体核算体系作为碳核算方法论的参考，在可持续发展会计准则委员会（SASB）标准的基础上制定行业特定的披露要求。对于商业银行而言，IFRS S2 要求其进行投资（融资）排放的披露。

巴塞尔委员会于 2023 年 11 月发布了《气候相关金融风险信息披露（征求意见稿）》，就气候相关金融风险的第三支柱披露框架发布征求意见稿。该征求意见稿旨在征求利益相关者对委员会初步工作结果和金融机构披露要求初步提案的意见，这些工作结果和提案将用于补充 ISSB 框架，并为国际银行提供一个共同的披露标准。

该文件提出了更高和更细致的要求，特别是在定量披露方面提供了详尽的模板，要求银行披露分行业的融资排放和排放强度、按贷款类型和区域披露受物理风险影响的敞口、按能源效率水平披露不同能效水平的房地产抵押贷款敞口等。下面就该征求意见稿给出的气候相关金融风险定性和定量披露要求及由各国自行决定的定量披露项目进行介绍。

（一）定性披露要求

有关银行气候相关金融风险敞口定性信息的披露有助于确保银行的披露信息足够全面和有意义。此类披露提供了更具前瞻性的视角，并减少了单独考虑定量披露可能带来的潜在意外后果的风险。巴塞尔委员会给出关于银行披露定性信息的方面，具体包括：与气候相关金融风险有关的治理结构、战略、风险管理，以及集中风险管理（见表 1 至表 4）。

表 1　治理结构披露

序号	具体披露内容
(a)	负责监督气候相关金融风险的治理结构,包括职责范围、任务授权、角色描述和其他相关政策中反映的职责分工
(b)	董事会如何确保具备适当的能力来监督应对气候相关金融风险的策略
(c)	董事会及其委员会如何以及多久获取气候相关金融风险的信息
(d)	董事会及其委员会在监督银行战略、重大交易决策、风险管理流程和相关政策时,如何考虑气候相关金融风险,包括董事会是否做出与这些风险相关的权衡取舍
(e)	董事会如何监督气候相关金融风险预测以及如何监督这些预测的进展情况,包括相关绩效指标是否以及如何纳入薪酬政策
(f)	管理层监测、管理和监督气候相关金融风险的治理流程、控制和程序中的角色,包括:该角色是否被委派给特定的管理层职位或管理层委员会,以及如何对该职位或委员会进行监督;管理层是否使用控制和程序来支持气候相关金融风险的监督,如果是,那么这些控制和程序如何与其他内部职能整合

资料来源:巴塞尔委员会发布的《气候相关金融风险信息披露(征求意见稿)》,下同。

表 2　战略披露

序号	具体披露内容
(a)	可能合理预期会影响银行前景的气候相关金融风险
(b)	这些气候相关金融风险对银行商业模式和价值链的当前和预期影响
(c)	重大气候相关金融风险对其战略和决策的影响,包括其气候相关转型计划
(d)	这些气候相关金融风险对银行在报告期内的财务状况、财务表现和现金流的影响,以及它们对银行在短期、中期和长期内的财务状况、财务表现和现金流的预期影响,考虑到这些气候相关金融风险如何被纳入银行的财务规划
(e)	银行的战略及其商业模式对气候相关变化、发展和不确定性的韧性

表 3　风险管理披露

序号	具体披露内容
(a)	银行用于识别、评估、优先排序和监测气候相关金融风险的过程和相关政策,包括以下信息:使用的输入参数(例如,数据来源和覆盖的操作范围);是否以及如何利用气候相关情景分析来辅助识别气候相关金融风险;如何评估这些风险的性质、可能性和影响规模(例如,银行是否考虑定性因素、阈值或其他标准);是否以及如何将气候相关金融风险相对于其他类型风险进行优先排序;如何监测气候相关金融风险;是否从前一个报告期开始改变其使用的过程
(b)	识别、评估、优先排序和监测气候相关金融风险的过程在多大程度上与银行的整体风险管理过程相结合,并如何提供信息

表 4　集中风险管理披露

序号	具体披露内容
(a)	可能合理预期会影响银行前景的气候相关金融风险
(b)	银行应提供定性信息，反映其融资在支持其对手方气候变化缓解和适应方面的程度。应详细说明所使用的工具类型、融资项目的性质和类型，以及任何其他有助于用户理解银行气候风险管理框架的信息
(c)	银行应提供确定哪些敞口受物理风险影响的方法的详细信息，包括：描述所选气候相关的长期和急性事件，以及选择这些特定事件的动机（例如，洪水、沉降、沿海侵蚀、海平面上升、飓风和野火）和基于银行的商业模式；确定用于评估每个气候相关事件造成的物理风险的地理划分/颗粒度的基础标准；根据银行的投资组合进行的行业考虑；用于评估物理风险的时间范围和情景；根据对手方活动的地理位置来分配受物理风险影响的敞口时的考虑因素
(d)	银行应披露：高转型或物理风险的对手方敞口对银行整体风险和财务表现的潜在影响；识别脆弱集中敞口和评估相关风险的可能性及其影响的过程（例如，使用的定性因素、定量指标和其他标准）；是否以及如何监测行业或地理位置内的敞口集中度；气候相关集中风险对银行战略和决策的影响，包括银行如何减轻气候相关集中风险

（二）定量披露要求

除了定性披露外，巴塞尔委员会还在探讨银行的定量披露要求。以下描述的指标旨在作为委员会正在考虑的指标类型的示例。巴塞尔委员会给出关于银行披露定量信息的方面，具体包括：按行业划分的风险敞口、融资排放，以及按地理区域划分的受物理风险影响的风险敞口（见表 5）。

表 5　定量披露要求

分类	具体披露内容
按行业划分的风险敞口	转型风险的经济和金融影响可能因债务人所处行业的不同而异，因为某些行业对向低碳经济的转型更为敏感，这种转型是由政府政策、技术和市场情绪的变化所推动的。这些因素可能会影响银行的盈利能力，例如，通过降低收入，增加信用损失，增加运营、法律和监管成本，并对其整体风险状况和信用质量产生影响。银行应按照标准化的经济活动部门披露对非金融企业的风险敞口。这将为银行在不同行业的风险敞口集中度提供更高的透明度，并帮助用户评估银行对向低碳经济转型的敏感性。巴塞尔委员会提出应按全球行业分类标准（GICS）将非金融企业按部门分类，使用 6 位或 8 位的行业级别代码，而对任何部门的不重要敞口将汇总为“其他部门”，但对 TCFD 定义的 18 个子行业的敞口除外

续表

分类	具体披露内容
融资排放	融资排放是指银行贷款和投资相关的温室气体排放,这些排放属于第 3 类排放。对于银行来说,融资排放通常是其总温室气体排放中最显著的部分。债务人的排放量可以被视为其转型风险的一个指标。因此,银行披露第 1 类、第 2 类和第 3 类融资排放量,可以向市场参与者提供一个银行暴露于气候相关转型风险的指示以及对其风险状况的相关影响。披露该指标有助于市场参与者评估银行是否充分识别、管理和监控其融资排放可能带来的风险,以及如何计算这些风险
按地理区域划分的受物理风险影响的风险敞口	巴塞尔委员会将物理风险定义为由于以下原因而导致的经济成本和金融损失:(i)极端气候变化相关天气事件的频率和严重性增加;(ii)长期气候的逐步变化;(iii)气候变化的间接影响。银行应披露按地理区域划分的风险敞口,以便市场参与者更好地了解基于地理区域划分的风险敞口的银行风险状况

(三)由各国自行决定的定量披露项目

由于全球范围内技术专长水平不同、数据不足,且缺乏必要的国际公认术语和方法,因此巴塞尔委员会为保障披露的一致性和可比性提出应由各国自行决定三个附加定量指标,具体包括:根据能源效率水平划分的抵押贷款组合中的房地产风险敞口、每单位产出的排放强度,以及与资本市场和财务咨询活动相关的排放。

巴塞尔委员会发布的第三支柱披露征求意见稿表明,巴塞尔委员会正在分析气候相关金融风险第三支柱披露框架如何进一步履行其职责,强化全球银行的监管、监督和实践,以增强金融稳定性,并探讨该框架的潜在设计。同时该文件也为金融机构和监管者提供了参考标准。

五 以上国家和地区披露政策与巴塞尔框架的关系及比较

以上国家和地区披露政策与巴塞尔框架密切相关,它们共同构成了全球气候风险管理和信息披露体系。巴塞尔框架作为全球银行业监管的国际标准，其制定的气候风险管理和信息披露标准对各国金融监管政策具有重要的指导意义。

（一）相关性

1. 目标一致性

以上国家和地区披露政策与巴塞尔框架都旨在提高金融机构气候风险管理的透明度和可比性，促进市场纪律的有效执行，推动金融体系更好地识别、评估和管理气候风险，从而维护金融稳定。

2. 内容衔接性

以上国家和地区披露政策与巴塞尔框架的原则和要求在很大程度上趋同。例如，对治理、战略和风险管理三大主题的关注，以及对转型风险和物理风险的评估等。

3. 国际协同性

以上国家和地区与巴塞尔委员会之间保持着密切的沟通和合作，共同推动气候相关风险信息披露标准的制定和完善，以应对全球气候变化带来的挑战。

（二）相同点

1. 关注三大主题：治理、战略和风险管理

中国的《金融机构环境信息披露指南》、新加坡的 FCDD 以及欧盟气候风险指南都强调了三大主题对于金融机构管理气候风险的重要性，并要求金融机构披露相关信息。

2. 强调转型风险和物理风险的评估

以上国家和地区披露政策与巴塞尔框架都将转型风险和物理风险视为气候相关财务风险的主要类别，并要求金融机构评估这些风险对其业务和投资组合的影响。

3. 重视情景分析和压力测试的应用

以上国家和地区披露政策与巴塞尔框架都鼓励金融机构使用情景分析和压力测试等方法，量化气候相关风险对财务状况和经营业绩的潜在影响。

4. 推动数据质量和可比性的提升

以上国家和地区披露政策与巴塞尔框架都强调数据质量和可比性的提升对于有效评估和管理气候风险的重要性，并鼓励金融机构采用一致的指标和方法进行信息披露。

（三）区别点

1. 披露的强制性程度不同

中国的披露指南目前以鼓励为主，尚未强制要求所有金融机构进行环境信息披露；新加坡的 FCDD 则采用不遵守就解释的原则，鼓励金融机构解释未披露某些信息的原因；欧盟和英国的披露规则则具有更高程度的强制性，要求符合条件的金融机构必须披露气候相关信息；巴塞尔框架目前处于征求意见阶段，未来框架的强制性程度尚待确定。总体而言，欧盟和英国的政策更为严格，有利于提高金融机构的参与度和信息披露质量。但强制性披露也可能增加金融机构的合规成本，尤其对于发展中国家而言。

2. 披露的范围和指标体系存在差异

中国的披露指南更侧重于绿色金融业务和环境风险管理，例如绿色信贷、绿色债券等；而新加坡的 FCDD 则涵盖了更广泛的气候相关风险和机遇，并鼓励金融机构披露其投资组合在 2℃情景下的战略韧性；欧盟的气候风险指南强调抵押贷款组合中的能源效率问题，并鼓励金融机构根据能源标签对抵押贷款进行定价差异化处理；巴塞尔框架则更加关注银行账簿中的气候风险敞口，并提出了具体的指标和模板。总体而言，巴塞尔框架更加细化和具体，有利于提高数据可比性和分析价值。但以上国家和地区金融体系和气候风险特征存在差异，需要根据自身情况建立合适的指标体系，避免“一刀切”。

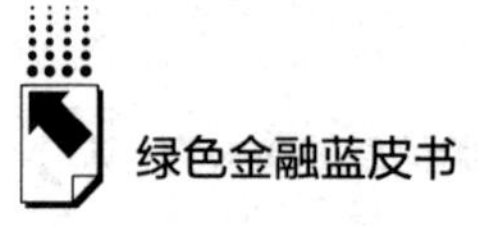

3. 披露的频率和形式各异

中国鼓励金融机构每年至少披露一次环境信息；新加坡的 FCDD 也建议进行年度披露；欧盟和英国的披露规则则要求更频繁，例如每半年或每季度披露一次。披露形式方面，以上国家和地区与巴塞尔框架都支持多种形式，例如单独的环境信息报告、可持续发展报告或作为年度报告中的一部分。

4. 前瞻性披露要求各异

巴塞尔框架鼓励金融机构披露更多与气候情景分析、转型路径和未来目标相关的信息；新加坡的 FCDD 鼓励金融机构披露其应对气候变化的战略和目标，例如减排目标、可再生能源投资计划等；欧盟气候风险指南要求金融机构评估气候变化对其长期业务战略的影响，并披露其应对措施；中国的披露指南鼓励金融机构披露其绿色金融发展战略和目标，但对前瞻性信息的披露要求相对较低。从前瞻性信息披露来看，巴塞尔框架和新加坡的 FCDD 更为重视此类信息，这有利于引导市场预期，促进低碳转型。前瞻性信息披露需要金融机构具备更强的分析能力和更扎实的数据基础，这也是中国未来需要继续努力的方向。

总体而言，以上国家和地区披露政策与巴塞尔框架在总体目标和原则上趋于一致，但在具体要求和实施路径上存在差异。这与不同主体金融体系发展阶段、监管环境和气候风险特征不同有关。未来，随着气候风险管理的不断深化和国际合作的加强，预计以上国家和地区披露政策与巴塞尔框架将进一步趋同，形成更加完善和统一的气候相关风险信息披露体系。

对于中国的金融机构环境信息披露，本报告提出以下四点建议。一是提升强制性程度，逐步将环境信息披露要求从鼓励性转变为强制性，以提高金融机构参与度和信息披露质量。二是细化指标体系，参考巴塞尔框架和其他国际最佳实践，进一步细化环境信息披露的指标体系，提高数据可比性和分析价值。三是加强前瞻性信息披露，鼓励金融机构披露更多与气候情景分析、转型路径和未来目标相关的信息，引导市场预期，促进低碳转型。四是关注数据质量和可信度，建立健全数据质量管理机制，鼓励第三方核查和认证，确保披露信息的准确性和可靠性。

六　趋势与挑战

近年来，全球气候相关风险信息披露呈现标准化和强制化的显著趋势。国际和地区机构加速推动气候相关风险信息披露全球统一标准的制定与实施，旨在提升信息的可比性和透明度，减少跨区域的披露差异，ISSB 等机构正致力于整合现有框架，为跨国金融机构和投资者提供更具一致性和可操作性的指引。同时，披露要求正在从自愿逐步转向强制，越来越多的国家和地区将气候相关风险信息披露纳入法律法规，例如欧盟通过 SFDR 和 CSRD，要求企业披露气候风险及其对业务的影响。这种转变对金融机构具有显著的好处，不仅能够提升其风险管理能力，降低潜在财务和法律风险，还可以增强投资者和利益相关者的信心。更重要的是，金融机构作为资金分配的核心枢纽，其强制性披露有助于推动其他行业和整个社会加强气候相关风险信息披露，形成连锁反应，加速资金向低碳领域流动，从而推动全球经济朝可持续发展方向转型。

然而，这一趋势也面临挑战。一是不同标准之间的指标和思路有待协同。面对多个标准，企业往往会面临选择挑战，这不利于可持续信息披露的整体发展。标准制定机构也认识到这个问题，因此积极寻求不同标准之间的协同。除了指标设计等技术问题的差异，标准制定目标和思路方面的协同也十分重要。例如，ISSB 认为披露的目标主要是服务通用目的财务报告的主要使用者，即投资人；而 GRI 认为披露应该关注多利益相关者视角，既要考虑财务视角，也要考虑环境和社会视角。二是数据不足。目前，气候数据基础相对薄弱，企业自行收集数据难度大、成本高、效率低，亟须建立国家统一数据平台，在国家层面建立企业气候数据收集统计机制，搭建数据共享平台，避免多头收集、重复统计。同时还需确立统一、权威的气候相关风险核算范围、计算方法，制定符合中国国情的可靠计量标准。虽然存在诸多挑战，但总体来看，强制性披露将为气候治理和金融稳定提供重要支持。

B.6
性别金融报告

阿依达·阿尔生*

摘　要： 性别金融旨在解决全球性别不平等问题，对经济可持续增长和社会公平意义重大。其通过政策引导等方式将性别平等视角嵌入金融体系，与可持续金融紧密相关，且能推动多个可持续发展目标实现。全球在性别金融实践方面，创新应用了多种产品，如性别贷款类、性别债券类、保险类和基金类产品，众多国际主体也积极参与。然而，性别金融发展面临政策与制度、数据资源、社会认知层面的障碍，中国在发展中也面临一定的挑战。未来，需从优化政策、加强能力建设、推动产品创新、转变社会认知、强化国际协作等方面，推动性别金融发展，助力实现全球性别平等和可持续发展。

关键词： 性别金融　性别平等　可持续发展　金融创新

一　性别金融的背景与意义

性别金融（Gender Finance）旨在解决全球范围内的性别不平等问题，特别是在就业机会、收入、财富积累、领导岗位、融资机会以及金融自主权等方面表现出的结构性不平等。这类结构性不平等不但影响社会的公平性，同时制约全球经济的可持续增长。①

---

* 阿依达·阿尔生，中央财经大学绿色金融国际研究院助理研究员，研究方向为可持续金融、性别金融。

① "Gender Finance Booklet", UN Women, 2023, https://www.unwomen.org/sites/default/files/2023-12/booklet-gender-finance-2023-en.pdf.

据世界银行《2023年妇女、营商与法律》报告评估，全世界仍有近24亿职场适龄女性不享有与男性同等的权利。① 在劳动力市场参与度方面，女性仅占全球劳动力的42%，在高层领导岗位中的占比低至31.7%，几乎在所有行业和经济体中，女性的占比都显著低于男性。尽管女性在初级职位中占据了50%的份额，但在最高管理层的占比仅为25%。② 同时，全球男女薪酬差距普遍存在，据估计高达20%左右，同工不同酬的现象长期未能得到有效改变。③ 在资本获取与市场准入方面，性别差距依然显著。世界银行的统计数据显示，在“无银行账户”的群体中女性占比高达54%，约7.4亿女性缺乏获取银行服务的能力和渠道。④ 女性企业家在筹集债务、股权资金以及参与全球价值链时，普遍面临资本获取障碍，并且在各级金融体系中代表性严重不足。据统计，女性主导的中小企业⑤在信贷方面存在1.4万亿~1.7万亿美元的巨大缺口⑥，这极大地限制了女性企业家的发展空间与潜力。

性别不平等对经济效率、社会包容性和可持续发展带来了深远的负面影响。尽管不同地区的性别不平等在表现形式和主要问题上存在一定差异，但核心问题具有共性。首先，女性劳动参与率普遍较低，这导致劳动力资源的浪费，据统计，缩小性别就业差距能够使各国的长期人均GDP提高近20%。⑦

---

① “Women, Business and the Law 2023 Report”, World Bank, 2023, https: //wbl. worldbank. org/en/reports.

② 《缩小就业领域的性别差距可以使全球GDP增加20%》，世界经济论坛，2024年7月23日，https: //cn. weforum. org/stories/2024/07/women-work-gender-gap-2024-cn/。

③ 《国际同工同酬日》，联合国网站，https: //www. un. org/zh/observances/equal-pay-day。

④ 《女性与增长》，国际货币基金组织网站，2019年3月，https: //www. imf. org/external/chinese/pubs/ft/fandd/2019/03/pdf/fd0319c. pdf。

⑤ 据IFC定义，女性主导的中小企业是指参考IFC对女性主导或管理的企业（woman-owned enterprise）的定义。女性拥有的企业是指女性拥有51%及以上的股权；或者女性拥有20%及以上的股权，且不止1名女性担任首席执行官/首席营运官（总裁/副总裁），且董事会（如有）有30%及以上的女性成员。

⑥ 《推动可持续未来：中国性别金融发展态势分析报告》，联合国妇女署、中央财经大学绿色金融国际研究院，https: //asiapacific. unwomen. org/sites/default/files/2025-01/cn-c1389-landscape-analysis-summary_ zhongwen-m. pdf。

⑦ 《实现妇女平等权利的改革速度降至20年来最低》，世界银行网站，2023年3月2日，https: //www. shihang. org/zh/news/press-release/2023/03/02/pace-of-reform-toward-equal-rights-for-women-falls-to-20-year-low。

其次，女性高层管理者的占比严重不足。这种性别失衡限制了多元化视角在决策过程中的引入，而多元化被广泛认为能够提高组织的创新力和适应力，从而影响决策质量和企业的长期发展。同时，女性在金融决策中表现出的风险规避意识以及对长期收益的注重如能被更好地利用，将有助于优化资源配置、降低系统性风险并提高企业决策的全面性和可持续性。因而，管理层的性别失衡不利于企业长期发展并削弱其市场竞争力。另外，薪酬差距与同工不同酬现象使女性的平均薪资明显低于男性，这不仅直接削弱了女性的经济独立性，还限制了其资本积累能力，进一步加剧了财富分配的不平等。这种不平等不仅影响个人福祉，还加剧了社会的不公平性，从而对社会的包容性构成威胁。最后，从金融服务的视角来看，女性在获取融资、信贷支持和普惠金融服务方面面临显著障碍。这些障碍限制了女性企业家的发展，使得许多女性主导的中小企业因资金短缺而难以扩展业务。这不仅对女性的经济地位造成削弱，也制约了整体经济增长潜力的释放，最终削弱了社会整体的可持续发展能力。据统计，若女性能以与男性相同的速度开办新企业并扩大企业规模，全球经济收益可达 5 万亿~6 万亿美元。[①]

性别平等在全球可持续发展议程中占据核心地位，在联合国制定的 17 个可持续发展目标（SDGs）及其 231 个具体指标中，有超过 52 个直接涉及性别平等和女性赋权。在技术变革驱动劳动力市场转型、全球卫生危机加剧照护责任分配不平等多重挑战叠加的背景下，女性面临的经济与社会处境更加艰难。然而，性别问题不仅是全球性议题的核心，也是解决其他关键议题的重要切入点，二者之间具有交叉性和关联性。以气候变化为例，其对女性的影响尤为显著，尤其是在依赖农业维持生计的经济体中，女性往往依赖自然资源获取收入和生活保障，因此气候变化带来的环境恶化和资源匮乏会进一步加剧性别不平等。但与此同时，女性在环境管理、社区治理和应对气候变化中扮演不可或缺的角色。《巴黎协定》明确指出，在应对气候变化、减少碳排

① “Women, Business and the Law 2023 Report”, World Bank, 2023, https://wbl.worldbank.org/en/reports.

放和降低气候风险的过程中，必须注重实现性别平等并赋予女性更多权利。这不仅是性别正义的体现，也是推动全球气候行动的必要条件。

发展性别金融能够赋能女性在社会和经济中的全面参与，可以促进其他可持续发展目标实现，例如，支持女性创业和提升女性的财务独立性，可以有效缓解贫困，同时激发女性的创新潜力，推动经济增长和社会包容性提高；通过金融支持女性主导的清洁能源项目、气候适应型农业实践以及环境保护行动，这不仅帮助女性提升其在家庭和社区中的经济地位，还显著增强了这些项目的社会影响力和可持续性。这种结合性别视角的金融创新，展示了性别金融作为一种综合性工具在推动全球可持续发展议程中的独特价值。因此，发展性别金融可从提升女性劳动参与率、缩小薪酬差距和提高女性金融服务可及性等方面入手，解决性别不平等问题，从而实现经济和社会的高效协同发展。

二　性别金融的定义与发展脉络

（一）性别金融的定义与核心概念

性别金融是基于对全球性别不平等问题的认识提出的系统性金融解决方案。其核心是通过政策引导、金融工具和资本流动，更为全面地解决女性面临的复杂金融挑战，有效缩小性别差距，提升女性经济地位，提高社会包容性与推动可持续发展。性别金融包含一系列实现金融包容性和性别平等的工具与方法，通过调整金融资源的分配与使用，将性别平等视角与目标嵌入金融体系，进而实现经济效率与社会公平的双重目标。具体方法包括但不限于以下几种。一是促进性别平等的预算：政府实现性别平等的重要工具，需要多方参与，以确保通过公共资源有效收集和分配，实现性别平等与女性赋能。[①] 二

① “ ‘Gender Responsive Budgeting.’ Focus Areas: Women, Poverty & Economics, n. d. ”, UN Women Asia and the Pacific, https://asiapacific.unwomen.org/en/focus-areas/women-poverty-economics/gender-responsive-budgeting.

是性别视角投资：市场在整个投资过程中纳入性别相关因素的考量，以促进性别平等实现的投资方法。① 除此之外，性别视角投资还能够通过针对性别因素设计创新型金融产品，如贷款和保险，提升妇女的金融可及性。

作为一个多维度、多层次的金融实践框架，性别金融涵盖一系列丰富的战略举措、新兴概念与多元工具。性别主流化，作为实现性别平等的一项全球性战略，贯穿政策制定与执行的全过程。各项政策、项目及行动计划的设计构思、落地实施、动态监测与成效评估等环节，均需全面考量其对不同群体产生的不同影响。这一战略旨在将性别平等融入各领域的核心考量维度，从根源上避免性别不平等现象的出现。在投资领域，性别影响力投资是性别金融的重要实践形式之一。秉持这一理念的投资者，在追求财务回报的同时，会有针对性地将资金投向那些能够产生积极且可量化社会与环境影响的项目，其中便包括诸多致力于促进性别平等的项目，例如，为女性创业提供支持、加大女性职业技能培训力度等，通过经济赋能的方式，助力女性在社会经济结构中获取更为平等的地位。2010 年，联合国妇女署（UN Women）与联合国全球契约组织（UN Global Compact）共同制定了女性赋权原则（Women's Empowerment Principles，简称 WEPs）。该原则旨在为企业提供一套全面且具有实操性的指南，助力企业在工作场所、市场拓展以及社区互动等方面，切实推动性别平等并增强女性赋能。具体而言，该原则涉及推动供应链与市场营销中的性别平等，积极推进与女性主导企业的合作，建立健全监测与报告机制，并定期公布在性别平等领域取得的成果及面临的挑战等内容。目前，全球已有超过 10000 家企业签署了这一原则，借助原则提出的各项要求，引导企业在商业行为中融入性别视角，推动性别平等目标在企业运营层面的有效落实。

性别金融的核心要义主要体现在以下几个方面。一是性别视角的系统性嵌入。金融政策拟定、金融产品研发以及资本配置等环节，均以系统性的方

① "Gender-Lens Investing", United Nations Industrial Development Organization, https://www.unido.org/gender-lens-investing.

式融入性别视角。对不同性别客户在金融需求、风险承受能力等方面的差异进行分析，实现金融资源分配的精准性与公平性。例如，在设计信贷产品时，充分考量女性在创业与就业过程中面临的特殊资金需求和障碍，为其量身定制更适宜的额度、利率及还款方式。二是兼顾社会影响与经济收益。性别金融致力于在追求积极社会影响的同时，实现可持续的经济回报。一方面，高度重视对性别平等目标的推动，通过金融手段支持女性在教育、就业、创业等领域的发展，缩小性别差距，促进社会公平。另一方面，基于对女性经济角色、创业潜力、风险偏好及经济贡献的深入洞察，挖掘向女性群体投资蕴含的巨大商业价值，确保资金投入能收获稳健的财务收益，实现社会价值与经济价值的有机统一。三是系统整合与多维度协同。以系统性思维剖析性别不平等问题的根源，从金融、经济、社会等多个维度出发，探索综合性解决方案。将女性视为金融生态中不可或缺的组成部分，充分挖掘女性在金融活动中的独特作用与潜力，借助金融杠杆推动社会资源在不同性别群体间的合理流动与高效配置。例如，通过发展女性主导的金融机构、培养女性金融人才等方式，提升女性在金融领域的话语权与参与度，进而带动整个社会经济结构的优化升级。

（二）性别金融与可持续金融的关系

联合国开发计划署（UNDP）于 2017 年提出了可持续发展目标影响力投融资（SDG Impact Finance，简称“可持续发展投融资”）的概念，倡导对可持续发展目标实现具有直接影响力的投融资活动，并积极推动可持续发展投融资体系建设。可持续金融（Sustainable Finance）作为综合性金融理念与实践体系，囊括绿色金融、责任投资、社会影响力投资等多元模式，通过引导资金流向环境友好、社会公平且治理有效的经济活动，推动经济、社会和环境协调发展，以契合联合国制定的 17 项可持续发展目标（SDGs）。在这一体系架构下，性别金融作为关键分支，聚焦于解决金融领域中的性别不平等问题，通过保障女性在金融服务获取、金融决策参与等方面的平等权利，推动性别平等这一重要的可持续目标实现。图 1 呈现了性别金融与可持续金融的关系。

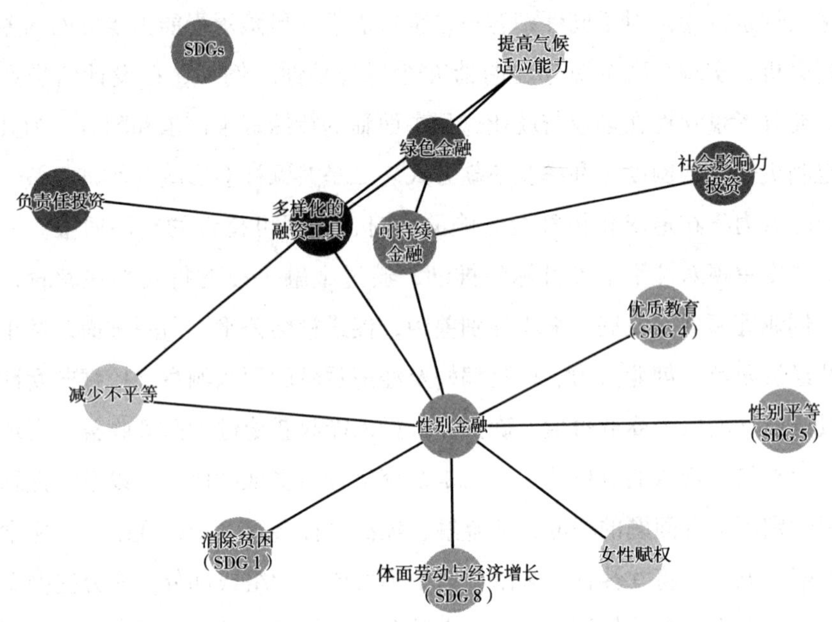

图1 性别金融与可持续金融的关系

在联合国可持续发展目标中，性别平等是目标5，而可持续金融涵盖的诸多方面与消除贫困（SDG 1）、优质教育（SDG 4）、体面工作与经济增长（SDG 8）等多个目标紧密相关。在许多发展中国家，女性往往被排除在传统金融体系之外，这使得她们的经济潜力被严重低估。性别金融通过提供普惠金融服务（如小额信贷、女性专属的储蓄和保险产品），帮助女性获得资金，用于创业、教育子女和改善家庭生活。同时，女性在获得金融支持后，能够提升自身教育水平和职业技能，促进体面工作和经济增长目标的达成。性别金融通过赋能女性，为消除贫困、促进体面工作、减少不平等等可持续发展目标的实现提供了重要助力。与此同时，可持续金融从更宏观的角度调动资源，应对气候变化、增进社会福祉。在这一过程中，性别金融不仅是可持续金融的重要子类别，更是推动其深入发展的关键驱动因素。

性别金融不仅是一个独立的投资领域，还能够与其他可持续金融子类别实现深度融合，特别是在绿色金融领域发挥重要的协同效应。通过支持女性主导的绿色创新项目，性别金融为绿色经济注入多样性视角和社会包容性。例如，在许多社区，女性作为土地使用者、资源管理者和家庭决策者，处于推动可持续发展的前线。通过绿色金融支持女性参与可持续农业、清洁能源推广等项目，不仅有助于减排目标实现，还能够显著提升女性在家庭和社区中的经济地位与社会影响力。

绿色金融与性别金融的融合可以通过创新的金融工具得以深化，例如，发行同时关注性别平等与绿色转型的绿色、社会、可持续发展及与可持续发展挂钩的债券（GSSS）。这些工具不仅拓展了绿色金融的覆盖范围，也通过兼顾社会目标与环境目标吸引了更多元化的资本。① 然而，从性别视角分析绿色贷款的分配情况可以发现，女性获得的资金往往偏向于小额一次性贷款。这种局限性显著减少了她们进行大规模投资以提升气候适应能力的机会，同时限制了她们在绿色转型中做出更大贡献。② 这表明，性别金融与绿色金融的有机融合不仅能够提高可持续金融的社会效益，还能有效解决现有金融体系忽视性别多样性的问题。

三 全球性别金融的实践与案例

（一）性别金融产品的创新与应用

1. 性别贷款类产品

性别贷款类产品通过将性别平等指标纳入贷款审批、绩效评估和激励体系中，不仅为借款方提供资金支持，还以优惠利率、绩效奖励等手段，激励借款方在雇用女性、促进性别薪酬平等、提升女性领导力等方面做出持续改进。这种类型的产品旨在解决女性在传统金融体系中面临的资产不足、高利

---

① 《推动可持续未来：中国性别金融发展态势分析报告》，联合国妇女署、中央财经大学绿色金融国际研究院，https：//asiapacific. unwomen. org/sites/default/files/2025 - 01/cn - c1389 - landscape-analysis-summary_ zhongwen-m. pdf。

② 《微型、小型和中型（中小微企业）获得信贷》，联合国国际贸易法委员会网站，2021 年 10 月 4 日，https：//documents. un. org/doc/undoc/ltd/v21/056/94/pdf/v2105694. pdf。

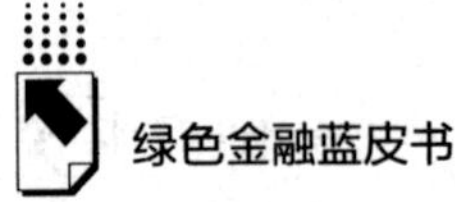

率和担保要求等融资障碍，同时推动企业内部改革。①

（1）性别贷款助力新能源发展

2019年，Garanti BBVA银行开创性地发放了全球首笔性别贷款，用于支持土耳其一家能源公司开发建造该国最大的风力发电项目（见表1）。Garanti BBVA银行设计了一套专门针对性别平等状况的贷款评估体系，该体系设定了明确的性别平等衡量标准，涵盖女性员工占比、薪酬公平性等维度。若项目在运营过程中，每年在这些性别平等指标上有所改善，银行将通过降低贷款利率、延长还款期限等优惠措施予以奖励。该项目的实施成果显著，不仅在能源开发领域取得进展，还在缩小土耳其能源行业的性别及工资差距方面有所成效，有力地提升了当地女性的就业率，为女性在能源行业的发展创造了更多机会。

表1　土耳其 Polat Energy 风电公司性别贷款

土耳其 Polat Energy 风电公司于2019年获得 Garanti BBVA 银行4400万美元贷款，用于建设土耳其最大风电场 Soma 4
贷款组成： • 2140万美元现金，8年到期 • 2260万美元非现金，11.5年到期
贷款评估体系：Garanti BBVA 银行制定了一个涵盖整个价值链的基于性别平等指标的绩效评估体系
评估内容： 1. 产后返岗位 2. 招聘中性别平等 3. 在供应链中优先选择女性为主要合伙人的企业进行合作 4. 男女同工同酬 5. 防止性骚扰政策 6. 应对性别歧视的培训
绩效评估标准： 1. 将初步评估的分数将作为基准； 2. 若每年评估结果显示有所改进，Garanti BBVA 银行将提供更优惠的贷款条件： ①降低现金部分的利率，并减少非现金部分的佣金 ②Garanti BBVA 银行将根据需要提供技术支持

① 《性别视角投资市场现状》，SASAKAWA Peace Foundation，2020年7月，https：//www.spf.org/en/global-data/user50/SPF-gender_ investmentreport_ chinese.pdf。

（2）可持续挂钩贷款弥合基础设施行业性别鸿沟

2021 年，国际金融公司（IFC）向土耳其伊兹密尔供水和污水管理局（IZSU）提供了一笔价值 3000 万美元、以土耳其里拉计价的可持续挂钩贷款（见表 2）。此笔资金专项用于资助 IZSU 扩建雨水、小水道和水管以及提升饮用水处理能力。这一投资将为土耳其第三大城市伊兹密尔提供更加稳定可靠、更高质量的饮用水。该可持续挂钩贷款设置了一系列关键绩效指标（KPIs），除了与水处理成效直接相关的技术指标外，还特别纳入了促进当地性别平等的相关指标。例如，明确要求在 2026 年 IZSU 需雇用至少 300 名女性员工，若达成这一目标，IFC 将降低其贷款利率。对于 IZSU 而言，参与该项目不仅能够凭借降低贷款利率减少融资成本，还能通过招聘女性员工，丰富其技术职务人才库，降低性别暴力和性骚扰可能引发的潜在业务成本。同时，这一举措有助于为该地区女性提供更多就业机会，显著改善城市供水基础设施，使 IZSU 成为该地区基础设施可持续发展与性别平等融合方面的典范。

表 2　土耳其伊兹密尔供水和污水管理局（IZSU）可持续挂钩贷款

贷款评估	措施	指标	成效(预期)
气候方面 (2020~2023 年)	通过一个水处理厂以及 315 公里雨水和污水处理基础设施的建设，提高伊兹密尔供水网络的可靠性	供水和污水处理服务的数量，供水管网和污水管网长度	为供水、废水和雨水综合利用项目提供资金，改善约 46.3 万名市民的供水状况，并预计为 20 万人提供更优质的饮用水
	将优质饮用水由每天 250 立方米提高到每天 261 立方米	处理的饮用水体积	
	在用水高度紧张的地区展示低成本、创新和方便普及的节水方案，并展示城市如何为气候变化做好准备	成功复制和实施节水方案的市政水务公司数量	
性别方面 (2020~2026 年)	在女性比例低于 10%的技术岗位上聘用 300 名女性，将其劳动力比例从 2%提高到 10%	增加合同制女性雇员数量	支持性别平等和包容性工作，提高 IZSU 女性员工比例，并重视性暴力和性骚扰的教育与

续表

贷款评估	措施	指标	成效(预期)
性别方面(2020~2026年)	对工作环境中的性别平等情况进行评估,比如雇用政策和妇女就业障碍	提交性别评估	预防。IZSU 将雇用至少 300 名女性担任重型车辆司机、机械操作员、维修人员和其他通常女性人数不足的职位
	制定性别行动计划,使男女平等获得工作机会,并在 IZSU 的每个服务领域增加女性员工	提交两性平等行动计划	
	与外部专家合作,为管理人员、人力资源人员、员工和承包商制定并实施培训计划,以提高对性暴力和性骚扰的认知	向国际金融公司提交培训方案	

(3)超越融资(The Beyond Finance)

“超越融资计划”由女性主导的投资团队在亚太及撒哈拉以南非洲地区实施,专注于提升女性在气候适应行业中的地位(见图2)。项目的混合融资模式包括股权投资、技术支持及基于绩效的激励机制(如贷款利率折扣)。基金优先选择符合“性别响应”(gender-smart)标准的企业,要求其产品和服务能够直接改善女性的气候适应能力,或企业由女性拥有或领导。这一计划在评估阶段采用2X标准和IRIS+指标体系,从女性参与度和最终受益者的角度衡量项目的社会影响力。

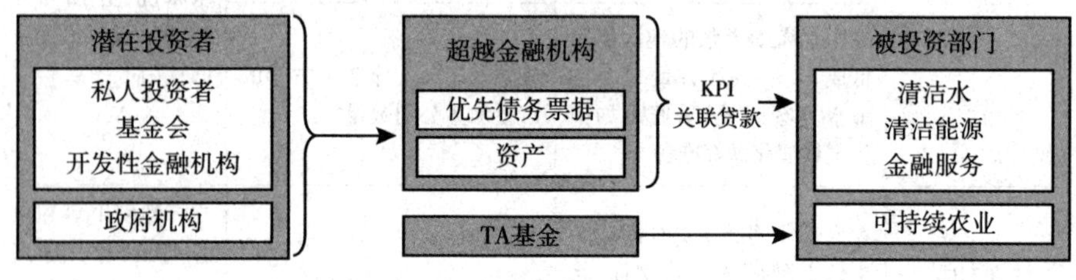

图2 超越融资示意

2. 性别债券类产品

性别债券是一种金融创新工具，发行方通过债券募集资金，并将资金定向用于支持与性别平等相关的项目或领域，旨在推动女性在经济、社会等方面的发展，提升女性地位。尽管“性别债券”尚未被正式确立为GSSS债券的独立子类别，但根据国际资本市场协会、联合国妇女署与IFC联合发布的一份报告，遵守《社会债券原则》（SBPs）或《可持续发展挂钩债券原则》（SLBPs），且特别关注性别平等的债券通常被称为“性别债券”。[①] 此外，卢森堡绿色交易所是性别债券市场的重要参与者和推手，为促进性别平等的债券推出有针对性的标签，即“关注性别平等的债券”（gender-focused bonds），旨在明确界定并推广这些注重实现性别平等的可持续债券。[②]

（1）印度尼西亚OCBC NISP银行性别债券和绿色债券

2020年，IFC投资2亿美元购买印度尼西亚OCBC NISP银行发行的性别债券和绿色债券，扩大对中小微企业和绿色项目的融资规模（见表3）。该项目采取两套与气候和性别贷款相关的基于绩效的激励措施Performance-Based Incentives（PBIs），将OCBC NISP作为平台，通过IFC英国绿色建筑市场加速器（UK-IFC Market Accelerator）和女企业家金融倡议（We-Fi）支持加大对绿色项目和女性及女性中小微企业的融资支持力度。其中，通过绿色债券融资的金额将用于支持印度尼西亚绿色建筑建造和抵押，UK-IFC Market Accelerator提供最高292万美元PBIs用来降低绿色建筑项目的融资成本；性别债券的资金将用于支持女性小微企业家，We-Fi将提供最高125万美元的PBIs，帮助OCBC NISP银行女性小微企业家获得更低的借款利率或提供额外金融产品（如保险）。

① “Bonds to Bridge the Gender Gap: A Practitioner's Guide to Using Sustainable Debt for Gender Equality”, UN Women, https://www.un-women.org/en/digital-library/publications/2021/11/bonds-to-bridge-the-gender-gap.

② “Gender-Focused Bonds on LGX”, LUXEMBOURG, https://www.luxse.com/discover-lgx/sustainable-securi-ties-on-lgx/gender-focused-bonds.

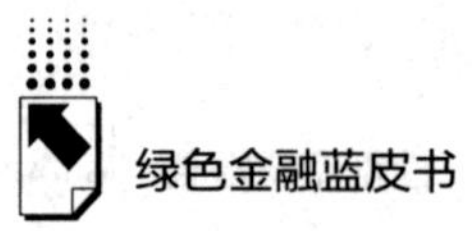

表 3　印度尼西亚 OCBC NISP 银行性别债券和绿色债券

<table>
<tr><th>债券评估</th><th>措施</th><th>指标</th></tr>
<tr><td rowspan="4">气候方面
（绿色债券）
（2018~2024 年）</td><td>绿色项目投资额增长 6 倍，从 500 万美元增至 3.5 亿美元</td><td>未偿还绿色贷款额或数量</td></tr>
<tr><td>发行遵循国际绿色借款原则的气候金融产品的金融机构数量翻倍，从 2 家增至 4 家</td><td>印度尼西亚金融机构发行气候金融工具</td></tr>
<tr><td>每年二氧化碳排放量减少</td><td>二氧化碳排放量</td></tr>
<tr><td colspan="2">UK-IFC MAGC 提供最高 292 万美元的基于绩效的激励措施（Performance-Based Incentives，PBIs），旨在帮助 OCBC NISP 客户降低融资成本</td></tr>
<tr><td rowspan="4">性别方面
（性别债券）
（2018~2024 年）</td><td colspan="2">性别债券为女性企业家及女性小微企业家提供资金</td></tr>
<tr><td>提高对女企业家及女性小微企业家的融资额，从 1.05 亿美元提升至 2.10 亿美元</td><td>女性企业家及女性小微企业家未偿还贷款额或数量</td></tr>
<tr><td>发行性别债券的金融机构从 0 增至 2 家</td><td>发行性别金融产品的机构数量</td></tr>
<tr><td colspan="2">We-Fi 提供最高 125 万美元的 PBIs，帮助 OCBC NISP 银行女性小微企业家获得更低的借款利率或提供额外金融产品（如保险）</td></tr>
</table>

（2）阿根廷 Pro Mujer Servicios Financieros 社会债券

阿根廷的 Pro Mujer Servicios Financieros 是一家致力于为女性提供金融服务的社会企业，旨在通过健康服务、金融支持和技能培训，提升拉丁美洲女性的经济地位。2023 年 2 月，Pro Mujer Servicios Financieros 成功发行了阿根廷首支性别债券，金额为 2 亿阿根廷比索，期限为 12 个月。此次债券发行得到 Banco Galicia、Banco Hipotecario、Banco Comafi 和 Banco Supervielle 等银行的担保，并在阿根廷国家证券委员会（CNV）于 2023 年 1 月 18 日召开的董事会上获得批准。募集资金将全部用于为 1700 多名低收入女性企业家提供贷款。同年 9 月，Pro Mujer Servicios Financieros 发行了第二支性别债券，募集资金达 3.7 亿阿根廷比索，超出预期目标。此次发行吸引了更多元化的投资者，反映出市场对具有可追踪社会影响力且具备竞争性回报的金融产品的兴趣日益浓厚。募集资金将用于为 2000 多名低收入女性企业家提供贷款，进一步提高女性在经济领域的参与度。

表 4　阿根廷 Pro Mujer Servicios Financieros 社会债券

类别	内容
发行人信息	Pro Mujer Servicios Financieros 是一家致力于推动拉丁美洲性别平等的社会企业，通过提供健康服务、金融支持和技能培训，帮助女性群体 三十多年来，Pro Mujer Servicios Financieros 已为 250 万名女性提供金融等方面的支持，发放 44 亿美元小额贷款，并提供超过 1000 万次健康服务
发行金额	Pro Mujer Servicios Financieros 发行的两期 1 年期债券，均为国内上市： 第一期发行金额为 2.0 亿阿根廷比索 第二期发行金额为 3.7 亿阿根廷比索
发行利率	第一期 1 年期债券票面利率为“市场基准利率 BADLAR+0%” 第二期 1 年期债券票面利率为“市场基准利率 BADLAR+2.5%”
发行用途	在第一期贷款中，至少 90%的贷款将用于支持女性创办的小微企业（主要涉及商业、服务业、制造业、建筑业和农业）。提供的信贷包括为女性及其家庭提供健康服务，并提供能力建设和金融教育，帮助女性扩大业务规模 在第二期贷款中，至少 93%的贷款将用于支持弱势女性创业，信贷同样包括健康服务、能力建设、金融教育等支持，帮助女性扩大企业规模

3. 保险类产品

保险类产品旨在充分考虑女性在商业活动、健康状况、家庭责任等方面的独特需求，通过提供多样化的保险保障与金融服务组合，帮助女性企业家在实现企业发展目标的同时，有效应对个人及家庭因素带来的各类风险，保障其企业经营的稳定性和个人生活质量。

（1）法国安盛集团推出的“女性保险”计划

2016 年，法国安盛集团推出“女性保险”计划，旨在全方位助力女性企业家在商业领域的发展。该计划一方面通过提供个性化的保险产品和服务，帮助女性企业家精准识别并应对企业运营过程中可能出现的各类风险，助力其抓住商业机遇实现企业业务增长。另一方面，充分考虑到女性在个人及家庭层面的特殊需求，在保险计划中涵盖专门针对女性独特健康需求的医疗保健解决方案，如针对女性常见疾病的预防筛查、专项治疗等保障内容。同时，该计划还积极支持科学领域的女性发展，为女性科研人员提供职业风险保障等服务。

（2）巴基斯坦 Kashf 基金会为女性创业者的小额贷款提供信用保险

在支持女性企业家创业方面，保险公司与银行合作，为没有抵押品或信用记录的女性承保，将企业未来的盈利能力作为抵押，帮助其获得创业贷款。随着企业的发展和收入的增加，受保单保护的信贷额度也相应增加。这一举措有助于创业女性获得其创业所需的初始资金，并将其未来收入作为抵押，建立资产基础，提高信用额度。比如巴基斯坦 Kashf 基金会为女性创业者的小额贷款提供信用保险。Kashf 基金会与客户合作开展贷前可行性研究，评估客户的投资需求和盈利能力，然后提供适当的保险为小额贷款承保。

（3）意大利 Intesa SanPaolo 银行推出的“Business Gemma”产品

意大利银行 Intesa SanPaolo 充分考虑到女性企业家独特的健康和家庭需求可能导致企业运营困难的实际情况，专门创建了“Business Gemma”这一保险与贷款结合的创新产品，为女性企业家提供全方位的保障。该保险产品首先为女性特有的各种个人和健康需求提供全面保障。保障范围涵盖孕产期的医疗费用、误工补贴等；女性特有的各类体检项目费用报销；因法律诉讼（如与离婚有关的法律费用）产生的经济负担；以及特殊困难时期（如丧偶）可能面临的经济困境等。这些个人问题一旦发生，极有可能对女性投保人的创收能力产生负面影响，进而波及其企业的正常收入。通过提供这一保险保障，有效减轻了女性企业家在个人生活方面的后顾之忧，使其能够更加专注于企业经营。Intesa SanPaolo 银行还为女性企业家提供信用贷款服务，并针对女性的特殊情况制定了人性化的还款政策。在女性企业家休产假或罹患重病的情况下，可将贷款延期支付长达 12 个月。这种将贷款与保险相结合的有针对性的产品设计，极大地帮助女性企业家在兼顾个人生活的同时，顺利建立并运营自己的企业，在保障女性企业家个人权益的基础上，促进了女性创业群体的稳定发展（见表 5）。

表5 女性保险（巴基斯坦、意大利案例）

巴基斯坦 Kashf 基金会为女性创业者的小额贷款提供信用保险
• 评估女性创业者资金需求及盈利能力 • 通过为女性创业者提供信用保险，为其增信，帮助女性创业者获得初始创业资金
意大利 Intea SanPaolo 银行推出的“Business Gemma”产品，为女性企业家提供定制化的业务中断险、保险标的及信用贷款
• 业务中断险 • 为女性特有的个人和健康需求提供保障，包括孕产、女性特有的体检、法律保障（如退还与离婚有关的法律费用）和特殊困难时期（如丧偶）的援助等 • 若女企业家休产假或罹患重病，贷款可延期支付最多 12 个月

4. 基金类产品

性别金融中的基金类产品是指以促进性别平等为核心投资目标的基金。这些基金汇集社会资本，投资于致力于提升女性在经济、教育、健康等领域地位的企业、项目或机构。其投资策略包括对女性创业企业的股权融资、对专注于女性相关服务的企业进行债权投资，以及支持促进女性发展的公益项目等。这些基金旨在优化社会资源配置，推动性别平等和女性整体发展水平的提升。

（1）Root Capital 的“女性在农业”战略

Root Capital 是一家非营利性影响力投资基金，专注于支持全球小农户和中小型农业企业发展。2012 年，Root Capital 启动了“女性在农业”战略，旨在通过扩大对女性主导或性别包容型农业企业的融资规模，促进农业领域的性别平等。该战略的主要目标是提升女性在农业价值链中的参与度和领导力，从而提高经济和社会效益。作为 2X Challenge 的投资者，Root Capital 积极响应全球促进女性经济赋权的倡议。2X Challenge 是由七国集团（G7）发起的倡议，旨在动员更多资金投资于促进女性经济赋权的项目。Root Capital 的投资符合 2X Challenge 的标准，体现了其在推动性别平等方面的承诺。此外，Root Capital 与 Value for Women 合作，在中美洲试点了性别包容的农业和林业合作项目。该项目旨在提高气候韧性并改善女性生计。通过向环境脆弱地区的企业提供贷款及非金融服务，Root Capital 支持可持续农业实践与经济增长。这种方法不仅填补了中小企业的融资缺口，还将气候韧性和性别因素纳入考量，展示了性别金融在气候融资中的重要作用，尤其能够解决适应性融资（如帮助社区应对气候变化影响）和减缓性融资（如推动清洁能源发展）之间的不均衡问题。通过这些举措，Root Capital 不仅促进了农业领域的性别平等，还提升了社区的气候适应能力，体现了性别金融在推动可持续发展中起到的关键作用。

（2）小型企业援助基金（SEAF）

小型企业援助基金是全球影响力投资者，致力于通过向新兴市场的企业家提供他们发展业务所需的资本、知识和网络，获取有意义的、可衡量的影响力成果和积极的财务回报。自 1989 年以来，小型企业援助基金在传统资金来源不足的 31 个国家的 40 个基金进行了超过 425 项投资。小型企业援助基金长期以来参与性别视角投资，在小型企业援助基金的 425 项投资中有 75 项与女性经济赋权有关。2017 年，小型企业援助基金与澳大利亚政府发起的投资于女性倡议（IW）合作，启动了首个女性经济赋权专项基金。目前，它们共同运营 2 项基金，重点关注亚洲或将亚洲作为投资目的地。

女性机会基金（SWOF）：于 2017 年与投资于女性合作推出。该基金对菲律宾、越南和印度尼西亚女性领导的企业进行了 50 万~200 万美元的股权投资和准股权 6 项投资。

女性经济赋权基金（SWEEF）：该基金致力于发展一系列具有高增长商业模式的公司，以应对东南亚女性面临的经济赋权挑战。该基金将通过投资越南、印度尼西亚和菲律宾的 10~12 家高增长中小企业，以及适时投资马来西亚、泰国、柬埔寨、老挝和东帝汶，从而为投资者、企业家创造共享价值。SME 的目标定位将不仅在于调整盈利规模以获取基于市场的回报，还在于推动女性经济赋权以及市场和工作场所的性别平等。

（二）国际多元主体的性别金融实践

开发性金融机构在全球性别金融实践中扮演了政策推动者与资金提供者

的双重角色。这些机构通过贷款、赠款及技术援助项目支持性别平等，同时建立性别绩效评估指标（KPIs），将性别目标纳入其运营核心。

（1）加拿大发展金融机构（FinDev Canada）

加拿大发展金融机构以性别视角为核心，承诺在所有交易中贯彻性别平等目标。机构通过对交易进行性别包容性和女性经济机会潜力评估，推动资本流向具有高性别影响力的项目，或支持客户实现性别包容。2018年，FinDev Canada 宣布向“气候投资一号”（Climate Investor One，CI1）注资 2000 万美元。这一创新性的混合融资计划旨在加速可再生能源项目的实施，不仅为全球带来约 1100 兆瓦的新增发电能力，还撬动了高达 30 亿美元的私营资本。CI1 的管理机构 Cooperatief Climate Fund Manager UA 致力于推动女性经济赋权，签署了联合国“女性赋权原则”（WEPs），并制定了性别与社会包容政策及行动计划，确保在运营各层面融入最佳性别平等实践。

（2）法国开发银行署（Agence française de développement，AFD）

法国开发银行署在性别金融领域展现了强大的政策推动力与实践能力，通过公开透明的支出目标和具有社会包容性的项目，积极促进全球性别平等。2023 年法国开发银行署承诺将 50%（47 亿欧元）的资金用于促进性别平等。这一明确的支出目标凸显了法国开发银行署对性别金融领域的战略重视和资源倾斜。作为典型案例之一，法国开发银行署为哥伦比亚波哥大市提供了一项贷款，用于支持其 2020~2024 年发展计划。该计划的核心是通过“15 分钟城市”模式，帮助边缘化社区和弱势家庭实现更高的社会包容性，缩小性别不平等，同时应对气候变化，改善可持续交通基础设施。项目特别关注“照护经济”（Care Economy）的概念，旨在减轻女性因照护工作承担的不平等负担。通过这一创新性的城市发展模式，所有基本服务将实现步行或骑行 15 分钟内可达，提升居民的生活质量和城市的包容性。这一发展计划还注重环境和交通基础设施的优化，同时将性别与多样性视角主流化。项目预计将惠及近 400 万人，通过性别包容和多样性整合方面的创新实践，法国开发银行署不仅为波哥大市的发展提供了支持，也为全球其他城市性别金融项目提供了可借鉴的范例。

（3）亚洲开发银行（Asian Development Bank，ADB）

亚洲开发银行建立了项目性别主流化分类指南与机制，将政策与行动计划相结合，推动性别平等目标融入所有运营领域。根据《性别与发展政策》（1998 年）和“加速性别平等进展行动计划”（2019~2024 年），亚洲开发银行设定了到 2030 年实现 75%项目纳入性别平等设计的目标。2023 年，亚洲开发银行的项目成果表明，已有 158 万名女性主导或拥有的中小企业贷款账户被开立，或女性主导的中小企业获得了贷款支持。

为评估和推动项目的性别包容性，亚洲开发银行引入四层性别分类系统，包括性别平等主题（GEN）、有效性别主流化（EGM）、部分性别元素（SGE）和无性别元素（NGE）。此外，亚洲开发银行通过整合性别与气候团队，开发了多个性别响应型气候适应项目，为女性赋权提供支持。例如，在巴布亚新几内亚，在获得正规金融服务方面，女性比男性少 29%，是太平洋地区金融包容性差距最大的国家之一，女性金融管理水平低和数字技能不足等因素是导致这一差距的主要原因。亚洲开发银行通过“应对气候变化项目”，促进当地女性参与渔业生态系统管理和适应计划，帮助女性提升其在金融和生态管理中的地位。在柬埔寨，亚洲开发银行推动“将气候适应融入发展规划技术援助项目”，致力于建立性别包容的监测与评估系统，并支持性别响应型试点项目。这些举措不仅将性别平等纳入气候变化应对计划，还显著提高了女性在相关领域的参与度和决策权，成为亚洲开发银行性别金融实践的重要范例。

四　性别金融发展的障碍与面临的挑战

（一）政策与制度层面的障碍

政策与制度层面的障碍是性别金融发展面临的主要瓶颈之一，集中体现在政策缺失、政策效能不足以及政策架构存在缺陷三个方面。

首先，许多国家尚未构建起全面且系统的性别金融政策框架，这导致金融机构在实践中缺少指引与规范。世界银行发布的报告指出，在众多发展中国家，虽然存在一些促进女性经济参与的宽泛政策，但缺乏针对金融领域的具体、细化且具有可操作性的政策指引。例如，《2023 年妇女、营商与法律》报告评估了 190 个国家有关女性参与经济活动的法律法规，涉及 8 个领域，即出行自由、职场权益、薪酬、婚姻、育儿、创业、资产和养老金，为全球促进法律层面的性别平等提供了客观的衡量标准。

其次，即便部分国家制定了性别金融相关政策，其执行效果却因不同原因受到限制。在政策类型方面，与性别金融相关的政策多为指引性政策，这类政策缺乏明确的法律约束与强制执行力，更多依赖市场主体的自觉遵守，难以对金融机构和相关企业形成有效规范。在执行层面，监管力度不足、资源分配不均等问题尤为突出。《微型、小型和中型企业（中小微企业）获得信贷》报告显示，在对中东和北非女性运营企业的调查中，大多数女性拥有的企业无法获得正规信贷，不得不通过家人和朋友贷款以及个人储蓄为企业提供资金。[①] 此外，国际货币基金组织的研究表明，女性在贷款申请过程中经常面临更严苛的抵押要求、更短的贷款期限和更高的贷款利率。

最后，政策架构存在缺陷同样制约了性别金融的发展。比如，在婚姻财产、金融权益保护等方面，金融资产的分配仍面临特殊挑战。比如，在婚姻关系里法律对夫妻共同财产中金融资产的分配规定不明确。当婚姻关系发生变故时，女性的金融权益往往难以得到有效保障，这在一定程度上影响了女性参与金融活动的积极性与安全感。

（二）数据资源层面的困境

当前，性别金融数据监测机制尚不完善，缺乏一套全面、科学的指标体系来跟踪和评估性别金融政策与产品的实施效果。没有明确的监测标准，导

① 《实现妇女平等权利的改革速度降至 20 年来最低》，世界银行网站，2023 年 3 月 2 日，https：//www. shihang. org/zh/news/press-release/2023/03/02/pace-of-reform-toward-equal-rights-for-women-falls-to-20-year-low。

致政策制定者难以准确了解政策是否达到了预期目标，尤其是在促进性别平等和提升女性金融地位等方面。这种缺乏精准评估的局面，使得相关政策无法及时调整和优化，也制约了性别金融的发展与完善。

在金融机构层面，性别数据的收集和分析普遍存在缺陷。根据世界银行的调研，许多金融机构在收集客户信息时，并未将性别作为一个关键变量进行记录和分析，这使得他们难以准确掌握女性在金融市场中的需求、行为特征及其所处的社会经济地位。[①] 这种信息的缺失导致金融产品的设计缺乏性别敏感性，金融机构也无法根据女性特有的需求开发定制化的金融产品。

另外，现有的监测指标，如贷款申请率和审批率，通常只反映表面数据，未能全面捕捉到女性在金融市场中的实际体验。例如，金融产品的使用满意度、女性客户受益程度等关键数据并未纳入核心监测范围，这使得对女性金融参与度的评估仍然缺乏全面性和深度。这种单一化的监测体系，使得性别金融政策的优化变得困难，且无法充分揭示女性金融排斥的根本原因。

此外，即使在部分金融机构中已经存在一些性别相关的数据，这些数据的质量依然参差不齐。由于数据来源广泛且统计方法不一，数据的准确性和一致性难以保证。一些小型金融机构受到技术和管理水平的限制，在数据收集、整理和存储过程中常常存在数据缺失或错误的问题，从而影响数据的可用性和分析结果的可靠性。

（三）社会认知层面的偏见

受传统社会观念影响，部分人认为女性在金融决策、风险承受等方面的能力不及男性。这种偏见在金融机构的招聘、晋升以及客户服务等环节均有所体现。例如，在金融机构的高层管理岗位中，女性占比较低，这限制了女性在金融政策制定与业务创新方面的话语权，也影响了金融产品和服务对女性需求的关注与满足。

---

① "More and Better Gender Data: A Powerful Tool for Improving Lives", World Bank, https://www.worldbank.org/en/results/2016/05/09/more-and-better-gender-data-a-powerful-tool-for-improving-lives.

不仅公众对性别金融概念的理解存在偏差，部分金融机构和政策制定者也未能充分认识到性别金融的重要性与内涵。他们简单地将性别金融等同于为女性提供金融服务，而忽视了其在促进性别平等、推动经济可持续发展等方面的深远意义，从而导致相关政策与业务发展滞后。

（四）中国在性别金融发展中面临的挑战

中国在性别金融发展中拥有独特的优势，并面临潜在的挑战。在法律和政策层面，中国将男女平等作为基本国策，将保障妇女权益纳入《宪法》等法律法规，并出台了一系列支持女性创业和就业的政策。国务院发布的《中国妇女发展纲要（2021—2030年）》鼓励支持妇女为推动经济高质量发展贡献力量，为性别金融的政策创新提供了清晰的方向。此外，财政部和中国人民银行在推动女性创业就业方面的金融支持政策，也为市场创新奠定了坚实基础。中国稳定的经济发展和多样化的金融环境，尤其是债券市场的快速发展，为推出如性别债券等创新金融产品提供了广阔空间。同时，绿色金融、气候金融、普惠金融和数字金融的蓬勃发展，使性别金融能够依托已有的金融生态实现快速发展。例如，将性别视角融入气候金融，既可以提升性别金融的社会效益，又能够解决气候变化中性别不平等的问题。这些政策和经济条件为性别金融的持续发展提供了重要保障。

尽管如此，中国在性别金融领域仍然面临多重挑战。首先，数据资源的不足制约了性别金融的精准设计与实施。金融机构缺乏系统性和标准化的性别统计机制，导致政策设计和市场创新缺乏数据支持。此外，部分已有数据因受到统计方法和管理能力的限制，质量参差不齐，无法准确反映女性在金融市场中的行为特征与需求。其次，中国地域辽阔，不同地区的经济发展水平差异较大，性别金融发展的区域不平衡问题尤为突出。东部沿海地区金融服务体系较为完善，女性接触金融产品的机会相对较多；而中西部地区和农村地区，金融基础设施薄弱，女性的金融知识和产品使用率偏低。

此外，社会对性别金融的认知不足，许多人将性别金融狭义地等同于女性创业贷款，忽视了其更广泛的社会和经济意义。在新兴金融领域，如互联网金融和普惠金融，针对女性客户的服务标准和风险评估体系尚不完善，这不仅加剧了女性参与金融活动的风险，也限制了金融机构开发符合女性需求的创新产品。在政策实施过程中，跨部门协作的障碍也是一大挑战。性别金融的推进涉及妇联、财政部、金融监管机构等多个部门，但由于协调机制不完善，政策在执行中常出现职责不清、沟通不畅的问题。此外，缺乏专业性强的主导机构进一步制约了政策作用的发挥。目前，相关政策主要由全国妇联和国务院妇女儿童工作委员会等非金融机构主导，但要确保金融政策调研、设计和执行的专业性与有效性，仍需金融、财政等相关政策制定与监管机构的深入参与和协同推进。

面对这些挑战，中国需要采取有针对性的措施推动性别金融的进一步发展。一方面，应完善数据统计与监测体系，推动金融机构建立标准化的性别数据收集机制，提升数据的准确性与可用性。另一方面，促进区域协调发展，尤其是通过金融知识普及和基础设施建设，改善中西部地区和农村地区的性别金融环境。同时，应通过政策引导和社会宣传提升对性别金融的认知水平，并建立更加完善的行业规范，提供更具包容性的金融服务。通过设立专业性强的性别金融工作组，增强政策制定的科学性和执行力，为性别金融的创新和落地提供强有力的支持。

五　性别金融的未来发展路径

性别金融的未来发展需要从政策优化、能力建设、产品创新、文化变革和国际协作等多方面进行布局，并将性别平等转型路径作为方法论框架，引导性别视角的系统融入，并逐步推进性别平等目标的实现。

首先，优化政策框架与制度设计是性别金融发展的关键一步。各国应加快制定具有性别敏感性的政策，明确金融资源的分配目标，确保女性能够在融资、信贷和财产分配中享有公平的机会。例如，通过性别响应型预算（Gender-Responsive Budgeting）和政策监督机制，评估公共资源是否公平分配到不同性别群体，并及时纠正不平等现象。同时，金融立法应进一步保障女性在金融活动中的权利，如贷款审批的公平性和财产继承的平等性，这将为性别金融的发展提供有力支撑。

其次，提高女性的金融素养和加强能力建设是促进女性经济参与的重要手段。当前，许多女性因缺乏专业知识而被排除在金融体系之外，特别是在农村和低收入群体中更为显著。因此，政府与非政府组织可以联合制订金融教育和技能培训计划。例如，面向女性创业者的专项培训课程、职业技能提升项目以及普惠金融知识普及活动，不仅能够增强女性的经济独立性，还能扩大金融服务的覆盖面。推动多元化的金融产品创新是满足女性多样化需求的必要途径。目前，许多传统金融产品未能充分考虑女性客户的需求特征，导致女性在获取金融服务时面临障碍。未来，金融机构可以设计专门面向女性的小额贷款、灵活储蓄计划和综合保险产品。尤其是在创业支持领域，可以通过提供优惠利率、简化审批流程等措施，帮助女性创业者克服融资难题。此外，针对女性健康与家庭责任的特殊需求，开发结合健康保障与信贷服务的创新产品，能进一步提升女性的经济和社会地位。数据层面的支持对创新女性金融产品至关重要。通过分析女性客户的财务行为模式、还款能力和长期收益潜力，金融机构可以更精准地评估这些产品的可行性。例如，金融机构可以利用大数据和人工智能技术，对女性客户的信用记录、财务稳定性和消费行为进行建模，从而更有效地识别风险并设计匹配的金融解决方案。这种数据驱动的方式不仅能够降低贷款违约率，还能增强金融产品对女性客户的吸引力，扩大金融服务的覆盖范围。通过数据分析评估女性创业者的经济潜力和业务可持续性，金融机构对女性客户的信心得到显著提升。建立以性别平等为导向的认知体系是推动性别金融发展的长期策略。社会观念中对女性经济能力的偏见常常限制了她们在金融领域作用的发挥。为此，需要开展广泛的宣传活动，促进社会对女性经济价值的认可。例如，通过媒体推广成功女性创业案例、倡导性别平等理念，以及推动企业在社会责任中融入性别视角，能够显著改善女性在经济活动中的社会形象。

最后，跨领域和国际协作是确保性别金融可持续发展的核心环节。性别金融的发展需要政府、企业和社会各界的共同努力，同时离不开国际社会的支持。在全球层面，多边金融机构（如世界银行、国际货币基金组织）可以推动性别金融议题成为国际发展议程的重要组成部分。例如，通过全球合作制定性别响应型金融科技标准，为发展中国家提供技术支持和资金援助。建立跨国技术交流平台，也有助于引入先进的金融科技解决方案，如通过数字技术降低女性参与金融的门槛，为她们提供更加便捷和个性化的服务。数字技术是推动性别金融创新的重要引擎。例如，移动支付、大数据分析和人工智能等技术可以优化金融产品设计，提高女性在贷款、储蓄和投资中的公平性与便利性。同时，通过数字化平台连接偏远地区的女性用户，可显著提升金融服务的普惠性。跨国协作在技术推广中也至关重要，通过联合研究和技术分享，发展中国家可以更快速地实现性别金融的技术转型。

六　结论

性别金融作为实现性别平等和可持续发展的关键工具，正在全球范围内逐步引起广泛关注。尽管其发展处于初级阶段，但已有大量实践和创新表明，性别金融不仅是一种促进社会公平的手段，更是一种推动经济增长和优化资源配置的重要策略。然而，目前性别金融的发展仍然面临诸多挑战，包括资金缺口、政策支持不足、数据资源匮乏、社会认知度较低以及金融产品创新能力不足。

全球范围内的实践经验表明，通过多样化的金融工具和政策支持，性别金融能够显著提升女性在经济活动中的地位。例如，加拿大“女性领导力债券”通过将性别多样性纳入企业高管层考核标准，推动企业管理结构的平等化。这一模式不仅提升了女性在企业管理中的话语权，还证明了性别金融能够带来长期的经济收益和社会价值。同样，在发展中国家，性别债券、小额信贷和性别响应型投资已成为推动性别平等的重要抓手。阿根廷 Pro Mujer Servicios Financieros 发行的性别债券，通过定向支持女性企业家，促进低收入女性群体在经济活动中的参与，为拉丁美洲国家提供了可借鉴的模式。

在中国，性别金融的发展虽已初见成效，但仍存在较大的改进空间。根据《推动可持续未来：中国性别金融发展态势》报告，中国在性别金融领域具有较大的潜力，特别是在推动女性创业、普惠金融和绿色金融的融合方面，已为全球提供了独特的视角。然而，中国也面临数据监测机制不完善、区域发展不平衡、政策协作机制不健全等问题。东部沿海地区性别金融产品相对发达，而中西部地区和农村地区女性的金融服务可及性较小，亟须促进区域协调发展。此外，在政策实施中，金融监管部门与其他利益相关方之间的协作不足也限制了性别金融的推进。

性别金融的未来发展应从以下几个方面进行突破：一是完善政策和法律框架，明确性别金融的目标、优先事项和监督机制，为性别平等提供强有力的制度保障；二是通过大数据、人工智能等数字技术提升金融服务的精准性和普惠性，为偏远地区和低收入女性群体提供更多便利的金融产品；三是加大对性别金融的社会宣传力度，提高公众和金融机构对性别金融的认知，将性别平等融入社会文化和经济发展核心议程；四是强化国际合作，通过多边机构和区域合作平台，推动资金流向性别金融领域，并促进全球最佳实践的经验共享。

从长远来看，性别金融是实现社会包容性增长和经济可持续发展的重要引擎。缩小性别差距不仅能够直接提升女性的经济地位，还将通过促进创新、多样性和公平性，为社会创造更大的经济价值。因此，推动性别金融的发展是实现全球性别平等和经济可持续发展的战略性选择。通过政策优化、技术创新、金融产品多样化和国际协作的多维努力，性别金融将不仅为女性赋能，还将成为解决全球发展不平等、应对气候变化和推进社会创新的重要驱动力。实现性别金融的全面发展，需要政府、金融机构、企业和社会各界共同参与，形成合力。未来，性别金融的全面深化和普及不仅能够提升女性的经济独立性，还将为实现更加公平、包容和可持续的社会环境提供强大助力。

评价篇

B.7 全球绿色金融发展指数构建说明及评价结果相关性报告

刘炳材 *

摘　要： 在应对气候变化和支持可持续发展的背景下，全球绿色金融发展指数提供了对全球主要经济体在绿色金融领域的政策、市场及国际合作三方面的评分，旨在直观展示这些经济体的绿色金融发展状况。该指标体系包含3个一级指标、6个二级指标、28个三级指标和52个四级指标，其中四级指标包括36个定性指标、12个定量指标、2个定性与定量指标、2个半定性指标。从政策与战略、市场与产品及国际合作三个维度评估全球50个国家的绿色金融发展情况。为评估全球绿色金融发展指数的关联性，本报告选取经济发展与财政基础、金融市场发展程度和对外开放水平作为外生因素，以研究其与全球绿色金融发展指数的相关性。研究结果表明，2023年，全球绿色金融发展指数与经济发展与财政基础呈显著正相关，与金融市场发展程度具有弱相关性，而与对外开放水平无相关性。

* 刘炳材，中央财经大学绿色金融国际研究院研究员，研究方向为资源与环境经济学、发展经济学。

关键词： 全球绿色金融发展指数　经济发展　金融市场　对外开放

一　全球绿色金融发展指数的构建背景

随着全球对气候变化、生物多样性保护和可持续发展议题的日益关注，绿色、低碳和可持续发展的理念逐渐成为全球共识。实现《巴黎协定》、“昆明—蒙特利尔全球生物多样性框架”和可持续发展目标（SDGs）等提出的目标所需资金缺口依然较大。《联合国气候变化框架公约》第二十八次缔约方大会（COP28）承认发展中国家在适应气候变化方面面临巨大挑战，并致力于推动发达国家兑现其气候资金承诺。绿色金融作为将环境治理与金融服务相结合的关键工具，能够有效帮助全球各经济体促进实体经济向绿色低碳方向转型。当前，国内外在绿色金融的政策标准、风险管理、工具与产品、国际合作等方面快速发展，相关创新实践和措施不断涌现。

在这一背景下，一些国家已经逐步建立并完善自身的绿色金融体系，形成了符合本国实际的绿色金融市场，以推动实体经济和产业向低碳转型。对绿色金融发展水平的衡量有助于了解和识别绿色金融的发展阶段，同时为下一步的调整和深化提供指导。目前，部分机构已针对不同国家和城市的绿色金融发展状况展开研究。

G20可持续金融工作组最早开展了对各国绿色金融发展情况的追踪。2016年发布的《G20绿色金融综合报告》对绿色金融的发展现状进行了评估。2021年，G20可持续金融工作组发布了《G20可持续金融路线图》，此后，在2022年和2023年分别发布《G20可持续金融报告》，总结当年可持续金融的发展趋势。2022年的报告中还包括“G20转型金融框架”等重要内容，这标志着世界主要国家领导人首次就转型金融达成国际共识，该共识对引导各成员国建立转型金融框架、推动金融支持高碳行业绿色转型具有重要意义。2023年，G20可持续金融工作组在报告中建议提高气候转型基金的运作效率，以加快资金拨付速度。该报告指出，由于不同基金的认证和编程要求各异，现有机制导致资金获取过程碎片化且耗时。为此，工作组建议建立独立审查机制以简化流程、缩短项目审批时间，并加快资金拨付，表示将持续监测这些建议的实施情况。

2021 年，可持续银行和金融网络（SBFN）发布了第三版《全球和国别进展报告》，对新兴市场和发展中经济体的绿色金融发展情况进行评估。2023 年 4 月，SBFN 发布了《2024 年全球进展简报》，并推出了 SBFN 数据门户网站，总结了 66 个发展中国家和新兴市场在绿色金融、社会责任投资（SRI）和可持续银行业务方面的进展，为其他国家提供可借鉴的经验和实践案例，并为全球金融体系的绿色转型提供了数据支持和发展参考。2023 年 10 月 26 日，Z/Yen 发布了第十二版《全球绿色金融指数》（GGFI 12），评估了全球主要金融中心在绿色金融领域的发展水平。GGFI 指数每年更新两次，对全球金融中心的绿色金融深度和质量进行评分与排名，旨在提供对各中心在绿色金融领域表现的全面评估，帮助政策制定者、投资者和其他利益相关者了解全球绿色金融的发展趋势和各金融中心的相对表现。

现有研究展示了绿色金融的发展趋势和成功实践，对推广绿色和可持续投资理念发挥了积极作用。然而，总体而言，这些研究难以及时反映各国在绿色金融领域的成就，未能为绿色金融发展的研究提供足够有价值的信息，也就难以为政策制定者提供有价值的参考。因此，全球绿色金融发展指数致力于系统性地研究和评估全球主要经济体的绿色金融发展水平，通过指数评分和排名的方式展示各国绿色金融的发展情况。本报告还对评价结果进行相关性分析，探讨各项影响全球绿色金融发展的因素及其关系，同时检验指标体系的科学性。

二　全球绿色金融发展指数的构建方法

全球绿色金融发展指数从政策与战略、市场与产品以及国际合作的角度，对全球主要经济体的绿色金融发展情况进行全面评估，旨在清晰地展示这些经济体的绿色金融发展状况，并为政策制定者、金融从业者、企业管理层以及研究人员提供具有可比性和连续性的绿色金融发展信息。下文将具体阐述指标体系构建过程中涉及的指标选取原则、指数合成方法等内容。

（一）指标选取原则

全球绿色金融发展指数指标体系基于中央财经大学绿色金融国际研究院对全球绿色金融发展的研究，借鉴地方绿色金融发展指数的构建方法，并结合全球绿色金融发展的特征进行调整。指标选取需要遵循客观性、公平性、可比性和数据可得性。

1. 客观性

在指标体系设计过程中，课题组充分考虑了所采用数据的客观性。本指数所参考数据均来自公开资料，包括各国政府公开文件、国际权威组织数据库、金融机构官方网站、权威第三方咨询或评估机构报告等。同时，课题组分别在政策与战略、市场与产品、国际合作等方面设立不同指标，从而保证指标体系能够充分考量各国在发展绿色金融过程中的投入和取得的实际成果。

2. 公平性

指标体系的构建由中央财经大学绿色金融国际研究院与国际金融论坛研究院共同完成，指数更新和后续报告撰写由中央财经大学绿色金融国际研究院完成。中央财经大学绿色金融国际研究院与国际金融论坛研究院均为非官方智库机构，不与各国政府间存在利益关系。课题组在指标选取、赋权、数据获取等过程中充分考虑各国国情和发展模式，从而最大限度地避免偏向性，以保障结果公平。

3. 可比性

全球绿色金融行业仍在高速发展，且各国所处发展阶段不同，发展模式与相关数据统计口径也有差异。因此，在设计指标体系及选取数据的过程中，课题组充分考虑到各项指标间的平衡，选用各国统计口径更为接近的指

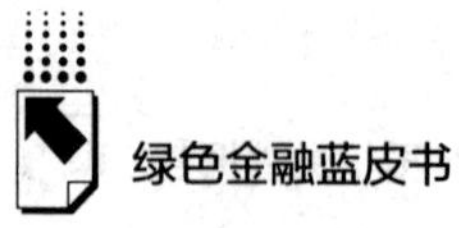

标，并谨慎确定存量指标和区间指标、定性指标和定量指标的数量，以提高评价结果的可比性。

4. 数据可得性

由于绿色金融起步相对较晚，各国在政策制定、行动规划、法律监管等环节发展各异，因此在指标选取过程中需要充分考虑数据可得性原则，使每一项指标都能适用于所有的评价对象。

（二）指标体系构建

本着公开透明的原则，2023 年全球绿色金融发展指数指标体系披露全部四级指标。在指标体系编制过程中，数据可得性和国别信息可比性不足等多种因素限制影响了指标的选取。本指标体系也会随着全球绿色金融信息数据可得性进行调整，并每年披露更新情况。

2023 年指标体系在 2022 年指标体系的基础上稍作修改，设有 3 个一级指标、6 个二级指标、28 个三级指标和 52 个四级指标。在四级指标中定性指标有 36 个，定量指标有 12 个，定性与定量指标有 2 个，半定性指标有 2 个（见表 1）。

表 1　全球绿色金融发展指数指标体系

一级指标	二级指标	三级指标	四级指标	定性/定量
政策与战略	绿色发展政策与战略	气候战略	国家自主贡献	定性
		绿色发展战略	国家绿色发展整体战略性政策	定性
			绿色发展行动规划	定性
			国家绿色经济相关政策	定性
		碳市场	强制碳市场	定性
			自愿碳市场	定性
	绿色金融相关政策	绿色金融战略性政策	绿色金融国家战略政策	定性
			税收政策	定性
		绿色财政政策	环境税或碳税	定性与定量
			主权绿色债券	定性与定量
		绿色货币与监管政策	绿色信贷优惠政策	定性
			环境/气候压力测试	定性

续表

一级指标	二级指标	三级指标	四级指标	定性/定量
政策与战略	绿色金融相关政策	绿色金融产品专项政策	绿色债券相关政策	定性
			绿色信贷相关政策	定性
			绿色保险相关政策	定性
			绿色基金相关政策	定性
		透明度	股票市场 ESG 披露	半定性
			金融机构环境信息披露	半定性
市场与产品	绿色金融产品	绿色债券	累计绿色债券发行规模	定量
			2023 年新增绿债发行规模	定量
			累计绿色债券发行单数	定量
			2023 年新增绿债发债单数	定量
		绿色贷款	绿色贷款分类	定性
			2023 年新增绿色贷款	定性
		绿色保险	环境责任保险	定性
			是否有其他绿色保险	定性
		绿色/ESG 基金	绿色或 ESG 基金分类	定性
			2023 年新发绿色基金	定性
		碳金融	现货金融产品	定性
			碳金融衍生品	定性
	市场机构建设	国家开发性金融机构	2023 年绿色投资或绿色金融工具发行中的资金承诺	定性
			社会环境保障措施	定性
			免费技术援助	定性
		国家级绿色银行/基金	是否有国家级绿色银行/基金	定性
		国家主权基金	是否有国家主权基金承诺或宣布为绿色/可持续转型投资	定性
		证券交易所	ESG 相关培训	定性
			绿色相关指数	定性
国际合作	参与可持续金融平台和网络(成员国单位/监管部门加入)	央行与监管机构绿色金融网络 NGFS	是否有央行和监管机构加入	定性

续表

<table>
<tr><th>一级指标</th><th>二级指标</th><th>三级指标</th><th>四级指标</th><th>定性/定量</th></tr>
<tr><td rowspan="16">国际合作</td><td rowspan="4">参与可持续金融平台和网络(成员国单位/监管部门加入)</td><td>可持续金融国际平台 IPSF</td><td>是否是成员国</td><td>定性</td></tr>
<tr><td>可持续银行网络 SBN</td><td>是否有金融监管部门或行业协会加入</td><td>定性</td></tr>
<tr><td>可持续保险论坛 SIF</td><td>是否有保险监管部门加入</td><td>定性</td></tr>
<tr><td>财政部长气候行动联盟</td><td>是否是成员国</td><td>定性</td></tr>
<tr><td rowspan="12">参与主流可持续金融倡议(市场机构加入)</td><td>可持续证券交易所倡议 SSE Initiative</td><td>是否有交易所加入</td><td>定性</td></tr>
<tr><td>国际开发金融俱乐部 IDFC</td><td>是否有开发性银行加入</td><td>定性</td></tr>
<tr><td rowspan="4">联合国环境规划署金融倡议 UNEP FI</td><td>签署联合国可持续保险原则 PRB 机构数量</td><td>定量</td></tr>
<tr><td>2023 年新增 PRB 机构数量</td><td>定量</td></tr>
<tr><td>签署联合国负责任银行原则 PSI 机构数量</td><td>定量</td></tr>
<tr><td>2023 年新增 PSI 的机构数量</td><td>定量</td></tr>
<tr><td rowspan="2">责任投资原则 PRI</td><td>签署责任投资原则机构数量</td><td>定量</td></tr>
<tr><td>2023 年新增机构数量</td><td>定量</td></tr>
<tr><td>国际可持续准则理事会 ISSB</td><td>支持 ISSB 的机构数量</td><td>定量</td></tr>
<tr><td>气候相关财务信息披露工作组 TCFD</td><td>支持 TCFD 工作的机构数量</td><td>定量</td></tr>
</table>

（三）评价对象与评价周期

全球绿色金融发展指数评价对象为全球 50 个国家，包括以购买力平价计算的国内生产总值（GDP PPP）排名前 50 的大部分国家和其他经济、政治、地理位置重要的国家。选取的50个国家地域分布广泛，覆盖欧洲、亚洲、美洲、非洲和大洋洲的主要经济体。

本次评价周期为2023年1月1日至2023年12月31日。

（四）数据来源与数据处理

本报告评分所用数据来源于中央财经大学绿色金融国际研究院建设的全球绿色金融数据库，该数据库的数据信息来源于公开数据。为确保指标数据的真实性和有效性，课题组建立了数据库团队，并制定了包括第三方查验、同行查验、对比查验的三轮数据审查工作流程，以确保最终数据的可信度。

对于定性指标，根据是否满足判定条件，结果用0和1来表示。由于本报告中使用的数据为公开数据，因此遇到无充足信息的情况均以不符合判定条件处理，指标结果为0。对定量数据则进行标准化处理。标准化处理公式：

$$\frac{A_x - A_{min}}{A_{max} - A_{min}} \tag{1}$$

对于部分存在离散状况的定量指标，对其进行取对数处理，处理公式：

$$\frac{\ln(A_x) - \ln(A_{min})}{\ln(A_{max}) - \ln(A_{min})} \tag{2}$$

本指标体系全部52个四级指标的权重均为1.92%。

（五）局限性

本研究的一个主要局限在于数据的可获得性。在政策与战略指标方面，各国绿色金融发展模式差异显著，难以制定一套全面的量化标准，因此大部分政策与战略指标只能以定性形式呈现。这样的设置虽然能够反映各国在绿色金融发展初期的侧重点，但在评估政策实施的力度和效果方面表现欠佳。因此，当前的指标体系难以精确衡量绿色金融政策体系相对成熟的国家之间的差距。

在市场与产品方面，由于各国的金融基础和重点不同，绿色金融产品的统计口径差异较大，可比数据的获取存在困难。此外，目前全球范围内尚未对绿色金融产品进行统计，只有绿色债券的数据具有一定的可比性，而绿色贷款和绿色保险等产品的数据尚未得到系统统计或公开。在国际合作方面，当前选取的指标侧重全球性的可持续金融平台或倡议，以保持公平性和客观性，但此方法难以衡量双边或区域性合作在全球绿色金融发展中的重要作用。

在数据收集过程中，本报告采用英语作为主要工作和交流语言，所收集的数据和资料也以英文为主，这给部分小语种国家的数据收集带来了一定的局限性。尽管现有工作流程确保了数据的真实性和客观性，但多语言环境带来的挑战依然存在。

三　全球绿色金融发展指数评价结果的相关性

（一）指标的选取

本报告将全球绿色金融发展指数分为 3 个一级指标——政策与战略、市场与产品和国际合作，最终得分结果由 3 个一级指标加权后相加而得。因此，研究团队选取能够对全球绿色金融发展产生影响的几个外生因素：经济发展与财政基础、金融市场发展程度以及对外开放水平（见图 1），研究这些变量与全球绿色金融发展指数的相关性。本报告在每个外生因素下各选取对其影响较大的三个变量，采用等权重方式对其进行量化处理。为确保数据的时效性，各观察值采用 2023 年数据，如果 2023 年数据缺失，则采用最近年份的可获得数据，如果一国在该项的各年度数据全部缺失，则该值标为缺失。

1. 经济发展与财政基础

绿色金融的发展离不开国家实体经济的发展。通过引导和鼓励绿色产业

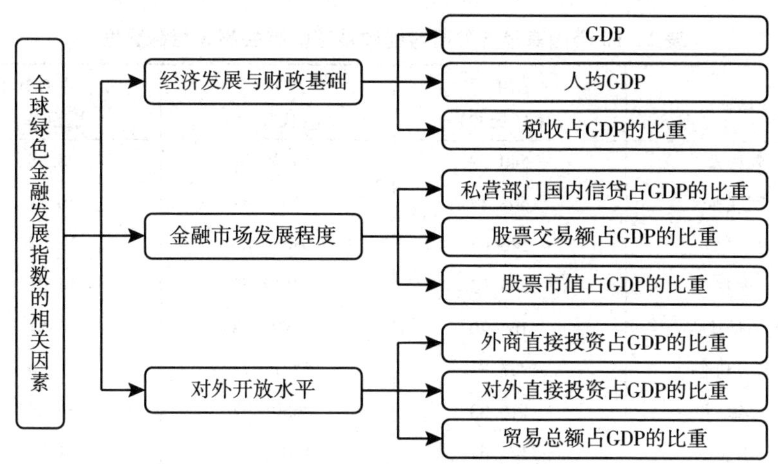

图1　全球绿色金融发展指数的相关因素

资料来源：笔者绘制。

发展，绿色金融不仅能激发实体产业的融资需求，还能推动低碳经济发展。经济规模的大小会影响金融市场的发展程度，进而对绿色融资提出更高的要求。实体经济对绿色融资的需求也会推动金融机构积极探索绿色金融产品与服务，从而影响绿色金融的发展水平。此外，政府的支持在绿色金融发展中起到重要的推动作用。

基于上述理由，本报告选取 GDP、人均 GDP 和税收占 GDP 的比重对各国经济发展与财政基础进行衡量。金融市场发展的广度和深度与一国国民经济活动的规模直接相关，本报告采用 World Bank Open Data 数据库的相关数据测度各国的经济规模。除经济规模外，经济发展水平也与绿色金融发展息息相关，居民生活水平提高会提升民众对环境可持续发展相关议题的关注度，进而推动相关产业发展，影响绿色金融发展水平。本报告采用人均 GDP 来测度各国的经济发展水平。政府支持力度也会影响绿色金融发展，而财政实力的强弱会显著影响政府对各项公共事务，包括与绿色发展相关的政策与产业的支持力度。因此，本报告采用税收占 GDP 的比重来衡量一国政府的财政实力。

50 个国家经济发展与财政基础的相关测算指标数据见表 2。

表 2　50 个国家经济发展与财政基础的相关测算指标数据

国家	GDP （十亿美元）	人均 GDP （美元）	税收占 GDP 的 比重（%）
阿根廷	640. 59	13730. 51	8. 48
阿联酋	504. 17	52976. 81	0. 57
爱尔兰	545. 63	103684. 88	17. 27
埃及	395. 93	3512. 58	14. 01
埃塞俄比亚	163. 70	1293. 78	4. 51
澳大利亚	1723. 83	64711. 77	23. 60
奥地利	516. 03	56505. 97	26. 24
巴西	2173. 67	10043. 62	14. 73
比利时	632. 22	53475. 29	22. 26
秘鲁	267. 60	7789. 87	15. 92
波兰	811. 23	22112. 86	17. 20
丹麦	404. 20	67967. 38	30. 56
德国	4456. 08	52745. 76	11. 23
俄罗斯	2021. 42	13817. 05	10. 97
法国	3030. 90	44460. 82	14. 36
菲律宾	437. 15	3725. 55	14. 62
哥伦比亚	363. 54	6979. 73	15. 28
哈萨克斯坦	261. 42	13136. 62	9. 45
韩国	1712. 79	33121. 37	18. 44
荷兰	1118. 12	62536. 73	24. 11
加拿大	2140. 09	53371. 70	12. 83
捷克	330. 86	30427. 42	13. 13
罗马尼亚	351. 00	18419. 42	15. 75
马来西亚	399. 65	11648. 67	11. 65
美国	27360. 94	81695. 19	12. 18
孟加拉国	437. 42	2529. 08	7. 64
摩洛哥	141. 11	3672. 11	22. 12
墨西哥	1788. 89	13926. 11	13. 44
南非	377. 78	6253. 16	25. 44
尼日利亚	362. 81	1621. 12	—

续表

国家	GDP（十亿美元）	人均 GDP（美元）	税收占 GDP 的比重(%)
挪威	485.51	87961.78	31.27
葡萄牙	287.08	27275.11	22.55
日本	4212.95	33834.39	14.07
瑞典	593.27	56305.25	27.11
瑞士	884.94	99994.94	9.10
沙特阿拉伯	1067.58	28894.96	7.77
泰国	514.94	7171.81	14.38
土耳其	1108.02	12985.75	16.11
西班牙	1580.69	32676.98	15.82
希腊	238.21	22990.01	27.67
新加坡	501.43	84734.26	12.03
新西兰	253.47	48527.83	30.51
匈牙利	212.39	22147.21	23.19
意大利	2254.85	38373.17	24.92
印度	3549.92	2484.85	12.02
印度尼西亚	1371.17	4940.55	10.38
英国	3340.03	48866.60	27.30
越南	429.72	4346.77	—
智利	335.53	17093.24	21.27
中国	17794.78	12614.06	7.70

2. 金融市场发展程度

绿色金融的发展不仅与实体经济发展和财政基础相关，也会受到金融市场发展程度的影响。随着全球各国和各行业对环境保护和可持续发展议题的关注度不断提升，绿色金融逐渐成为金融市场的关键组成部分。通过提供支持环保和可持续发展的金融服务，绿色金融能够引导资金流向相关领域，推动经济社会实现可持续发展。此外，金融市场还能够为绿色金融产品提供风险管理和监管机制，保障其健康成长。金融市场发展程度更高的国家通常具备更扎实的理论基础和市场实践，金融监管部门和金融机构在识别和管理金融风险方面也具备更为有效的经验和应对措施。这些国家在开展绿色金融标准与产品体系探索、构建监管体系、完善激励约束机制等方面具有优势。

因此，本报告选取三个指标来衡量一国的金融市场发展程度，分别为私营部门国内信贷占 GDP 的比重、股票交易额占 GDP 的比重和股票市值占 GDP 的比重。对于企业，特别是中小规模的私营企业而言，银行信贷是满足其融资需求的主要途径，而信贷的可获得性是衡量融资发展情况的重要维度，本报告采用私营部门国内信贷占 GDP 的比重度量信贷可获得性。股票市值能够直接反映一国企业，尤其是大型企业的融资情况，股票交易额也与资本市场的流动性和交易活跃度高度相关，因此本报告同时选取股票市值占 GDP 的比重和股票交易额占 GDP 的比重作为测算指标。

50 个国家金融市场发展程度的相关测算指标数据见表 3。

表 3　50 个国家金融市场发展程度的相关测算指标数据

单位：%

国家	私营部门国内信贷占 GDP 的比重	股票市值占 GDP 的比重	股票交易额占 GDP 的比重
阿根廷	12.00	8.39	1.26
阿联酋	68.48	172.28	28.89
爱尔兰	26.23	43.46	8.30
埃及	29.26	8.15	2.35
埃塞俄比亚	17.64	—	—
澳大利亚	127.74	99.19	64.35
奥地利	83.93	26.13	7.94
巴西	71.65	40.70	66.20
比利时	69.78	59.10	20.03
秘鲁	45.59	28.93	0.57
波兰	34.76	21.41	9.51
丹麦	147.52	60.20	27.13
德国	82.51	46.29	31.66
俄罗斯	54.22	23.39	8.94

续表

国家	私营部门国内信贷占 GDP 的比重	股票市值占 GDP 的比重	股票交易额占 GDP 的比重
法国	109.31	84.77	54.46
菲律宾	48.30	59.00	6.44
哥伦比亚	42.53	19.81	1.88
哈萨克斯坦	24.15	20.30	0.16
韩国	176.12	98.24	182.16
荷兰	86.80	131.93	53.37
加拿大	124.10	126.98	104.06
捷克	49.76	9.91	1.95
罗马尼亚	23.04	9.70	0.81
马来西亚	117.16	93.66	27.14
美国	49.83	156.53	172.14
孟加拉国	37.53	9.32	4.95
摩洛哥	59.80	41.02	2.34
墨西哥	25.41	31.05	7.22
南非	58.07	289.13	57.76
尼日利亚	12.91	19.35	0.47
挪威	107.64	72.31	24.88
葡萄牙	81.61	25.56	20.36
日本	120.75	126.41	137.63
瑞典	126.02	86.70	80.44
瑞士	170.38	223.66	105.71
沙特阿拉伯	51.98	238.02	40.37
泰国	119.13	121.93	96.48
土耳其	43.78	36.38	98.58
西班牙	78.36	46.94	25.58
希腊	50.01	27.13	8.57
新加坡	129.07	124.25	58.25
新西兰	130.62	39.53	5.71
匈牙利	32.66	13.48	5.32
意大利	63.54	27.17	95.08
印度	50.14	107.46	57.71
印度尼西亚	31.28	46.27	14.77
英国	120.81	100.23	25.40

续表

国家	私营部门国内信贷占 GDP 的比重	股票市值占 GDP 的比重	股票交易额占 GDP 的比重
越南	125.91	41.47	39.50
智利	79.90	94.41	13.64
中国	194.67	64.14	181.54

3. 对外开放水平

绿色金融的发展具有外部性，一国在推动可持续发展方面做出的努力，有助于减少环境污染和二氧化碳排放，从而有效避免全球生态环境遭到破坏及减轻各国应对气候变化的压力，对全球各国均会产生正外部性。此外，绿色金融的发展离不开先进的理论基础和方法学，因此国际经验的传播与分享以及相关课题的研究也与推动绿色金融发展高度相关，而加强国际合作又是促进绿色金融领域国际经验传播与分享的关键。

加强国际合作、开展国际交流的首要前提是坚持对外开放。在商品和资金的频繁流动中，人才交流与观念碰撞会自然发生，跨境投资和国际贸易作为促进国际交流与合作的重要载体，在当前逆全球化抬头的国际局势中显得尤为重要。因此，本报告选取外商直接投资（Foreign Direct Investment，FDI）占 GDP 的比重和对外直接投资（Outward Foreign Direct Investment，OFDI）占 GDP 的比重作为衡量一国资本对外开放程度的指标，同时选取贸易总额占 GDP 的比重作为衡量贸易对外开放程度的指标。

50 个国家对外开放水平的相关测算指标数据见表 4。

表 4　50 个国家对外开放水平的相关测算指标数据

单位：%

国家	外商直接投资占 GDP 的比重	对外直接投资占 GDP 的比重	贸易总额占 GDP 的比重
阿根廷	3.73	0.46	26.97
阿联酋	6.09	4.43	166.57
爱尔兰	-22.88	-22.57	234.75

续表

国家	外商直接投资占 GDP 的比重	对外直接投资占 GDP 的比重	贸易总额占 GDP 的比重
埃及	2.49	0.10	40.45
埃塞俄比亚	1.99	0.00	20.59
澳大利亚	1.90	0.86	48.08
奥地利	-0.13	0.96	116.12
巴西	2.95	1.16	33.85
比利时	-3.16	-4.67	174.30
秘鲁	1.46	0.55	50.91
波兰	3.89	1.59	109.54
丹麦	1.67	2.73	128.45
德国	0.37	1.80	90.11
俄罗斯	-0.55	0.48	41.83
法国	0.29	1.30	67.58
菲律宾	2.03	0.89	67.40
哥伦比亚	4.72	0.32	40.48
哈萨克斯坦	2.03	1.14	68.11
韩国	0.89	2.02	87.94
荷兰	-27.64	-29.74	158.82
加拿大	2.23	3.88	67.46
捷克	2.49	2.27	138.92
罗马尼亚	2.40	0.38	83.04
马来西亚	1.98	1.99	131.84
美国	6.48	1.87	60.97
孟加拉国	0.32	0.00	30.98
摩洛哥	0.78	0.59	96.21
墨西哥	1.69	0.04	74.12
南非	0.91	-0.74	65.72
尼日利亚	0.52	0.07	—
挪威	1.79	3.10	79.65
葡萄牙	3.38	2.10	94.05

续表

国家	外商直接投资占 GDP 的比重	对外直接投资占 GDP 的比重	贸易总额占 GDP 的比重
日本	0.47	4.32	46.84
瑞典	3.88	6.83	103.57
瑞士	-5.15	6.00	138.22
沙特阿拉伯	1.15	1.51	62.13
泰国	0.60	2.00	129.15
土耳其	0.96	0.54	66.96
西班牙	2.13	1.84	73.79
希腊	2.09	1.47	94.66
新加坡	34.95	12.56	311.24
新西兰	1.42	-0.09	54.09
匈牙利	-35.42	-37.06	157.30
意大利	1.47	1.02	68.73
印度	0.79	0.39	45.85
印度尼西亚	1.61	0.52	41.32
英国	-1.44	1.25	65.59
越南	0.24	1.04	37.32
智利	6.48	1.87	60.97
中国	0.24	1.04	37.32

对上述三大类影响因素的详细度量结果进行标准化处理，并采用等权重法进行加权平均，可以得到三个变量的指标化得分，将其与全球绿色金融发展指数的 3 个一级指标进行比较，结果如表 5 所示。

表 5　50 个国家全球绿色金融发展指数与全球绿色金融发展指数的相关因素

国家	全球绿色金融发展指数				全球绿色金融发展指数的相关因素		
	政策与战略	市场与产品	国际合作	总分	经济发展与财政基础	金融市场发展程度	对外开放水平
阿根廷	25.00	18.51	14.27	57.78	34.80	3.43	38.73
阿联酋	23.08	22.00	7.56	52.64	40.10	67.67	93.77
爱尔兰	32.69	21.42	9.27	63.39	71.60	29.73	35.30

续表

国家	全球绿色金融发展指数				全球绿色金融发展指数的相关因素		
	政策与战略	市场与产品	国际合作	总分	经济发展与财政基础	金融市场发展程度	对外开放水平
埃及	24.04	20.01	8.64	52.68	24.93	10.27	36.80
埃塞俄比亚	11.54	7.69	1.92	21.15	1.37	4.00	25.80
澳大利亚	32.69	27.01	12.78	72.49	80.63	79.90	41.63
奥地利	30.77	23.76	7.30	61.83	73.23	39.80	45.33
巴西	27.88	24.60	15.37	67.85	53.00	57.90	47.63
比利时	32.69	19.41	11.84	63.94	68.97	50.97	36.67
秘鲁	23.08	10.14	10.44	43.66	31.33	21.27	36.87
波兰	26.92	26.80	9.37	63.10	55.90	25.53	76.67
丹麦	32.69	23.84	7.83	64.36	73.37	68.73	72.60
德国	40.38	23.98	16.71	81.07	63.50	57.87	52.07
俄罗斯	23.08	21.56	4.45	49.09	45.77	33.00	20.50
法国	38.46	27.57	12.90	78.93	65.83	68.20	42.47
菲律宾	28.85	24.20	8.64	61.68	31.90	36.57	50.60
哥伦比亚	35.58	16.41	12.20	64.19	31.93	16.43	42.90
哈萨克斯坦	31.73	21.34	7.89	60.96	19.87	8.23	56.77
韩国	30.77	23.37	11.37	65.51	66.83	90.27	59.57
荷兰	34.62	31.58	11.06	77.26	77.93	74.47	31.87
加拿大	31.73	28.73	13.30	73.76	63.67	86.20	69.63
捷克	29.81	11.54	2.40	43.75	35.80	17.80	83.53
罗马尼亚	28.85	24.13	6.34	59.31	39.43	6.17	53.43
马来西亚	25.96	20.97	9.26	56.19	27.50	66.10	73.33
美国	29.81	25.72	12.66	68.19	73.83	74.00	66.17
孟加拉国	26.92	13.66	7.88	48.47	16.33	15.07	12.90
摩洛哥	19.23	8.71	14.45	42.40	26.80	34.33	47.37
墨西哥	33.65	16.18	10.01	59.84	51.47	23.50	42.53
南非	26.92	20.25	10.22	57.39	43.30	72.57	28.77
尼日利亚	28.85	19.44	11.61	59.90	12.20	5.50	23.40
挪威	33.65	24.08	10.29	68.03	78.90	59.90	67.70
葡萄牙	36.54	19.21	10.28	66.03	47.20	43.30	77.27

续表

国家	全球绿色金融发展指数				全球绿色金融发展指数的相关因素		
	政策与战略	市场与产品	国际合作	总分	经济发展与财政基础	金融市场发展程度	对外开放水平
日本	32.69	19.41	15.52	67.61	65.80	85.53	47.07
瑞典	32.69	20.41	10.03	63.14	74.63	77.83	86.17
瑞士	31.73	19.16	13.56	64.45	57.27	94.43	62.47
沙特阿拉伯	25.00	9.55	7.57	42.13	42.27	67.73	47.13
泰国	30.77	18.78	6.61	56.16	37.97	80.70	63.10
土耳其	25.00	12.35	8.98	46.34	52.47	49.80	39.00
西班牙	29.81	21.75	15.74	67.30	61.93	53.70	64.93
希腊	30.77	19.96	10.53	61.26	50.23	32.33	66.40
新加坡	36.54	21.60	12.57	70.71	54.73	82.67	100.00
新西兰	30.77	25.31	10.75	66.83	57.70	50.73	28.03
匈牙利	32.69	17.25	6.60	56.54	43.13	16.50	29.83
意大利	31.73	27.37	13.83	72.93	77.97	53.77	49.27
印度	23.08	17.19	11.61	51.88	40.43	62.87	27.30
印度尼西亚	28.85	14.83	13.37	57.04	34.20	35.27	33.40
英国	30.77	31.08	15.17	77.02	84.17	68.83	34.93
越南	26.92	12.25	4.24	43.42	24.40	63.27	24.50
智利	28.85	17.09	11.49	57.42	43.03	56.47	66.17
中国	36.54	31.31	14.79	82.63	44.93	86.10	24.50

（二）方法学选取

统计学中常用皮尔森相关系数（Pearson Correlation Coefficient）、斯皮尔斯曼秩相关系数（Spearman's Rank Correlation Coefficient）和肯德尔相关系数（Kendall Rank Correlation Coefficient）检验变量之间的相关性。3 个相关系数均能反映两个变量之间的相关性，其取值范围均为［-1，1］，取值为0则意味着两个变量不相关，绝对值越大则意味着两个变量的相关性越强。但它们的使用场景、计算方法和使用数据类型有所不同。皮尔森相关系数用于衡量两个变量之间的线性相关性，通常要求数据服从正态分布，对于偏态分布或非线性关系，结果可能不可靠；斯皮尔曼秩相关系数用于评估两个变量之间的单调关系，并不要求两个变量间具有线性关系，其计算基于变量的秩而不是原始值，因此对异常值和非正态分布数据更稳健；肯德尔相关系数衡量两个变量排序之间的一致性，是基于成对数据的比较，其对数据中微小的秩变化更敏感，适合样本量较小或数据中存在许多重复值的情况。

综合考虑各相关系数适用场景，由于数据样本量较大，笔者首先排除肯德尔相关系数，基于此，本报告对各指标得分进行正态分布检验，检验过程忽略空值。若大部分指标符合正态分布，则使用皮尔森相关系数，否则使用斯皮尔曼秩相关系数。本报告采用柯尔莫戈洛夫-斯米洛夫检验（Kolmogorov-Smirnov test，K-S test）方法进行正态分布检验，原假设和备择假设分别为：

H0：指标得分服从正态分布；

H1：指标得分不服从正态分布。

P 值小于 0.05 则拒绝原假设，即指标得分不服从正态分布，否则接受原假设。

表 6 的检验结果显示，对所有指标而言，原假设均被拒绝，说明这些指标得分不具有正态分布特征，因此本报告使用斯皮尔曼秩相关系数对指标得分进行相关性研究。

表 6　指标得分正态分布检验结果

指标	经济发展与财政基础	金融市场发展程度	对外开放水平
P 值	0	0	0
是否拒绝原假设	是	是	是

（三）相关性检验结果

本报告利用斯皮尔曼秩相关系数进行检验，分别考察经济发展与财政基础、金融市场发展程度与对外开放水平三个指标得分与全球绿色金融发展指数的相关性（见表7）。

表7　全球绿色金融发展指数与影响因素的斯皮尔曼秩相关系数及显著性检验

全球绿色金融发展指数		经济发展与财政基础	金融市场发展程度	对外开放水平
政策与战略	相关系数	0.568	0.339	0.215
	P值	0	0.15	0.54
市场与产品	相关系数	0.640	0.415	0.175
	P值	0	0.04	0.54
国际合作	相关系数	0.382	0.361	0.021
	P值	0.10	0.48	1.00
总分	相关系数	0.742	0.503	0.210
	P值	0	0	0.54

本报告对斯皮尔曼秩相关系数进行显著性检验，原假设和备择假设分别为：

H0：相关系数等于0；

H1：相关系数不等于0。

P值小于0.05则拒绝原假设，即相关系数不等于0；反之，则不拒绝原假设。检验结果显示，经济发展与财政基础与全球绿色金融发展指数及其部分一级指标的相关系数P值小于0.05，因此认为相关系数不等于0，两者具有显著相关性。该结果说明经济发展与财政基础不仅与全球绿色金融发展指数有相关性，也与全球绿色金融发展指数中的政策与战略、市场与产品两个变量有一定的相关性。全球绿色金融发展指数与对外开放水平无显著相关性。金融市场发展程度则与全球绿色金融发展指数、市场与产品有一定的相关性，与政策与战略、国际合作没有相关性。可以看出，2023年许多国家的绿色金融发展主要依赖内生因素，而非国际形势。

（四）相关性检验结论

全球绿色金融发展指数与经济发展与财政基础之间呈现显著的相关性

（见图 2）。这表明，绿色金融的发展高度依赖国家的经济实力，且当前这一领域主要由经济相对发达的国家主导。随着经济的持续增长，政府和企业对环境保护和可持续发展的关注度逐步提高，这为绿色金融的进一步发展创造了有利条件。通过提供与环境保护和可持续发展相关的投融资解决方案，绿色金融不仅满足了企业和政府的需求，也促进了经济的可持续发展。同时，强大的财政实力也是绿色金融得以发展的重要支柱，能够为其提供稳健的资金来源和政策支持。

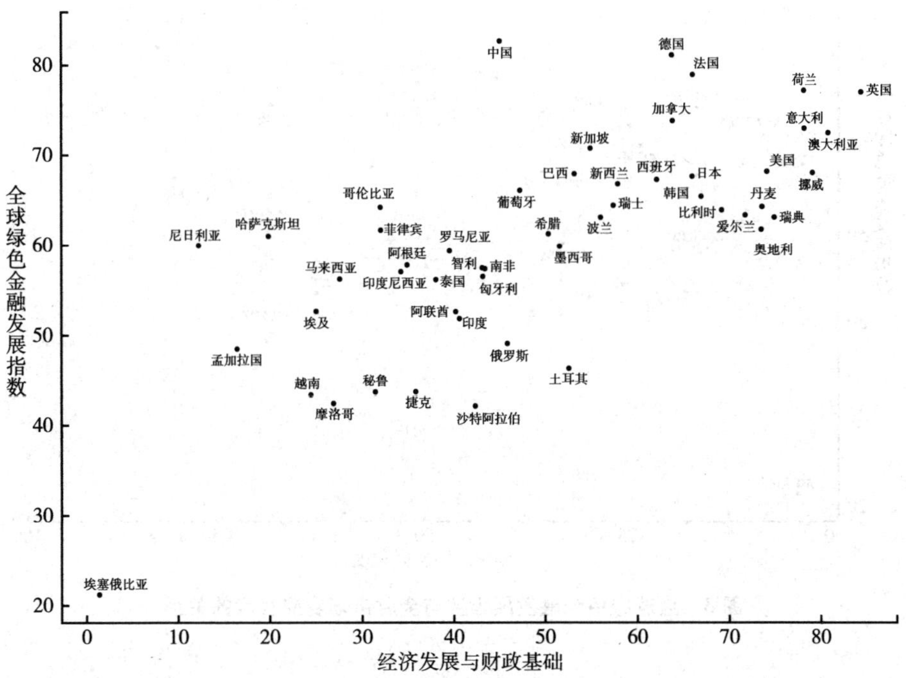

图 2　全球绿色金融发展指数与经济发展与财政基础的关系

全球绿色金融发展指数与金融市场发展程度之间存在一定的相关性，但相比于经济发展与财政基础，这种相关性呈现一定的离散性（见图 3）。从理论角度来看，金融市场的完善对绿色金融的发展至关重要。一方面，成熟的金融市场能够为绿色金融提供多样化的融资工具和服务，如发行绿色债券和设立绿色投资基金，以支持绿色项目的落地与推进。另一方面，发达的金融市场有助于提升信息透明度，降低融资风险与成本，从而提高绿色投资的回报水平。然而，现有研究结果显示，当前绿色金融市场的制度和环境建设尚不完善，政策支持、法律保障以及公众的环保意识还未充分融入绿色金融体系。未来各国亟须进一步推进绿色金融的主流化进程，以充分发挥其潜力。

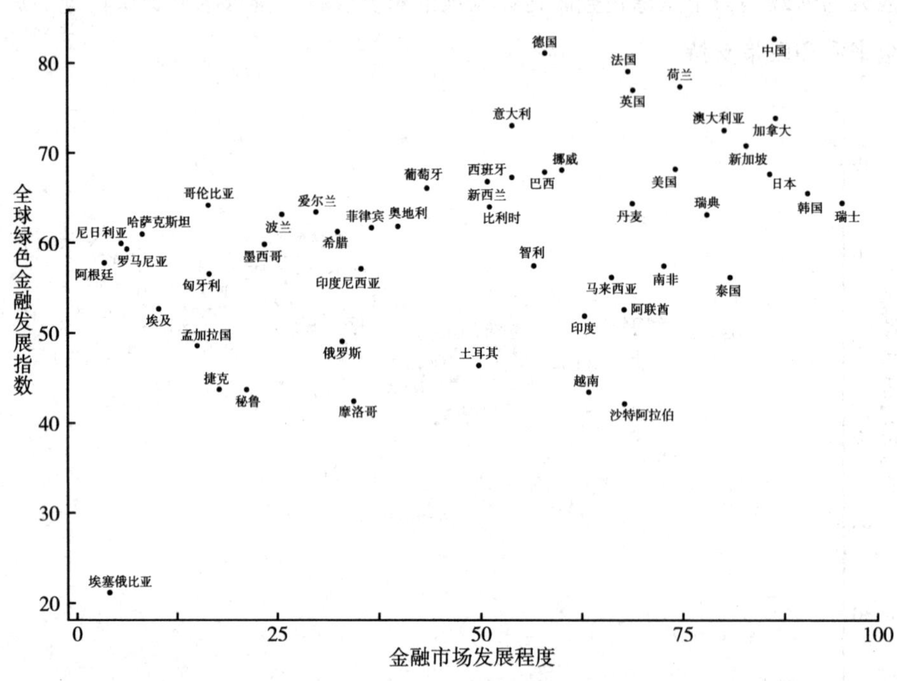

图 3　全球绿色金融发展指数与金融市场发展程度的关系

全球绿色金融发展指数与对外开放水平不具有相关性（见图 4）。这说明当前对外开放对绿色金融发展的影响仍相对有限，跨境的绿色投融资活动仍需进一步推进。这也反映出国际合作对绿色金融发展的作用并未充分发挥，在未来，将绿色金融理念、技术和经验进行国际传播与交流仍需各国共同努力。

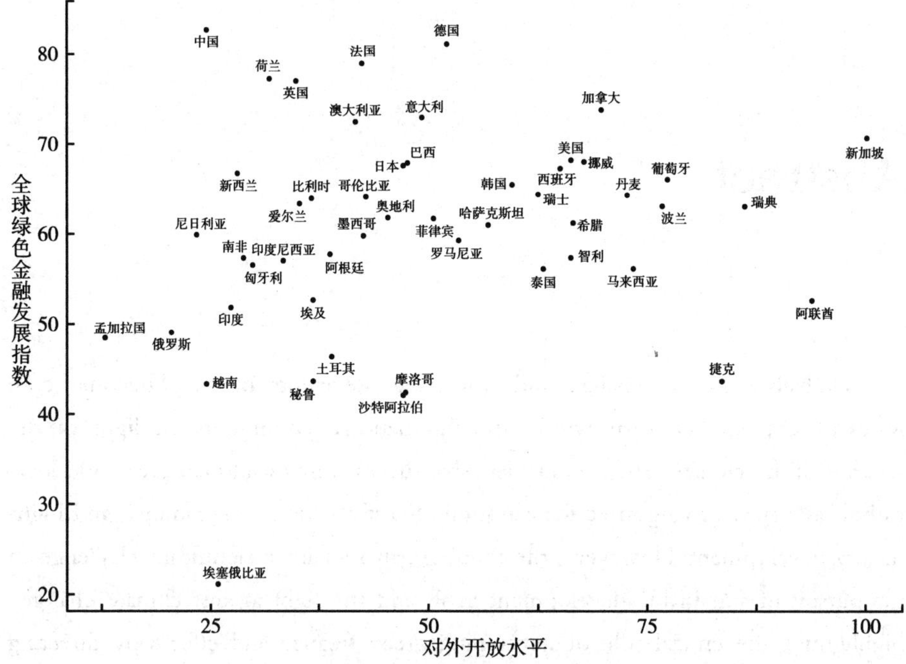

图 4　全球绿色金融发展指数与对外开放水平的关系

Abstract

Globally, climate change and sustainable development have become core issues of universal concern within the international community. In light of the severity of the climate crisis, countries have successively established green and low-carbon as a new driving force for economic transformation, upgrading, and high-quality development. However, the funding gap remains a significant challenge in the pursuit of sustainable development goals and the fight against climate change, highlighting the crucial role of developing green finance and effectively directing capital towards sustainable sectors. Against this backdrop, both developed countries and emerging economies are accelerating the pace of building and continuously improving their green finance systems. Although research institutions have conducted preliminary explorations of green finance practices in some countries and cities, extracting valuable successful experiences, a systematic, continuous, and comparable global green finance research framework is still lacking. Therefore, deepening the breadth and depth of global green finance research, and real-time tracking of its development trends, are indispensable for helping countries formulate climate response strategies that better align with the new situation, as well as for promoting international cooperation in the field of green finance.

The "Research on Global Green Finance Development" project team at the International Institute of Green Finance, Central University of Finance and Economics, began studying the development of green finance in major countries with the support of the International Financial Forum in 2020. The team established a green finance database covering the 50 largest economies in the world and compiled the Global Green Finance Development Index (GGFDI) to objectively evaluate the level of green finance development in these countries. The index system of the GGFDI comprehensively evaluates countries' green finance development from three aspects: policy and strategy, market and products, and international cooperation. The current index system includes 3 first-level indicators, 6 second-level indicators, 28 third-level indicators, and 52 fourth-level indicators, fourth-level indicators comprising 36 qualitative indicators, 12 quantitative indicators, and 4 semi-qualitative indicators.

This book focuses on the year 2023, with an evaluation period from January 1st to December 31st, 2023. Developed countries generally exhibit a high degree of green finance development, reflecting the more significant performance of countries with mature economic systems and sound financial markets in green finance. Within the category of developing countries, China stands out in green finance development. In recent years, the Chinese government has taken multiple effective measures to promote green finance, making China's green finance market one of the largest in the world. Countries in Africa, the Middle East, and Central Asia still have room for further development in green finance. These countries generally face the dual pressures of economic development and environmental protection, with relatively lagging green finance development. They require more technical assistance and financial support from the international community.

The "Global Green Finance Development Report (2024)" is divided into five parts: the general report, country and region section, international cooperation section, special topic section, and evaluation section. The general report interprets the 2023 Global Green Finance Development Index and reviews the global green finance development trend in 2023. The country and region section analyzes the green finance development of Europe, the Americas, Asia, Africa, Oceania, and representative countries, showcasing the characteristics of green finance development in different countries and regions. The international cooperation section focuses on the important topic of cooperation mechanisms in green finance international cooperation, summarizing the latest developments in global green finance cooperation platforms, regional green finance networks, and green finance academic research networks. The special topic section comprehensively introduces the practices of financial institutions in climate risk stress testing and their international development trends, the international progress of climate-related information disclosure by financial institutions, and the important issue of gender finance. The evaluation section presents the construction method and statistical process of the Global Green Finance Development Index, exploring the correlation between the index and economic development, financial foundation, financial market development level, and openness.

Overall, green financial instruments have shown a trend of diversification and widespread adoption in global financial markets in 2023, encompassing various products such as green bonds, green loans, green insurance, green investment funds, and carbon finance. However, the prevalence and progress of green finance in financial markets vary significantly and unevenly across countries. Additionally, there is still a lack of uniformity in risk management and information disclosure in the green finance sector globally. Nevertheless, with the continuous evolution of green finance, some countries and regions have incorporated ESG information or environmental information disclosure into their regulatory systems. On this basis, some countries and regions have even started to implement mandatory environmental information disclosure systems. This regulatory emphasis has further prompted various institutions to increasingly value the development and practice of green finance.

Looking back at the green finance development journey in 2023, the global green finance market has grown steadily, with strong performances in the green bond and green loan markets. Digital technology has played a more significant role in promoting green finance, but the issue of uneven fund allocation remains. Significant progress has been made in green finance information disclosure, providing a more comprehensive framework for climate information disclosure by enterprises and financial institutions. Multilateral and regional green finance cooperation has continued to deepen, further enhancing the coordination and efficiency of global financial resources.

Keywords: Green Finance; Sustainable Development; Climate Change; Information Disclosure

Contents

I General Report

Abstract: Based on the global green finance development index indicator system, this report quantitatively evaluates the level of green finance development in 50 major countries worldwide and derives country-specific indices. The Global Green Finance Development Index measures the development of green finance in major countries from three dimensions: policy and strategy, market and products, and international cooperation. Overall, China, Germany, France, the Netherlands, the United Kingdom, Canada, Italy, Australia, Singapore, and the United States perform well in green finance development. Developed countries generally exhibit a higher degree of green finance development, reflecting that countries with mature economic systems and sound financial markets perform more notably in green finance. Within the category of developing countries, China stands out in green finance development. In recent years, the Chinese government has taken a number of effective measures to promote green finance development, making China's green finance market one of the largest in the world. Countries in Africa, the Middle East, and Central Asia still have room for further development in green finance. These countries generally face the dual pressures of economic development and environmental protection, and their green finance development lags behind, necessitating more technical assistance and financial support from the international community. Looking ahead to 2024, global green finance is expected to make continuous new progress in areas such as market expansion, improved information disclosure, topic expansion, and strengthened international cooperation.

Keywords: Green Finance; Sustainable Development; Green Finance Development Index

Ⅱ Country and Regional Report

B.2 Green Finance Regional and Country Development Report

Liu Sichen, Xia Shuo, Wang Yushu and Bai Ruining / 019

Abstract: In 2023, green finance and sustainability awareness have been widely recognized and implemented globally. Europe has led the world in policy design and system enhancement, with the EU providing a standardized policy framework for its member states through the Sustainable Finance Disclosure Regulation (SFDR) and the Corporate Sustainability Development Reporting Directive (CSRD). France, Germany, and the UK have refined their green finance systems in accordance with their national conditions, while Nordic countries have continued to innovate in green fintech and sustainable investment. Southern European countries have focused on green energy and climate adaptation financing. The green finance market in the Americas has remained active. In North America, the United States has promoted the diversification of green finance through the Inflation Reduction Act, while Canada has emphasized natural capital conservation and biodiversity financing. In South America, represented by Brazil, ecological protection and economic growth have been balanced through green bonds and natural capital funds. Asian green finance has shown diverse development, with China strengthening green financing through policy finance and the "Belt and Road" initiatives, Japan and South Korea prioritizing transition finance and carbon trading, and Singapore leading in regional green fintech. African countries, particularly Egypt, have supported renewable energy and climate adaptation projects through green sovereign bonds, with significant support also provided by international organizations. In Oceania, Australia has focused on carbon markets and nature-based solution financing to promote clean energy and ecological protection. Overall, global green finance practices have exhibited a trend of coexisting regional characteristics and collaborative development, providing strong support for achieving global sustainable development goals.

Keywords: Green Finance; Regional Development; Sustainable Development

Ⅲ International Cooperation Report

Abstract: In 2023, global green finance international organizations and cooperation mechanisms continued to play a pivotal role, with multilevel cooperation further deepening. The global green finance cooperation platform led by the public financial sector, the regional green finance cooperation network jointly established by the public and private sectors, and the green finance academic research network promoted by research institutions have jointly driven the in-depth development of international cooperation on green finance. In 2023, international cooperation on green finance made significant progress in addressing climate change, promoting sustainable development, and supporting transition financing. Global policy formulation and market practices further converged, providing new pathways to address key challenges in green finance development. However, current international cooperation still faces challenges such as inadequate cross-regional standard coordination, uneven distribution of technology and financial support, and limited regional spillover effects of capacity building. In the future, it is urgent to further strengthen policy alignment and standard synergy among countries, pay special attention to the financial and technological needs of climate-vulnerable regions, enhance academic research and experience sharing,

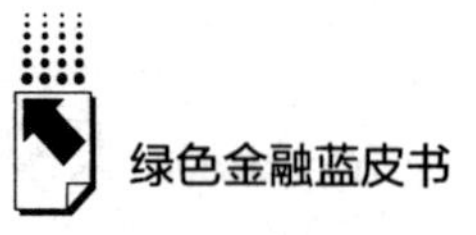

and ensure that international cooperation on green finance achieves fairness and inclusivity in promoting global sustainable development.

Keywords: Green Finance; International Cooperation; Transition Financing; Climate-Vulnerable Regions

Ⅳ Topical Reports

Abstract: Climate change is one of the most significant challenges facing humanity in the 21st century, with its potential risks gradually infiltrating all levels of the global economy, financial system, and social structure. As extreme weather events become more frequent, sea levels rise, and ecosystem damage intensifies, climate change not only threatens environmental sustainability but also profoundly affects the normal operations of businesses, the stability of financial markets, and policy formulation by governments. In the financial sector, climate risk has become an important component of systemic risk, necessitating that financial regulators, financial institutions, and market participants pay close attention to and actively address the potential economic impacts. To assess the potential impacts of climate change on the financial system and provide a scientific basis for policymakers and financial markets, climate risk stress testing has emerged as a crucial tool. By simulating economic and financial market performance under different climate scenarios, it helps financial institutions identify and quantify their vulnerabilities in various climate situations, thereby enhancing their adaptability to climate risks. With the advancement of the Paris Agreement and global green finance initiatives, financial regulators in various countries have introduced climate risk stress testing, aiming to improve the climate resilience of financial systems and facilitate a smooth transition to a low-carbon economy. This section delves into the background, methods, implementation processes, and application of climate risk stress testing in global financial regulation. It also presents specific cases demonstrating how this tool can be used to assess the risk exposure of financial institutions under different climate scenarios, while discussing the challenges faced by climate risk stress testing and future directions for its development.

Keywords: Climate Change; Climate Risk Stress Testing; Physical Risk; Transition Risk

Abstract: Climate-related risk disclosure by financial institutions has become a major topic in the global economy and financial system, representing a crucial measure to address the challenges of climate change. Transparent disclosure not only helps financial institutions improve their risk management capabilities and governance standards but also enhances market trust, guides capital towards sustainable sectors, and promotes a virtuous cycle of green transformation. This practice is grounded in solid theoretical foundations, including information asymmetry and agency theory, signaling theory, stakeholder theory, investor sentiment theory, and organizational legitimacy theory, which elaborate on the importance of disclosure from multiple dimensions. In recent years, climate disclosure trends have shown characteristics of standardization and mandatories, with international and regional bodies such as the International Sustainability Standards Board (ISSB) and the European Union accelerating the development and implementation of unified standards. The shift from voluntary to mandatory disclosure has not only enhanced financial institutions' risk management capabilities and investor confidence but also significantly pushed forward the low-carbon transformation of society. However, the implementation of disclosure still faces challenges such as inadequate data quality, inconsistent standards, and institutional capacity constraints, which require collective efforts from all parties to address.

Keywords: Climate-Related Risks; Information Disclosure; Climate Change; Financial Institutions

Abstract: Gender finance aims to address global gender inequality and has significant implications for sustainable economic growth and social equity. It embeds a gender perspective in the financial system through policy guidance and other measures, is closely related to sustainable finance, and can contribute to the realization of several sustainable development goals. The global practice of gender finance has resulted in the innovative application of a variety of products, such as gender loans, gender bonds, insurance and funds, with the active participation of many international multifaceted actors. However, the development of gender finance faces obstacles at the levels of policies and institutions, data resources and social awareness, and China also has unique challenges in its development. In the future, it is necessary to optimize policies, strengthen capacity building, promote product innovation, change social cognition, and strengthen international collaboration to promote the development of gender finance and help achieve global gender equality and sustainable development.

Keywords: Gender Finance; Gender Equality; Sustainable Development; Financial Innovation

V Evaluation Report

Abstract: In addressing climate change and promoting sustainable development, the Global Green Finance Development Index quantifies the performance of major global economies in policy, market, and international cooperation dimensions within the green finance sector. The index, designed to visually represent the development status of green finance, comprises an elaborate indicator system that includes 3 first-level indicators, 6 second-level indicators, 25 third-level indicators, and 52 fourth-level indicators—of which 36 are qualitative, 12 quantitative, 2 jointly qualitative and quantitative, and 2 semi-qualitative. It assesses the green finance development of 50 countries from three primary dimensions: policy and strategy, market and products, and international cooperation. To evaluate the index's relevance, this study examines its correlation with selected exogenous factors, namely economic development and fiscal foundation, the level of financial market development, and the degree of openness. The findings for 2023 indicate that the global green finance development level is significantly positively correlated with economic development and fiscal foundation, exhibits a weak correlation with the level of financial market development, and shows no correlation with the degree of openness.

Keywords: Green Finance Development Index; Economic Development; Financial Markets; Opening Up

皮 书

智库成果出版与传播平台

✧ 皮书定义 ✧

皮书是对中国与世界发展状况和热点问题进行年度监测，以专业的角度、专家的视野和实证研究方法，针对某一领域或区域现状与发展态势展开分析和预测，具备前沿性、原创性、实证性、连续性、时效性等特点的公开出版物，由一系列权威研究报告组成。

✧ 皮书作者 ✧

皮书系列报告作者以国内外一流研究机构、知名高校等重点智库的研究人员为主，多为相关领域一流专家学者，他们的观点代表了当下学界对中国与世界的现实和未来最高水平的解读与分析。

✧ 皮书荣誉 ✧

皮书作为中国社会科学院基础理论研究与应用对策研究融合发展的代表性成果，不仅是哲学社会科学工作者服务中国特色社会主义现代化建设的重要成果，更是助力中国特色新型智库建设、构建中国特色哲学社会科学“三大体系”的重要平台。皮书系列先后被列入“十二五”“十三五”“十四五”时期国家重点出版物出版专项规划项目；自 2013 年起，重点皮书被列入中国社会科学院国家哲学社会科学创新工程项目。

S 基本子库
UB DATABASE

中国社会发展数据库（下设 12 个专题子库）

紧扣人口、政治、外交、法律、教育、医疗卫生、资源环境等 12 个社会发展领域的前沿和热点，全面整合专业著作、智库报告、学术资讯、调研数据等类型资源，帮助用户追踪中国社会发展动态、研究社会发展战略与政策、了解社会热点问题、分析社会发展趋势。

中国经济发展数据库（下设 12 专题子库）

内容涵盖宏观经济、产业经济、工业经济、农业经济、财政金融、房地产经济、城市经济、商业贸易等12个重点经济领域，为把握经济运行态势、洞察经济发展规律、研判经济发展趋势、进行经济调控决策提供参考和依据。

中国行业发展数据库（下设 17 个专题子库）

以中国国民经济行业分类为依据，覆盖金融业、旅游业、交通运输业、能源矿产业、制造业等 100 多个行业，跟踪分析国民经济相关行业市场运行状况和政策导向，汇集行业发展前沿资讯，为投资、从业及各种经济决策提供理论支撑和实践指导。

中国区域发展数据库（下设 4 个专题子库）

对中国特定区域内的经济、社会、文化等领域现状与发展情况进行深度分析和预测，涉及省级行政区、城市群、城市、农村等不同维度，研究层级至县及县以下行政区，为学者研究地方经济社会宏观态势、经验模式、发展案例提供支撑，为地方政府决策提供参考。

中国文化传媒数据库（下设 18 个专题子库）

内容覆盖文化产业、新闻传播、电影娱乐、文学艺术、群众文化、图书情报等 18 个重点研究领域，聚焦文化传媒领域发展前沿、热点话题、行业实践，服务用户的教学科研、文化投资、企业规划等需要。

世界经济与国际关系数据库（下设 6 个专题子库）

整合世界经济、国际政治、世界文化与科技、全球性问题、国际组织与国际法、区域研究 6 大领域研究成果，对世界经济形势、国际形势进行连续性深度分析，对年度热点问题进行专题解读，为研判全球发展趋势提供事实和数据支持。

法律声明